二つの政権交代

政策は変わったのか

竹中治堅 編

勁草書房

目次

序章　政権交代は何を変えたのか　竹中治堅　1
1　はじめに――本書の目的　1
2　どのように時期を区分するか　5
3　政策形成過程で注目する点　8
4　八事例を選択した理由　14
5　おわりに――各章への導入として　16

第1章　農業政策　濱本真輔　22
●政権交代がもたらす非連続的な米政策
1　はじめに　22
2　米政策の政策手段　23

3 政権交代の可能性に揺れた米政策 25
4 民主党政権下の非連続的な過程と政策 34
5 決定過程の集権化と構造政策の加速 41
6 おわりに 47

第2章 電力システム改革 上川 龍之進 53
●電力自由化をめぐる政治過程
1 はじめに 53
2 自民党・公明党政権下での電力自由化の停滞 54
3 民主党政権下での電力システム改革論議の進展 57
4 第二次・第三次安倍内閣での電力システム改革の進展 69
5 おわりに 78

第3章 コーポレート・ガバナンス改革 竹中 治堅 85
●会社法改正とコーポレート・ガバナンス・コードの導入
1 はじめに 85

2　コーポレート・ガバナンスの定義と注目を集めるようになった経緯　87
3　一九九〇年代から第一次自民党・公明党政権まで　92
4　民主党政権　100
5　第二次自民党・公明党政権　104
6　おわりに　110

第4章　子育て支援政策　砂原庸介　121
1　はじめに　121
2　第一次自公政権期における子育て支援の位置づけ　123
3　民主党政権による改革　129
4　第二次・第三次安倍政権　140
5　おわりに　143

第5章　消費税増税　木寺　元　152
●社会保障との一体改革
1　はじめに　152

2 租税政策のアリーナ 154
3 第一次自公政権 156
4 民主党政権 159
5 第二次自公政権 165
6 おわりに——継続と変容 171

第6章 対外政策——安全保障重視のアジア外交へ 佐橋 亮 180

1 はじめに 180
2 地域環境の悪化 183
3 第一次自公政権末期——アジア外交の強化 186
4 民主党政権における対外政策——「同盟の論理」の再浸透 192
5 第二次・第三次安倍政権——日米同盟とアジア外交の融解 197
6 おわりに 204

第7章　防衛大綱改定　細谷雄一　215
1　はじめに　215
2　防衛大綱とは何か　219
3　民主党政権下の防衛大綱策定　225
4　安倍政権下の防衛大綱策定　233
5　おわりに　239

第8章　憲法解釈の変更　牧原出　245
●法制執務の転換
1　はじめに　245
2　法制執務の守備範囲　247
3　一九五五年体制下の法制執務と湾岸戦争　249
4　民主党政権と法制執務　256
5　第二次安倍晋三政権と安保法制　264
6　おわりに　267

結章　安倍政権と民主党政権の継続性　竹中治堅　273
1　はじめに　273
2　政権交代が政策に及ぼした影響　274
3　政策決定過程の「集権化」　279
4　二〇〇九年の政権交代の意義　284
5　結　論　287
あとがき　290
執筆者紹介

序章

政権交代は何を変えたのか

竹中治堅

1 はじめに――本書の目的

二〇一六年二月一九日午後、衆議院予算委員会。安倍晋三首相は民主党の野田佳彦前首相の質問に答えていた。

「(安倍内閣の) 三年間でどういう結果を出しているかということで申し上げますと、実質GDPは一・九%伸びております。そして名目では五・六%伸びているということでありまして、(中略) 名目GDPが実質GDPをしっかりと上回っているのは、デフレではないという状況をつくったからであります。

(中略)。皆さんのときの実質GDPはプラス五・七ではありますが、名目は〇・七なんですね。この差は何かといえば、五%はデフレなんです。(中略)。デフレを肯定するのであれば、これはいい数字ということになるわけでありますが、我々は違います。(中略) デフレから脱却をしているという姿をつくったわけであります」(1)。

野田元首相は民主党政権のもとにおける実質GDP成長率は平均すると一・七パーセントであることを紹介する一方で、安倍政権発足後三年間のGDPの実質成長率の年平均は〇・六パーセントという低い数字であると評価し、安倍首相の考えを尋ねたのであった。

安倍首相は反論し、安倍政権のもとではデフレを脱却し、GDPの名目成長率が実質成長率を上回っていることを強調した。安倍首相、野田前首相はともに相手の政権の数字と比較しながら、自らの政権の実績をそれぞれ誇示したのである。

(1) 自民党・公明党政権と民主党政権の比較

自民党・公明党政権と民主党政権はその政策について比較されることが多い。たとえば、第二次安倍晋三内閣が発足した際、経済財政諮問会議と日本経済再生本部を中心に経済政策を立案する考えを示したことについて、ある新聞は社説で次のように記している。

「内閣に司令塔を置いて総合的な経済戦略を打ち出すことはいいことだ。民主党政権ではこの機能が弱く、縦割りの弊害に陥りがちだった。経済を強くしていくという意思も弱かった」(2)。

〇九年八月の衆議院議員総選挙に民主党は勝利し、政権を獲得する。一二年一二月の総選挙では逆に自民党が大勝、公明党とともに政権を奪還する。政権交代が続いた以上、一方の政権について語るとき、もう一方が意識されるのはごく自然なことである。

振り返ると一九九三年に自民党が分裂し、五五年体制が崩壊してから、日本政治は変化を続けてきた。その要因の一つは九四年に政治改革が実現し、衆議院の選挙制度が中選挙区制から現在の小選挙区・比例代表並立制に変更されたことである。改革の目的の一つは政権交代の可能性を高めることであった。たとえば、選挙制度と政治資金制度の改革案を議論するために八九年六月に発足した第八次選挙制度審議会は九〇年四月に海部俊樹首相に答申し、「今日求められている選挙制度改革の具体的な内容としては、政策本位、政党本位の選挙とすること、政権交代の可能性を高め、かつ、それが円滑に行われるようにすること」などが必要であると説いている。

政権交代に対する期待も高かった。たとえば、政治改革をめぐる議論が盛んに行われていた九三年初めにある新聞社の社説は「政権交代を可能にする政治・行政システムの改革に取り組まないかぎり、日本の歴史の転換を乗り切れない」とまで主張している(3)。

(2) 本書の目的

二〇〇九年と二〇一二年の二つの政権交代は一体何を変えたのか。政策内容や政策決定過程にどのような影響を及ぼしたのか。これが本書の投げかける問いである。

より具体的には本書には次の二つの目的がある。第一は二つの政権交代が政策の内容に及ぼした影響を明らかにすることである。政権交代の結果、政策の内容は変わったのか、それとも結局、大きな変化はなかったのだろうか。

第二は政権交代の影響に注目しながら近年の政策形成過程において政治家や官僚、利益集団が果たす役割を分析することである。とくに、首相、首相周辺の政治家や官僚、政府外の与党議員の役割、さらに各省官僚および利益集団の果たす役割に変化が起きているのか検証する。

この二つの目的を達成するために次のような形で分析を行う。

中央省庁再編が実施された二〇〇一年一月から第三次安倍内閣成立後一年となる一五年一二月にいたる時期までを対象期間とし、事例研究を通じてこの間の政策立案過程を検証する。その際、この時期を次の三つの政権期に区分する。

①二〇〇一年一月から〇九年九月までの第一次自民党・公明党政権期
②〇九年九月から一二年一二月までの民主党政権期
③一二年一二月から一五年一二月までの安倍政権（第二次自民党・公明党）期

政策分野としては①農業、②電力・エネルギー、③コーポレート・ガバナンス、④社会福祉、⑤税制、⑥外交、⑦防衛、⑧法制執務を選び、事例研究を行う。政策の具体的事例としては①農業政策、②電力システム改革、③コーポレート・ガバナンス改革、④子育て支援政策、⑤消費税増税、⑥アジア外交、⑦防衛大綱改定、⑧集団的自衛権の憲法解釈変更を取り上げる。

〇九年九月の民主党政権誕生は五五年体制成立後初の本格的な政権交代として注目を集めた。このため、この政権交代が政策内容や決定過程に及ぼした影響についてはすでに多くの著作が発表されている(4)。

ただ、一二年一二月の政権交代の影響については、検証が始まったばかりである。そこで、本書は二つの政権交代が政策決定過程に及ぼした影響をあわせて分析したい。これによって二〇〇〇年代以降の日本の政策決定過程の解明をさらに進めたい。

ここまで本書の目的の概要を述べてきた。以下の部分では本書の問題意識や目的についてさらに詳しく述べていきたい。まず、〇一年一月から分析を始める背景について解説する。その上で、政権交代が政策の内容と政策決定過程に及ぼした影響を解明する上で注目する点を説明する。さらに本書が対象とする事例を取り上げる理由について述べ、事例の概要を紹介する。

2　どのように時期を区分するか

すでに述べたように本書では二〇〇一年一月から一五年一二月にいたる時期を三つの政権期に分ける。このような区分を行い、とくに第一次自民党・公明党政権期、安倍（第二次自民党・公明党）政権期というまとめ方をする理由をここで説明したい。

九三年六月に自民党が分裂してから今日までの政治過程を政権構成や権力構造を中心に眺めると、次のようにまとめることができる。

九三年八月には自民党は政権を失い、細川護熙内閣が成立、五五年体制は崩壊する。細川内閣は政治改革を実現、選挙制度を小選挙区・比例代表並立制に改める一方、政治資金に対する規正を強化する。その後、自民党はかつてのライバル社会党と組み、村山富市内閣を樹立、政権に復帰する。九六年一月に村山首相は首相の座を自民党総裁の橋本龍太郎に禅譲する。

橋本首相は「六大改革」を掲げ、その一つとして中央省庁再編に取り組む。橋本内閣は省庁再編の基本的枠組みを作り上げた。ただ、九七年一一月に金融危機が発生し、翌年七月の参議院議員選挙で自民党は大敗する。橋本内閣は退陣し、小渕恵三内閣が成立する。小渕首相は参議院で過半数の与党勢力を確保するためにまず九九年一月に自由党、さらに一〇月には公明党とも連立内閣を組む。続く森喜朗内閣のもと、二〇〇一年一月に中央省庁再編が実施される。この間、自民党内では政治改革の影響が徐々に浸透し、派閥の力は低下し、首相の力がしだいに増大する。

〇一年四月に小泉純一郎内閣が成立する。小泉首相は強い指導力を発揮し、道路公団民営化、診療報酬の引き下げ、郵政事業の民営化など、従来の自民党政権では考えられなかった政策を実現、長期にわたって政権を維持した。〇六年九月に安倍内閣が小泉内閣の後を受けて成立するが、相次ぐ閣僚の不祥事や年金記録問題が原因となって失速する。自民党は〇七年七月の参議院議員選挙で敗れ、公明党とあわせても過半数議席を参議院で確保できず、安倍首相は自らの健康問題が直接の原因となって退陣を余儀なくされた。その後を継いだ福田康夫内閣や麻生太郎内閣のもとでは参議院が関門となって、政策立案は停滞する。同時に自民党に対する支持も低迷した。

こうして〇九年八月の総選挙では民主党が大勝し、鳩山由紀夫内閣が誕生した。だが、鳩山内閣は短命に終わる。この結果には沖縄の普天間基地の移設問題に適切に対処できなかったことや安定した意思決定方法を確立できなかったことが深く関係していた。続いて一〇年六月に菅直人内閣が発足する。菅内閣は子ども手当の継続や成長戦略の実現を目指す一方、東日本大震災や福島原発事故に対応する。ただ、一〇年七月の参議院議員選挙で民主党が敗北し、参議院で過半数の与党勢力を欠いたために政策を思うような形で実現することができず、党内抗争などが要因となって退陣せざるを得なくなる。その後、一一年九月に成立した野田佳彦内閣は社会保障と税の一体改革に取り組むが、「ねじれ」国会のため、改革関連法案の成立と引き換えに衆議院の早期解散を約束することを選んだ。この結果、一二年一一月に衆議院は解散され、一二月の総選挙で民主党は大敗、自民党が公明党とともに政権に返り咲き、第二次安倍内閣が発足する。

この激動の時代をどう区分するかは一つの課題である。

本書が基本的に二〇〇一年一月を分析の起点とするのは、このとき中央省庁再編が実施され、日本の政策決定過程が変わる一つの契機となったからである（もっとも、章によっては分析が二〇〇一年以前に始まる場合もある）。

省庁再編の重要な意義の一つは、内閣総理大臣が政策を立案する上での法的権限と内閣総理大臣を補佐する組織が拡充されたことである。内閣法四条が改正され、首相が閣議に政策を提案する権限が認められた。以前も解釈によって首相は事実上、提案権を行使していた。しかしながら、法律上の発議権を得たことにより、首相が政策立案過程で指導力を発揮することがより積極的に認められることになった。さらに、内閣法一二条二項も改正され、内閣官房の事務として「内閣の重要政策に関する基本的な方針に関する企画及び立案」をすることが新たに加えられた。この制度改正により内閣官房が主体的に政策立案することにお墨付きが与えられた。さらに首相を補助するため内閣府が新たに設置され、担当大臣の制度も作られた。

こうして、以前よりも首相が主体的に政策を立案する制度的環境が整った。

また、○一年一月から○九年九月にいたる時期を第一次自民党・公明党政権期と呼ぶ理由についても説明しておこう。○一年一月の時点で森内閣は正確には自民党、公明党、保守党からなる連立内閣であった(5)。自民党と公明党の連立内閣に変わるのは○三年一一月である。だが、もともとこの政権の本質は参議院における過半数議席確保を目的に自民党と公明党が組むことにあった。そこで○一年一月からの期間を第一次自民党・公明党政権期と名づける。そしてこの枠組みは一二年一二月以降も変わっていない。したがって、二○一二年以降を第二次自民党・公明党政権期と見なすことができる。もっとも一二年一二月以降、今日まで安倍晋三内閣が続いているので、いまのところ単に安倍政権期と呼ぶことも可能である。なお、民主党も一○年五月までは社民党や国民新党と、その後は、国民新党と連立内閣を組んできた。だがこの連立内閣の中心は民主党であったのでこれを民主党政権と呼ぶことに問題はないであろう。

3　政策形成過程で注目する点

(1)本研究の注目点

自民党・公明党政権と民主党政権の政策の内容を比較する際には次のことに注意する。第一次自民党・公明党政権期と民主党政権期にはいくつもの内閣が存在し、厳密には、同じ政権期のもとでもそれぞれの内閣が実施した政策の間には違いがある。ただ、本書では、各政権期に存在した内閣の政策を総体として捉えた場合の特徴を把握しようとする。

また、本研究は両政権のもとにおける政策形成過程のあり方を分析する。すでに九〇年代以降の政策決定過程において首相の役割が増大していることが指摘されている。本書では首相の役割のみならず、以下についても明らかにすることを試みる。

①首相周辺の政治家・官僚の役割
②政府外の与党議員の役割
③各省官僚、利益集団の役割

(2) 首相の役割

議論の前提として、九〇年代以降の日本の政策形成過程における首相をはじめとする政治家、官僚、利益集団の役割についてすでに明らかになっていることを確認しておきたい。

何よりも重要なことはすでに述べたように首相の指導力が増大していることである。この背景には九四年の政治改革、さらには〇一年の中央省庁再編がある。

九四年に衆議院の選挙制度が中選挙区制から小選挙区・比例代表並立制に改められたことや政治資金規正制度が強化されたことは首相と与党議員の関係を変えた。改革の結果、選挙は以前より政党本位で行われるようになった。無所属での当選は難しくなり、政治家にとって政党から公認を得ることが重要な意味を持つようになった。また政治資金に対する規正が強化され、政治家個人や派閥を含め政党以外の組織が政治資金を集めることはより困難になった。政党助成金が導入されたこともあいまって政治資金は政党に集中するようになる。

公認権や資金配分権を持つのは政党執行部であり、与党の場合、最終的には執行部の頂点にいる首相である。また、すでに述べたように、省庁再編は内閣総理大臣が政策を立案する上での権限を増加させ、補佐体制を拡充した。

こうして、首相の指導力は高まった。一連の改革の効果を巧みに利用したのは小泉純一郎首相であった。小泉首相が派閥に束縛されることなく閣僚人事を自由に行ったことや郵政事業の民営化を実現できた背景には首相の力が制度的に高まったことがあった。

第二次・第三次安倍内閣の閣僚人事のあり方も首相権限の拡大を象徴している。安倍晋三首相は一二年一二月から一四年九月まで内閣改造を行わず、閣僚が一人も変わらなかった。さらに一五年一二月の時点でも官房長官、外務大臣、財務大臣、さらに経済再生担当大臣という主要四閣僚は発足当初のままであった。以上のことは首相の人事権拡大を物語っている。以前であれば、首相は党内からの閣僚ポストの要求に抗することができず、閣僚を頻繁に交代させることを余儀なくされたのである。また、第二次・第三次安倍内閣のもとで首相の制度的基盤はさらに強化されている。一三年一二月に国家安全保障会議が発足、一四年五月には内閣官房に内閣人事局が設置されたからである。

ただ、注意しなくてはならないことがある。まず、首相の指導力は参議院によって制約されている。(6) 参議院は法案を成立させる上で衆議院とほぼ同等の権利を持つ一方、衆議院の参議院に対する優位性は弱い。このため参議院で与党が過半数議席を確保できず、国会がいわゆる「ねじれ」の状態になると内閣の政策立案は滞ることになる。第一次安倍内閣から野田内閣まで六年にわたり短命政権が続いた最大の理由は二〇〇六年から二〇一二年の間のほとんどの期間に国会が「ねじれ」の状態にあったためである。また、首相の指導力がすべての政策分野におよぶとは限らないという指摘もなされている(7)。

(3) 首相周辺の政治家および官僚の役割

このように首相の役割については解明が進んでいる。首相以外の政治家、官僚、利益集団の役割についてはどうか。

まず首相周辺の政治家・官僚の役割から紹介したい。全般的傾向について参考になるのが待鳥聡史氏の研究である。同氏の研究は二〇〇〇年代初頭から政策決定過程において首相のみならず首相周辺の政治家の役割が増大していることを裏付けている(8)。また、小泉内閣や福田内閣のもとでは首相周辺の官僚が他の内閣に比べより大きな役割を果たしていたことを示唆している。もっとも民主党政権期にはその影響力は限定的であったことがうかがえる。

それでは具体的政策立案過程において彼らはどのような役割を果たしてきたのか。小泉内閣期に関しては多くのことが明らかになっている。たとえば、小泉首相は竹中平蔵を経済財政担当大臣や金融担当大臣、さらには郵政民営化担当大臣として重用し、内閣の重要政策の立案を委ねた。また、内閣官房の官僚も大きな役割を果たした。たとえば、古川貞二郎官房副長官はテロ対策特措法案、イラク特措法案など重要法案の策定を主導した(9)。

第一次安倍内閣では安倍首相は内閣官房に多くの政治家を起用、内閣の政策立案を主導させようとした。[10]ただ、同時に首相周辺に多数の政治家が登用される場合、こうした政治家の間の調整をいかに行うかという新たな課題が生まれることも明らかになった。

では民主党政権で首相周辺の政治家や官僚はどのような働きをしたのか。注目を集めたのは「国家戦略局」構想であった。民主党は首相周辺の政治家に政策決定を主導させる考えを持っており、彼らを支える組織として「国家戦略局」の設置を〇九年の総選挙で公約した。だが、民主党政権はこの構想を実現できなかった。鳩山内閣は国家戦略局を置くために必要な法改正を達成できず、暫定的に設置した国家戦略室が存続することになる。だが、この組織が内閣の政策決定を主導したとは言いがたい。

個別の政治家の役割について検証すると菅内閣では、仙谷由人官房長官が大きな影響力を振るった。たとえば、一〇年九月に尖閣諸島沖で中国漁船が巡視艇に体当たりし、船長が逮捕され、日中関係が緊張する。事件の処理を仙谷長官が主導したことは間違いない。[11]仙谷は一一年一月の内閣改造で退任するものの三月に東日本大震災が起こると官房副長官に就き、震災対応のための調整役となる。

また玄葉光一郎国家戦略大臣、与謝野馨経済財政担当大臣、枝野幸男官房長官も政策形成過程において一定の役割を果たした。玄葉は政調会長を兼ね、菅内閣が法人税減税を決定するのを主導する。[12]与謝野は、社会保障と税の一体改革の具体案の策定を進めた。[13]枝野は東日本大震災と福島原発事故発生後、とくに原発事故への対応に海江田万里経済産業大臣、福山哲郎官房副長官、細野豪志、寺田学両補佐官らとともにあたった。

野田内閣のもとでは藤村修官房長官の果たした役割が明らかになっている。藤村はＴＰＰ交渉参加に向けて、アメリカなどとの事前協議を進める態勢の整備や沖縄県向けの一括交付金の総額を決定する調整などにあたった(14)。

第二次・第三次安倍内閣についてもすでにいくつかのことが判明している。首相、官房長官、副長官が意思疎通を積極的にはかっていること(15)、菅官房長官が政策立案過程で重要な地位にあることなどである(16)。ただ、具体的な政策での首相周辺の政治家や官僚が果たす役割は今後さらに検証される必要がある。

(4) 政府外の与党議員、各省官僚、利益集団の役割

政府外の与党議員、各省官僚、利益集団の役割の検証も始まっている。全般的傾向としては、政府外の与党議員、各省官僚、利益集団の役割はいずれも低下している。たとえば、二〇〇〇年代初頭の調査から判断すると八〇年代と比べ、国会議員自身が経済政策分野、福祉政策分野で族議員の影響力は低くなり、その反面、首相や官邸の影響力が増えたと認識するようになっていることがうかがえる(17)。また、二〇〇〇年代の自民党政権時代に首相周辺の政治家や官僚双方にとって以前の時期に比べ根回しの対象としての与党議員の重要性は低下した(18)。

さらに官僚については官僚自身が八〇年代に比べ自らの影響力の低下を認めている(19)。また国会議員も二〇〇〇年代に入り官僚の役割が減少したことを認識している(20)。

また利益集団についての研究は二〇〇〇年代初頭の調査をもとに自民党と利益集団の結びつきが全

般的に弱まっていることを指摘している。[21] 個別の利益集団に注目すると、農業団体は政権交代以前から自民党から離れ始め、〇九年の政権交代後、自民党、民主党両党に対し中立的になる。[22] また、同様に医療系や運輸系の団体も中立化した。[23]

これまでの研究をまとめると首相や首相周辺の政治家が政策決定過程で果たす役割は増える傾向にある。首相周辺の官僚が重要な機能を果たす場合がある一方、各省官僚の影響力は減少している。さらに政府外与党議員および利益集団の役割も低下してきている。ただ、政治家、官僚、利益集団のいずれについても検証の余地が大きく残っている。

以上の知見を踏まえて、本書は分析を進めていく。

4 八事例を選択した理由

本書では、八つの事例研究を行う。具体的に八つの政策課題を選んだ基準、理由は次の通りである。

第一に、重要で近年関心を集めることが多い政策を取り上げた。日本の農業政策はＧＡＴＴウルグアイラウンドやＴＰＰなど国際経済交渉が行われるときはつねに関心を集める問題であった。電力システム改革は、とくに産業界が日本の電力料金が諸外国に比べて高いという問題意識を持ち、近年注意を喚起してきた政策課題である。コーポレート・ガバナンス改革については九〇年代以降、議論が活発に行われ、投資家や産業界が関心を持ってきた。

近年、子育て支援政策に対しても急速に関心が高まっている。待機児童の問題が活発に取り上げられ、「保活」という言葉が人口に膾炙《かいしゃ》しているほどである。消費税増税という政策は、七〇年代終わりに大平正芳首相が一般消費税の導入を検討して以来、重要な課題であった。巨額の財政赤字を踏まえ、今日、重大性はさらに高まっている。

日本にとってアジア外交がつねに大切な意味を持ってきたことは言うまでもないが、近年、中国が国際社会で存在感を高めているため、その重要性はいっそう増している。また防衛大綱が日本の安全保障政策の基本的枠組みを作る一方、集団的自衛権に関する憲法解釈は安全保障政策の根本を大きく規定しており、肝要であることは論をまたないであろう。

第二に、できるだけ多くの政策領域を含めることを心がけた。本書が取り上げる政策分野には内閣法制局、法務省、外務省、財務省、厚生労働省、農林水産省、経済産業省、防衛省と多岐にわたる省、機関が関係している。異なる政策分野を分析することで、政権交代の影響を俯瞰することを図っている。とくに首相をはじめとする政治家、官僚、利益集団の役割、影響力を細かく探ることが可能になると期待している。

最後に本書は国内政策と外交・安全保障政策について同じ問題意識のもとで分析することを企図した。これまで、政策決定過程の研究は国内政策と外交・安全保障政策を分けて行われる傾向にあった。本書では日本の政策決定過程についてより興味深い知見を得られることを期待して、両方の政策を含めることにした。

5 おわりに――各章への導入として

最後に第1章以下の各章への導入として、各事例研究について簡単に紹介する。

第1章「農業政策――政権交代がもたらす非連続的な米政策」（濱本真輔）は二〇〇〇年代以降の農業政策の変遷についてとくに米政策に焦点をあてて分析する。まず、二〇〇〇年代から自民党・公明党政権は農家の大規模経営化を促す。これに対し、民主党政権は全販売農家を対象に戸別所得補償制度を導入する一方、大規模経営化を促進する方針を見直す。一二年の政権交代後、自民党・公明党政権は政策を再度変更し、所得補償制度の廃止を決める一方、生産調整の方法を大きく変えたことを示す。

第2章「電力システム改革――電力自由化をめぐる政治過程」（上川龍之進）は九〇年代以降、電力自由化が実現する過程を取り上げる。最初の自民党・公明党政権のもとでは電力自由化が進まなかった。その後、民主党政権が電力システム改革に着手し、これが第二次自民党・公明党政権に引き継がれる過程を分析する。

第3章「コーポレート・ガバナンス改革――会社法改正とコーポレート・ガバナンス・コードの導入」（竹中治堅）は主に社外取締役に対する会社法やコーポレート・ガバナンス・コードの扱いに焦点をあて、企業のガバナンスが強化される過程を検証する。第一次自民党・公明党政権のもとでコーポレート・ガバナンス改革は微温的であった。つぎに民主党政権が上場企業などに社外取締役の導入を促すガバナンス改革に着手し、その後、安倍政権がさらに改革を推し進める過程を明らかにする。

第4章「子育て支援政策」（砂原庸介）は子どもの保育需要に応える政策の展開過程を検討する。第一次自民党・公明党政権は保育需要の増大に規制緩和や認定こども園によって対処しようとした。これに対し、民主党政権は子ども手当導入や幼保一元化を通じ、政策変換を試みるが挫折する。安倍政権は保育所・幼稚園・こども園という従来の枠組みを維持しながら、それぞれのサービスの拡充を試みていることを示す。

第5章「消費税増税――社会保障との一体改革」（木寺元）は主に消費税引き上げをめぐる政策決定過程を取り上げる。第一次自民党・公明党政権のもとで消費税増税に向けた本格的議論は始まらなかった。民主党政権は増税に向け、社会保障と税の一体改革に着手し、関連法案を成立させる。その後、安倍政権のもとで消費税が八パーセントに引き上げられた後、軽減税率導入や一〇パーセントへの引き上げ延期が決まる過程を説明する。

第6章「対外政策――安全保障重視のアジア外交へ」（佐橋亮）では二〇〇〇年代以降の対アジア外交の形成過程を探る。とくに、対アジア外交の日米同盟との連関性が強まり、「安全保障化」が進んでいることを明らかにする。

第7章「防衛大綱改定」（細谷雄一）では防衛計画の大綱の形成過程を分析する。一〇年一二月に策定された「平成二三年度以降に係る防衛計画の大綱」は前の大綱がとっていた「基盤的防衛力構想」に代わり、「動的防衛力」という概念を打ち出し、内容が大きく変わる。その後、安倍政権のもとで一三年一二月に立案された「平成二六年度以降に係る防衛計画の大綱」は基本的に一〇年の防衛大綱を踏襲したものであると論じる。

第8章「憲法解釈の変更――法制執務の転換」（牧原出）は主に法制局の役割に焦点をあて、それが変化する過程を探る。第一次安倍晋三内閣は集団的自衛権に関する憲法解釈の変更を試み、その後、民主党政権のもとにおいて内閣法制局の役割が低下したことを示す。その上で、第二次・第三次安倍晋三内閣が集団的自衛権に関する憲法解釈を変更し、安保関連法制を成立させる過程を分析する。

以上の事例研究から得られる知見については結章であらためて議論する。

注

(1)『予算委員会会議録第十五号』二〇一六年二月一九日。

(2)『日本経済新聞』二〇一二年一二月二八日。

(3)『日本経済新聞』一九九三年一月三日。

(4) 伊藤光利・宮本太郎編『民主党政権の挑戦と挫折――その経験から何を学ぶか』（日本経済評論社、二〇一四年）。伊藤裕香子『消費税日記――検証 増税786日の攻防』（プレジデント社、二〇一三年）。清水真人「政権交代の600日」佐々木毅・清水真人編『ゼミナール 現代日本政治』（日本経済新聞出版社、二〇一一年）、三一一二二二頁。清水真人『消費税――政と官の「十年戦争」』（新潮社、二〇一三年）。日本再建イニシアティブ『民主党政権 失敗の検証――日本政治は何を活かすか』（中公新書、二〇一三年）。御厨貴編『政治主導の教訓――政権交代は何をもたらしたのか』（勁草書房、二〇一二年）。山口二郎『政権交代とは何だったのか』（岩波新書、二〇一二年）。読売新聞政治部『民主党――迷走と裏切りの三〇〇日』（新潮社、二〇一〇年）。読売新聞政治部『亡国の宰相――官邸機能停止の一八〇日』（新潮社、二〇一一年）。読売新聞政治部『民主瓦解――政界大混迷への三〇〇日』（新潮社、二〇一二年）。個別政策や決定手法について着目するものとしてたとえば、以下のものがある。黒須卓「国土交通省の内外で起こったこと――『脱官僚』の現場から」御厨編『政治主導の教訓』、一三三－一五六頁、藤井直樹「撤回された『政治主導確立法案』をめぐって」御厨編『政治主導の教訓』、一五七－一八五頁、木寺元「『脱官僚依存』と『内閣一元化』の隘路――『前の調整』・『後ろの調整』・『横の調整』」御厨編『政治主導の教訓』、一八九－二一三頁。飯尾潤「政権交代と『与党』問題」飯尾潤編『政権交代と政党政治（歴史のなかの日本政治6）』（中央公論新社、二〇一三年）、一〇三－一三七頁。竹中治堅「民主党政権と日本の議院内閣制」飯尾編『政権交代と政党政治』、一三九－一八〇頁。

民主党の政治家のインタビュー、回想録も数多く出版されている。薬師寺克行『証言 民主党政権』（講談社、二〇一二年）。山口二郎・中北浩爾編『民主党政権とは何だったのか――キーパーソンたちの証言』（岩波書店、二〇一四年）。岡田克也「ふたたび政権交代をめざして」御厨貴・牧原出・佐藤信『政権交代を超えて――政治改革の20年』（岩波書店、二〇一三年）、一〇一－一一五頁。松井孝治「民主党は自壊した」御厨・牧原・佐藤『政権交代を超えて』、一二九－一四〇頁。松井孝治「政権交代における非連続と連続のバランスをどうとるか」『世界別冊 政治を立て直す』二〇一三年、三六－四三頁、馬淵澄夫「民主党に必要なのは冷静な状況分析と判断です」『世界別冊 政治を立て直す』、四四－五〇頁。藤村修（竹中治堅インタビュー・構成）『民主党を見つめ直す――元官房長官・藤村修回想録』（毎日新聞社、二〇一四年）。菅直人『東電福島原発事故――総理大臣として考えたこと』（幻冬舎新書、二〇一二年）。海江田万里『「海江田ノート」――原発との闘争176日の記録』（講談社、二〇一二年）。福山哲郎『原発危機――官邸からの証言』（ちくま新書、二〇一二年）。細野豪志・鳥越俊太郎『証言細野豪志「原発危機500日」の真実に鳥越俊太郎が迫る』（講談社、二〇一二年）。松井孝治「民主党の政権戦略とその挫折」『世界』二〇一四年七月号、二二五－二三三頁。長妻昭『招かれざる大臣――政と官の新ルール』（朝日新書、二〇一一年）。直嶋正行『次の、日本。――次代の成長戦略へ。流れは、変わる。』（時事通信社、二〇一二年）。仙谷由人『エネルギー・原子力大転換――電力会社、官僚、反原発派との交渉秘録』（講談社、二〇一三年）。長島昭久『「活米」という流儀――外交・安全保障のリアリズム』（講談社、二〇一三年）。

（5）なお、二〇〇二年一二月に民主党からの議員を受け入れるために保守党はいったん解党し、保守新党となる。

（6）このほか、日本の首相に対する制約要因については竹中治堅「民主党政権と日本の議院内閣制」飯尾編『政権交代と政党政治』。

（7）上川龍之進『小泉改革の政治学――小泉純一郎は本当に「強い首相」だったのか』（東洋経済新報社、二〇一〇年）。

（8）待鳥聡史『首相政治の制度分析――現代日本の権力基盤形成』（千倉書房、二〇一二年）、一一四－一二六頁。待鳥聡史「民主党政権下における官邸主導」飯尾編『政権交代と政党政治』、七五－一〇二頁。

（9）古川貞二郎『霞が関半世紀――五人の総理を支えて』（佐賀新聞社、二〇〇五年）、古川貞二郎『私の履歴書』（日本経済新聞社、二〇一五年）。

（10）上杉隆『官邸崩壊――安倍政権迷走の一年』（講談社、二〇〇七年）、久江雅彦・柿崎明二『空白の宰相――「チーム安倍」が追った理想と現実』（講談社、二〇〇七年）。

（11）『共同通信』二〇一三年九月二四日。『読売新聞』二〇一三年九月二五日。

(12) 清水「政権交代の六〇〇日」、三九-四〇頁。
(13) 清水「政権交代の六〇〇日」、一四-一五頁、二四-二七頁。清水『消費税』、一七六-二〇六頁。
(14) 藤村・竹中『民主党を見つめ直す』。
(15) 田崎史郎『安倍官邸の正体』(講談社現代新書、二〇一四年)。
(16) 星浩『官房長官——側近の政治学』(朝日新聞出版、二〇一四年)、五四-五六頁。田崎史郎『安倍官邸の正体』、一八四-一九一頁。
(17) 建林正彦「政党内部組織と政党間交渉過程の変容」村松岐夫・久米郁男編『日本政治変動の三〇年——政治家・官僚・団体調査に見る構造変容』(東洋経済新報社、二〇〇六年)、六七-九四頁。
(18) 待鳥『首相政治』、一四七-一四八頁。
(19) 笠京子「日本官僚制」村松・久米編『日本政治変動の三〇年』、二二三-二五五頁。
(20) 建林「政党内部組織と政党間交渉過程の変容」村松・久米編『日本政治変動の三〇年』。
(21) 久米郁男「利益団体政治の変容」村松・久米編『日本政治変動の三〇年』、二五九-二七六頁。
(22) 河村和徳「利益団体内の動態と政権交代——農業票の融解」『年報政治学 二〇一一-Ⅱ』、三八-三九頁。
(23) 濱本真輔「政権交代の団体 - 政党関係への影響——2つの比較による検証」『年報政治学 二〇一二-Ⅱ』、七六-七七頁。

第1章

農業政策

●政権交代がもたらす非連続的な米政策

濱本 真輔

農業、とりわけ米は政治作物と呼ばれるほど、政治的利害に左右される面が強い。その中心には、農政トライアングルとも言われる農林族、農水省、農協の存在が指摘されてきた。しかし、WTOやTPP等の貿易自由化交渉において、農業はつねに焦点となり、また二度の政権交代も経験した。国内外の環境変容の中で、二〇〇〇年代以降の米政策とその決定過程はどのように変化したのだろうか。

1 はじめに

本章では農業政策の中でも米政策を検討する。それは米が農業生産の中でも一定の比重を占めているとともに、規制改革の焦点だからである。二〇一一年段階でも農業総産出額八・二兆円の二二・四パーセントを米が占めている。また、野菜、果樹、畜産等の大規模化している領域も存在する中で、米農家は規模の拡大が緩やかである。二〇一〇年の産出額ベースでみても、水稲以外は主業農家が七割から九割を占めている。それに対して、水稲は主業農家の産出割合は三八パーセントにとどまり、準主業農家、副業農家の産出割合が高い。

このような農業構造の背景として、農林族、農水省、農協が構成する農政トライアングルの存在が指摘されてきた(1)。少なくとも二〇〇〇年代初頭まで、農政は農林族、農水省、農協を中心とした政策領域とみられてきた。ただし、米政策が変化してきたことも事実である。民主党が掲げた戸別所得補償は二〇〇七年参院選での自民党の敗北、その後の二〇〇九年政権交代の契機となった政策であり、交代後に実施された。また、第二次安倍内閣下ではＴＰＰ交渉への参加が表明され、戸別所得補償や生産調整の見直し、農協法の改正等が進められた。

二度の政権交代を経験する中で、二〇〇〇年代以降の米政策とその決定過程はどのように変化したのか。次節では米政策を構成する政策手段を概観する。第3節では二〇〇九年の政権交代以前の米政策を記述する。第4節では民主党の米政策の形成過程から政権交代後までを対象として見ていく。第5節では二〇一二年の政権再交代後を扱う。第6節では以上の知見をまとめる。

2　米政策の政策手段

米政策にはどのような手段があるのだろうか。政策手段とは政策立案者によって作成されるインセンティブ措置であり、政策目標を達成するために、税制、補助金、規制、政府を通じた直接の財やサービスの供給等が活用される。食糧法以降の米政策は、国境措置、価格・所得政策、生産調整、流通、構造政策等の複数の手段から構成される。以下、順に見ていこう。(2)

価格・所得政策についてみると、大きくは価格支持と直接支払いがある。価格支持は生産者米価のように、政府が一定の価格を支える政策である。直接支払いは財政から農家に直接支払われるものである。直接支払いには価格変動への対応という側面が強いものから所得補償の側面が強いものまで幅がある。価格支持が消費者負担型の政策であるのに対して、直接支払いは納税者負担型の政策である。

つぎに、生産調整がある。供給サイドが事前に生産量を調整し、価格の維持を図り、所得の確保をめざす方法である。ただし、生産調整によって過剰供給を防ぎ、米価が高い水準で維持されると、調整に参加しない者にもその恩恵が届くため、調整への参加を促す担保措置が必要となる。たとえば、参加者に補助金を出すこと、逆に生産目標を超過した場合に、過剰作付分を目標から控除する等の事後的な調整、ペナルティ的措置を実施することもある。分析対象との関係をみると、自民、民主両党は生産調整の担保措置が異なる。自民党は生産調整にペナルティ措置と転作物への助成金を組み合わせ、調整の達成を促す。他方、民主党は生産調整と直接支払い政策を結びつけることで調整の達成を目指す。

最後に、構造政策とは経営規模の拡大等を通じて、生産性を高め、農業所得の向上を目指すものである。分析対象との関係をみると、農水省では食糧法以後、米政策についても構造政策がより強く目指されるようになってきた。とくに、直接支払い（価格変動対策）の対象を特定の農業者に限定し、規模拡大を促す傾向にある。

以上の手法は、WTOの政策分類との関係から制約を受ける。WTOでは補助金の分類（黄、青、緑）が存在する。黄の政策とは価格支持や毎年の生産量に基づく直接支払い等が当てはまる。これに該当する政策は国内農業生産を刺激し、貿易を歪める程度が大きいと判断され、GATTウルグアイ・ラウンド（一九八六〜九四年）以降、削減対象となっている。青の政策とは生産制限などを条件として、農家へ直接支払われる補助金である。緑の政策とは、貿易を歪める影響や生産に対する影響が全くないか、もしくはほとんどないと解釈されているものである。ウルグアイ・ラウンドでは、黄の政策の総額を一九九五年から二〇〇〇年の六年間で、基準期間（一九八六〜八八年）の二〇パーセント削減することとされた。この分類は、政策手段の選択にあたって、政策決定者に制約となった。

3　政権交代の可能性に揺れた米政策[3]

本節では一九九〇年代半ばから二〇〇九年までの自民党政権の米政策を扱う。この時期の米政策とその決定過程はどのようなものであったのか。

（1）食管法から食糧法、新基本法へ

一九四二年に成立した食糧管理法のもと、一定の変容をともないつつも、一九九四年の食糧法の成立まで、流通規制と価格支持が行われてきた。米の生産者には売渡義務が課され、政府が生産者と消

費者への価格を決めていた。しかし、政府統制外の米が流通し、政府に米の在庫が積み上がり、その処理に多額の費用がかかる状態となった。それに対して、政府は一九六九年から生産調整によって、抑制する方針をとった。国境措置により輸入されない状況下で、自民党政権は価格支持と流通規制、生産調整により高米価を維持し、農家の所得向上を図ってきた。

しかし、GATTウルグアイ・ラウンドでは農業分野も対象となり、米自由化の可能性を踏まえ、政策の転換が目指されるようになった。農水省は一九九二年に「新しい食料・農業・農村政策の方向」を打ち出し、生産調整の選択制、規模拡大を目指す構造政策を提唱した。さらに、農政審議会が一九九四年に「新たな国際環境に対応した農政の展開方向」を示し、食糧管理法の改正を提起した。

一九九四年一二月に制定された食糧法では「食糧ヲ管理」「流通ノ規制」という文言が消えた。ただ、米麦は主食であることを踏まえ、「需給及び価格の安定」「適正かつ円滑な流通を確保」とされた。生産者の政府への売渡義務が廃止され、出荷・販売は届け出制に改められ、流通は自由化された。政府の政策手段は直接的な価格支持から生産調整と助成、備蓄、所得政策を中心とするものになった。

価格支持政策の見直しを受けて、政府は一九九七年に稲作経営安定対策を打ち出した。これは生産者が二パーセント、政府が六パーセントを積み立て、基準価格と当該年価格の差額の八割を生産調整の目標達成者に支払うという価格変動対策である。二〇〇〇年からは地域農業の中心となる担い手には九割補てんするコースも設定された。WTO新ラウンド（二〇〇一年開始）を前に、削減対象となる価格政策から所得政策への転換を模索する動きが加速した。

一九九九年七月、食料・農業・農村基本法が成立した。同法では農政改革が掲げられ、価格支持から所得支持へと政策転換の方向が基本法レベルで示された。活用すべき手段がWTOルールに即した、削減対象外の補助金へと変更された。

(2) 構造改革下での農水省と農協の対立

選別の方向性

食糧法以降、米価の下落が続く状況に対して、自民党の農業基本政策小委員会(以下、小委員会)では、所得安定対策の具体化を検討することとなった。小委員長の松岡利勝は二〇〇〇年一二月に農水省の知恵を借りつつ、「提言」(骨子)を提示した。

提言では「意欲のある担い手(国内四〇万程度の経営体)」を対象に所得確保を目指すことが示された。経営体の内訳は家族経営三三万~三七万、法人経営三~四万と想定された。これは望ましい姿として農水省から提示されていた「農業構造の展望」の方向性と一致し、同展望では二〇一〇年度までに農地利用の六割を効率的かつ安定的経営に集積するとした。自民党も四〇万程度の育成すべき経営体を対象に他産業並みの所得を確保し、効率的かつ安定的経営に到達させるとした。

二〇〇一年四月に小泉内閣が発足し、構造改革の流れにあわせた動きが表面化した。五月の経済財政諮問会議では民間議員ペーパーで生産調整を抜本的に見直すとされた。少なくともドラフトは農水省内で作成されており、農水省改革派の持ち込みであった(4)。さらに、参院選で与党が大勝した後、食糧庁は自民党に「コメ政策の見直し方向」というペーパーを提示した。具体的には①生産調整の配分方法を面積から生産数量へと切り替える、②稲作経営安定対策を担い手に集中するために副業農家を除外する、③上記改革を二〇〇二年から実施すること、等であった。武部勤農林水産大臣も八月末の経済財政諮問会議で稲作経営安定対策から副業農家を除外する考えを表明した。自民党及び政府が米政策に関して選別政策に踏み切ることを初めて明確にしたことは、農業関係者に大きな衝撃を与えた。(5)

食糧庁の提示及び武部大臣の発言に対して、全国農業協同組合中央会（以下、全中）は農水省への反発を強めた。全中は組織協議案で「われわれの意向を踏まえたものではなく、全く受け入れられない」(6)と表明し、原田睦民全中会長も小委員会で「絶対に認められない」(7)と撤回を要求した。松岡は農水省と最終調整に入り、価格変動対策から副業農家を外さないことを決定した。ただ、農水省の動きは押し戻されるものの、同省は小泉内閣の聖域なき構造改革を盾に一歩も譲ろうとはせず、(8)生産調整の見直しは省内に研究会を設け、議論されることとなった。

米政策改革

二〇〇二年一月、食糧庁長官の私的研究会として「生産調整研究会」が設置され、水田農業政策全般の論議が開始された。争点の一つは生産調整への国の関与と時期であった。全中は調整が失敗し、米価が暴落するのを避けるため、調整に国の関与を残すよう要望した。しかし、六月の中間とりまとめでは国の関与の段階的解消が初めて公式に示唆された。一〇月に入ると、食糧庁は研究会に生産調整の廃止案を時期も明示して提案した。全中は①国の関与を残し、②調整実施者に十分なメリット対策を講じることを、政府与党に要望した。生産調整に関して農協と農水省が真っ向から対立したことは過去にないものであった。(9)

農林族も含めた調整では国の何らかの関与を残すとしたものの、大島理森農林水産大臣は国による目標の配分廃止とその時期の明示にこだわった。最終的に、「二〇年度に農業者・農業団体が主役となるシステムを国と連携して構築する（中略）一八年度に移行への条件整備の状況を検証し、可能であればその時点で判断する」とされた。前年の食糧庁ペーパーとその後の展開の違いは、「自民党＝農協の政治力をもってしても、生産調整廃止の基本方向自体を押しとどめることができなかった」[10]ことにある。

また、価格変動対策のあり方をめぐっても議論が重ねられた。政府案と農協の対立点は、主に四点であった。具体的には①担い手は認定農業者（市町村が地域農業の中核と認定した農業者）の他に集落営農を含めるかどうか、②価格変動対策か所得対策か、③一階建方式か二階建方式か、④価格・所得政策と生産調整をリンクするかどうか等であった。政府側は担い手を認定農業者とし、価格変動対策として該当者に適用することに比重があった。それに対して、農協側は集落営農を担い手に含み、所得補償にまで踏み込み、二階建方式により非担い手（一階）と担い手（二階）の双方が加入でき、かつ生産調整参加者とする仕組みを要望した。全中を代表する山田俊男は「認定農業者だけを対象とすることについては絶対に納得できない」[11]と主張し、極端な担い手の絞り込みには反対し、一定の地域内の農家が農業生産を共同して行う集落営農を担い手として位置づけることを求めた。

全中からの要望を踏まえつつ、農林幹部と農水省の最終調整を経て、「米政策改革大綱」が決定された。大綱では①政策経費の縮減が可能な政策をめざす、②生産調整への国の関与を認めつつも農業者・農業者団体が主役となる需給調整システムの構築、③面積から生産数量調整方式への転換、全国一律方式から地域の裁量を認める方式への転換、産地づくり交付金の創設、④担い手経営安定対策を講じること等が示された。

価格変動対策は全中の求めた二階建てとなり、全生産者を対象とする稲作所得基盤確保対策（一階部分、五割プラス米六〇キロあたり三〇〇円、約八割補てん）と、一定の条件を満たす生産者が加入できる担い手経営安定対策（二階部分、九割補てん）から構成された。この点で稲作経営安定対策からの変化は乏しい。ただし、二階部分を受けるには、担い手の上に規模要件と組織要件を満たす必要がある。都府県の認定農業者は四ヘクタール、北海道の場合は一〇ヘクタールが必要であり、集落営農では二〇ヘクタールが規模要件となった。つまり、認定農業者や集落営農だけでは二階部分の対策を受けることができず、一定規模以上の認定農業者と集落営農に限定された。

選別政策の決定

二〇〇四年からは二〇〇七年以降の方向性が検討され始め、その焦点は担い手の基準をどのように設定するかであった。しかし、参院選を前に野呂田芳成総合農政調査会長が「選挙に勝てなくなるぞ」と待ったをかけて、議論が停止した(12)。民主党が担い手に政策を集中することについて、小農切り捨てとの批判を強めたことに影響を受けたものであった。

ただ、二〇〇五年の郵政選挙により、自民党が大勝し、議論の状況は一変した。野呂田や農業基本政策小委員長の松下忠洋、森山裕を始めとする農林族の一部が離党するに至った。そのため、松岡が再び小委員長に就任し、担い手要件の議論をまとめることとなった。

農水省は構造政策の推進を追求した。農水省は担い手経営安定対策の水準（都府県の認定農業者で四ヘクタール、集落営農で二〇ヘクタール）を下げれば規模拡大を促す力が弱くなり、一方で基準が高すぎても担い手層の意欲を削ぐことにもなりかねないとして、それまでの基準を堅持するように求めた。石原葵事務次官は「努力すれば乗り越えられるハードル」[13]とし、今井敏大臣官房企画評価課長も「一定の水準を設定し、その水準をクリアすることをてこに、戦後なかなか進まなかった構造政策を加速化していく手段にしたいという思いを込めている」[14]として、構造政策と所得政策を結びつけていた。

農水省の姿勢の背景には、WTO交渉の進捗状況と、過剰な財政負担を避けることがあった。政府側は二〇〇一年に開始されたWTO交渉では生産を刺激する黄色の政策を全廃もしくは七〜八割削減という方向に進むため、現状の政策を見直す必要があり、また全農家を対象としては財政負担が大きいため、対象を絞り、規模拡大を促すことを主張した[15]。これに対して、全中は多様な担い手を想定し、地域の実情に即した各種の特例を設けることを求めた。

小委員会では若手議員から構造改革の推進を重視した意見が展開された。「農政でも護送船団方式ではなく、しっかり農業をやる人を評価しようという流れにある」（後藤田正純）、「生産性向上のための改革だという観点を外すべきではない[16]」（葉梨康弘）という意見も述べられた。結果として、一定の特例が認められたものの、構造改革の推進が求められる中で、松岡は「後戻りはできない[17]」として、担い手経営安定対策の規模要件と組織要件を維持した。多くの農家が外れる、厳しい基準を設定した点について、松岡は次のように述べ、集落営農の可能性を含め、農家全体に大規模化を求めた。

誰を担い手とするのか、というのが一番の問題だった。三〇〇万農家のうち四〇万というような数字が踊ると、あとの九割は切り捨てかという話になる。そういうことではなく、誰にも平等に受験資格は与えるが、試験に合格するかしないかは自分の力だという思想での農家総参加の担い手づくりである。（中略）一つでだめなら二つ、二つでだめなら三つ、生きていくためには山を越えてでも一緒になってくれということだ。担い手の要件は下げないで、みんなでそこに到達するという考え方でやる。[18]

大規模化を促す方針は戦後農政の転換とされる一方で、課題も残した。農水省では「全農家を対象とし、品目毎の価格に着目して講じてきた対策を、担い手に対象を絞り、経営全体に着目した対策に転換することは、戦後の農政を根本から見直すもの[19]」とされた。二〇〇六年には法案が国会に提出され、成立した。

新法により導入された品目横断的経営安定対策は、二つの仕組みから成る。具体的には、諸外国との生産条件の差を考慮した生産条件不利補正対策と、農業収入の減少が経営に与える影響を緩和するための収入減少影響緩和対策である。国境措置があるため、米は後者の対策のみであり、これまでの対策と同様、所得補償の性格を帯びたものであった。ただ、二〇〇七年段階の実績をみると、担い手基準に到達した認定農業者、集落営農は増加したものの、米作付総面積でみると、そのカバー率は二六・七パーセントであり、多くの米農家は価格変動対策から外れた。

（3）族議員主導の揺り戻し

二〇〇七年には前年に成立した新法に基づいて、品目横断的経営安定対策が開始されたものの、自民党は参院選に敗北した。自民党は一人区で六勝二三敗と大敗し、民主党が参議院の第一党となった。民主党の一人区での躍進について、戸別所得補償政策の影響が指摘された。たとえば、日本農業新聞の読者モニター調査では、経営安定対策（二三パーセント）よりも戸別所得補償（五四パーセント）を支持する回答が多かった[20]。

また、二〇〇七年の参院選では、農協が農水省出身者を支援するというこれまで続いた形も崩れた。一九九八年の大河原太一郎の後継擁立段階で、農水省は擁立が遅れたものの、農林族の要請を受けて、日出英輔（農蚕園芸局長）を擁立した。また、二〇〇一年には福島啓史郎（食品流通局長）を擁立した。しかし、両名とも当選後に外務政務官に就任するなど、農家からの不人気が明らかとなった[21]。二〇〇四年には日出が落選し、二〇〇七年には組織内候補を選び直すこととなり、農協専務理事の山田俊男が福島を破り、参院選にも当選した。選挙の上でも農協と農水省の距離が拡大した。

参院選の敗北を受けて、自民党ではこれまでの政策の修正が相次いだ。西川公也が農業基本政策小委員長に就任し、「一兆円使うという民主党には負けない。こっちも何でもやる[22]」と述べ、米政策の見直しを宣言した。西川は当初の見直しにおいて農水官僚を排除し、自らの試案「コメ緊急対策案」を提示し、過剰米の四〇万トンの政府買い入れ等を打ち出した。農林族の要求を受けて、政府は豊作時の対策（集荷円滑化対策）を実行せず、三四万トンを緊急に買い入れ、米価を支えた。また、生産調整への国の関与を弱めるとの方針に反し、八つの関連団体のトップと農水省による合意文書も作成し、生産調整目標の達成のためにあらゆる措置を講ずるとの姿勢を鮮明にした。

さらに、担い手の要件緩和と生産調整参加者への所得向上策が進められ、構造政策が後退した。市町村が認める者であれば担い手になれるとし（市町村特認の創設）、面積要件は認定農業者の水準にまで引き下げられた。また、生産調整参加者へのメリット措置として、水田作付面積に応じた奨励金を支払うとした（一〇アールあたり三〇〇〇円）。構造政策を弱めるものであり、このような政策転換について、「一連のプロセスが徹頭徹尾自民党の主導で、より正確にはいわゆる農林族議員の主導のもとで進んだ[23]」と指摘された。

二〇〇八年に福田首相が辞任し、麻生太郎が首相に就任した。石破茂が農林水産大臣に就任し、生産調整の見直しの方向性を示した。「農政改革関係閣僚会議」が設けられ、石破は省内に「農政改革特命チーム」を立ち上げ、生産調整の選択制を提言した。しかし、西川からは「生産調整（減反）は拡充・強化していく。（農水相と）ずれていようがいまいが、生産調整は堅持だ[24]」と反発を受け、副大臣からも反発を受けて生産調整の見直しは頓挫した。元農林水産事務次官の高木勇樹によると、当時は「農水省内は族議員に顔を向けた守旧派が、改革派を席巻[25]」しており、石破の試みは決定過程及び政策の変更にまで至らなかった。

4　民主党政権下の非連続的な過程と政策

前節で示したように、自民党の米政策の転換を促したのは参院選での敗北であり、民主党の掲げる

れていったのか。

戸別所得補償政策であった。民主党の米政策はどのように形成され、政権交代後にどのように実施さ

（1）米政策の形成過程

民主党の米政策は、農政関連議員を軸として、二〇〇三年から議員立法の形をとりながら、明確化してきた。同年五月には政府の食糧法改正に対して、社民党との共同のもとに対案を提示した。同法案では主要食糧の生産者に所得確保の交付金導入が盛り込まれた。

さらに、菅直人代表が二〇〇四年参院選を前に農業プランの構築を表明し、鹿野道彦座長、山田正彦事務局長のもと、農林漁業政策の論議が開始された。同年には「民主党農林漁業再生プラン」が公表され、直接支払いの導入による食料自給率向上が示された。直接支払いの根拠は農業の多面的機能にあり、とくに食糧安全保障と環境を基礎とした。都市部選出議員からは、なぜ農業のみに一兆円の所得補償をするのかという批判があったものの、無償で果たされている多面的機能の一部を対価として支払うとの議論で同意が得られた[26]。

直接支払いの対象作物は自給率向上に深く関わる土地利用型作物とし、対象者は農業に意欲的に取り組んでいる農家すべてとした。意欲のある担い手については規模で選別しない方針を示した。座長であった鹿野によると、担い手であるかどうかはあくまでも農業者自身が判断するものであった。ただ、税金を使用するため、国民に対する食料供給の役割を果たしている人（販売農家）が基準とされた[27]。

表 1-1　農家の分類と戸数（2000 ～ 2015 年）

単位：千戸

分　類	定　　義	2000年	2005年	2010年	2015年
農家	経営耕地面積10a以上、または農産物販売金額15万円以上の世帯	3120	2848	2528	2155
販売農家	経営耕地面積30a以上、または農産物販売金額50万円以上の世帯	2336	1963	1632	1330
主業農家	農業所得が主で、年間60日以上農業に従事している65歳未満の世帯員がいる	500	429	360	294
準主業農家	農外所得が主で、年間60日以上農業に従事している65歳未満の世帯員がいる	599	443	389	257
副業的農家	年間60日以上農業に従事している65歳未満の世帯員がいない	1236	1090	883	779
自給的農家	経営耕地面積10a ～ 30a、かつ農産物販売金額50万円未満	783	884	867	825
土地持ち非農家	農家以外で耕地及び耕作放棄地を合わせて5a以上所有している世帯	1097	1201	1374	1413

出典：農業センサスより筆者作成

表1‐1は、農家の分類と戸数である。二〇〇五年の販売農家は一九六万戸であり、自民党が四〇万程度を目標に担い手へ政策を集中させるのとは大きな違いであった。自給率の向上を重視（高めに設定）し、手段としての所得補償及び担い手の幅広さは、政権交代後にまで共通する特徴である。

山田等は二〇〇六年に「農政改革基本法」を提出し、食料自給率を一〇年後に五〇パーセント、将来的には六〇パーセントにすることを明記した。また、米、小麦、大豆等を計画的に生産する販売農家を対象として、一兆円規模の直接支払いを導入することが盛り込まれた。

同年九月に小沢一郎が代表に就任すると、「私の基本政策」を発表し、「戸別所得補償制度の創設」を掲げた。民主党農政に関わってきた篠原孝によると、小沢は名称にこだわった。[28] 二〇〇七年の参院選に大勝した後、平野達男等は「農業者戸別所得補償法案」を提出した。同法案では品目横断的経営安定対策を廃止し、生産調整を達成する販売農家に対して、標準的な生産費と標準的な販売価格の差額を交付するとされた。

「民主党農林水産政策大綱」（二〇〇八年一二月）では構造政策について、次の方針が記された。

民主党は、規模拡大や効率化、あるいは集落営農化を否定するものではなく、むしろ推進します。しかし、それらに限定することは間違いです。一定規模以上の「大規模効率経営」や経理を一元化し法人を前提とする「集落営農」が唯一の正しい道であるかのように、政府が一つの経営タイプを押しつけることがあってはならず、現場の主体的判断を尊重して多様な努力・取組を支援することが重要なのです（民主党農林水産政策大綱）。

規模拡大を加算措置にとどめ、直接支払いを受けるための要件としない点は、構造政策と所得政策の結びつきが強い政府・自民党案との大きな違いである。民主党の米政策は自由貿易協定との整合性に曖昧さを残しつつも、所得政策の機能、財政規模、対象範囲と構造政策の追求度合いという点で、政権との差異が明確になる形となった。

(2) 集権化した決定過程と非連続的な政策

二〇〇九年に鳩山由紀夫内閣が発足し、農林水産大臣には赤松広隆が就任した。赤松は農政との関わりが弱かったとされるものの、副大臣、政務官にはこれまで農業政策の立案に関わってきたメンバーが就任した。一方、政府外与党議員の政策活動は政策調査会の廃止や官僚との接触制限もあり、大幅に制約され、政務三役が中心となった。

また、政府と農協の距離も拡大した。二〇〇九年一〇月のＪＡ全国大会に鳩山と赤松の出席はなく、その後も鳩山と全中会長との面会は成立しなかった。(29)その上、委員変更となった二〇一〇年八月からは全中会長が食料・農業・農村政策審議会委員から外れた。他に、政府が農協に政治的中立性を求める通達を出すなど、政権と農協の距離が広がった。

政策決定過程が変化する中で、政策の具体化が進められた。政務三役のもとに「戸別所得補償制度推進本部」が設置され、「戸別所得補償チーム」長に山田正彦副大臣が就任した。戸別所得補償制度は固定支払い部分と変動払い部分から構成された。固定支払い部分は、過去の実績に即して、標準的なコスト割れ部分を支える仕組みである。①「標準的な生産費」は、過去七年のうち中庸五年の経営費プラス家族労働費の八割として、算出される。②「標準的な販売価格」は過去三年間の販売価格の平均として算出される。①と②の差額を固定支払いする。結果として、一〇アールあたり、一万五〇〇〇円が支払われることになった。変動払い部分は、当年産の販売価格が「標準的な販売価格」を下回った場合に、差額が農家に支払われる。単年度の価格下落に対応する仕組みとなった。

対象は販売農家（もしくは集落営農組織）であり、生産調整への参加が必要となる。ただし、戸別所得補償を受ける条件は以上であり、調整の担保措置が変化し、生産調整は選択制に移行した。従来の生産調整は不参加や未達成時のペナルティ措置があり、また調整の参加者が他の作物を生産（転作）

表1-2　所得政策の対象者の推移

	対　策　名	加入件数	経営形態別件数		
			個人	法人	集落営農
2007年度	水田・畑作経営所得安定対策	72,431	63,415	3,630	5,386
2008年度	水田・畑作経営所得安定対策	84,274	74,540	4,079	5,655
2009年度	水田・畑作経営所得安定対策	85,233	75,161	4,396	5,676
2010年度	戸別所得補償モデル対策	1,163,090	1,149,505	6,187	7,398
2011年度	戸別所得補償制度	1,150,159	1,135,010	7,563	7,586
2012年度	戸別所得補償制度	1,118,436	1,102,643	8,330	7,463
2013年度	経営所得安定対策	1,072,123	1,055,741	7,294	7,294
2014年度	経営所得安定対策	1,005,541	988,678	9,752	7,111

出典：農林水産省資料より筆者作成

した場合に助成金が支給されていた。しかし、水田利活用自給力向上事業が設定され、これへの参加は生産調整への参加を条件としていない。そのため、調整とペナルティ措置及び助成措置の組み合わせが解かれ、調整の担保措置は所得補償制度のメリット措置のみとなり、生産調整は選択制へと変化した。

前述までの制度に基づいて、二〇一〇年度予算の概算要求では五六一八億円（米戸別所得補償モデル事業三三七一億円、水田利活用自給力向上事業二一六七億円）が計上された。マニフェスト項目が一部凍結される中、概算要求通りの五六一八億円が閣議決定された。

戸別所得補償はどの程度の変化をもたらしたのか。表1－2は、所得政策の対象者の推移を示している。二〇〇九年までは加入件数が八万五〇〇〇件であったものの、戸別所得補償の開始した二〇一〇年からは、加入件数が一一〇万前後に急増した。支給対象を販売農家まで拡大する民主党の方針は、農家の所得向上をもたらすなど、大きな変化として表れた(30)。

所得政策の大幅な拡充の一方で、土地改良事業や農村整備事業の縮小も進められた。予算の確保は従来の予算の見直しに求めら

図 1-1　農林水産省予算に占める公共事業費とその割合の推移

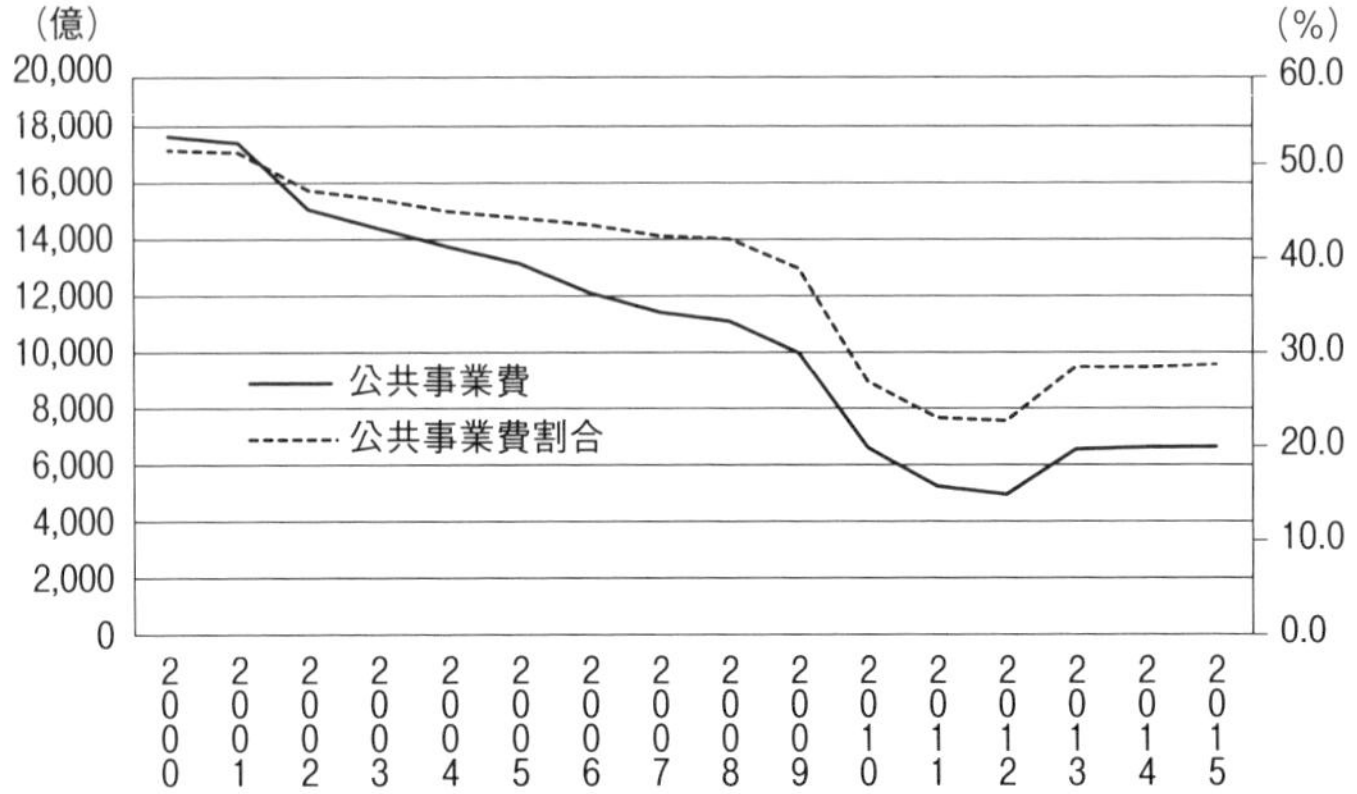

れ、土地改良事業などを含む農村整備事業が大幅に削減された。図1-1は、農林水産省予算に占める公共事業費とその割合の推移を示している。公共事業費は二〇〇九年段階で低減傾向にあったものの、二〇一〇年の削減幅はそれまでの削減幅を大きく上回った。二〇〇九年と二〇一〇年をみると、公共事業費は九九五二億円から六五六三億円へと三五〇〇億円程度の減少となり、農水省予算に占める公共事業費の割合も三八・九パーセントから二六・八パーセントへと大幅に低下した。とくに、土地改良関係の予算削減が進められた。

生産調整、所得政策、構造政策等が大幅に変化する中、後に党を二分するTPP問題への対策が首相官邸を中心に進められた。二〇〇九年一二月に閣議決定された「新成長戦略」には二〇一〇年のAPECの枠組みを活用し、アジア太平洋自由貿易圏（FTAAP）を構築するための道筋を策定するとの文言が組み込まれた。政治主導の政策決定のために、事務レベルでの調整は行われず、農水省は関与することがなかった[31]。そして、首相が菅直人に変わった直後の二〇一〇年六月に閣議決定された「新成長戦略」にも同様な表現が盛り込まれ、さらに基本方針では二〇一〇年秋までに策定することが追加された。

七月末には「包括的経済連携に関する閣僚委員会」が開催され、閣僚間の意見形成が進められた。山田正彦農林水産大臣によれば、主要閣僚間ではすでに議論が形成されており、農水大臣を納得させればよいという状態であった[32]。副大臣の篠原孝も山田から初めて聞いたと述べており[33]、農水省は事務レベルで外されていたことがうかがえる。

一〇月に菅首相が所信表明演説の中で、ＴＰＰへの参加の検討を表明した。大臣となった鹿野によれば、閣内でのＴＰＰ参加の方向性が合意されたことはなかった。ただ、ＴＰＰへの参加の検討に対して、鹿野は概算要求では盛り込まれていなかった規模拡大加算の導入を表明した。さらに、農地の出し手対策、新規就農支援策も進められ[34]、ＴＰＰへの参加の検討により、構造政策が部分的に進められた。

5　決定過程の集権化と構造政策の加速

野党となった自民党ではどのような政策が提示され、政権交代後の政策と決定過程はどのように変化したのか。本節では野党時代、第二次自民党・公明党政権期を記述する。

（1）再交代後の政策過程の変容とTPP問題[35]

自民党では野党時に議員立法を提出し、農政の方針を示した。二〇一〇年六月には多面的機能法案を提出し、農村部への直接支払いの強化を提示した。また、二〇一一年五月には担い手総合支援新法を提出し、担い手への支援を明確にしていた。両法案は従来からの地域政策と産業政策という側面を表しており、自民党農政の二本柱として位置づけられた。

ＴＰＰに対しては、反対しつつも参加の可能性を残す方針が定められた。自民党はＴＰＰ交渉への参加反対を表明しつつも、二〇一二年三月九日の外交・経済連携調査会で交渉参加を判断する六項目を明らかにした。その第一に、「『聖域なき関税撤廃』を前提にする限り、交渉参加に反対する」と掲げられた。前提条件次第では交渉参加もできる言い回しであり、このような文言は茂木敏光政調会長、林芳正政調会長代理、高村正彦外交・経済連携調査会長が考案したとされる[36]。一一月段階では安倍晋三総裁も守るべき国益が守られれば、交渉していくのは当然と言及した。

一二月の総選挙の結果、自民党、公明党が政権に復帰した。発足前から菅義偉と石破の間では農業改革が遅れているとの認識で一致し、官邸と農水省の間では生産調整廃止の方向が定められた[37]。そして、第二次安倍内閣の発足と同時に、政策決定過程の整備が政権公約に基づきながら進められた。二六日の初閣議において、「日本経済再生本部」の設置が決定された。本部長は安倍首相、全閣僚がメンバーとなり、政府で経済政策、成長戦略を実現することが目的である。二〇一三年一月の同本部の会合では「産業競争力会議」の設置が決定し、同会議と規制改革会議が動き始めた。

官邸を中心とした体制整備の一方で、農林幹部会のメンバーは様変わりしていた。表１‐３は、農

表 1-3　農林幹部会のメンバーの変遷

2002年		2004年		2006年		2008年		2013年	
12人体制		12人体制		14人体制		18人体制		15人体制	
堀之内久男	8	野呂田芳成(座長)	7	谷津義男(座長)	7	谷津義男(座長)	7	保利耕輔	12
江藤隆美	10	玉沢徳一郎	8	加藤紘一	12	加藤紘一	12	大島理森	10
谷洋一	9	大島理森	7	亀井善之	9	大島理森	8	中谷元	8
中川昭一	6	武部勤	6	玉沢徳一郎	9	中川昭一	8	宮路和明	8
桜井新	参1(6)	谷津義男	6	大島理森	8	武部勤	7	今津寛	6
谷津義男	5	二田孝治	6	二田孝治	7	二田孝治	7	今村雅弘	6
二田孝治	5	松岡利勝	5	松岡利勝	6	石破茂	7	宮腰光寛	6
松岡利勝	4	松下忠洋	4	宮路和明	6	宮路和明	6	山本拓	6
松下忠洋	3	桜井新	参1(6)	赤城徳彦	6	赤城徳彦	6	西川公也	5
金田英行	3	太田豊秋	参(3)	西川公也	4	遠藤武彦	6	森山裕	4
市川一朗	参(2)	日出英輔	参(1)	岩永峯一	4	中谷元	6	小里泰弘	3
日出英輔	参(1)	中川義雄	参(1)	桜井新	参1(6)	西川公也	4	葉梨康弘	3
		北村直人(オ)	6	太田豊秋	参(3)	岩永峯一	4	野村哲郎	参(2)
		福島啓史郎(オ)	参(1)	市川一朗	参(3)	宮腰光寛	4	牧野京夫	参(1)
						若林正俊	参2(3)	山田俊男	参(1)
						市川一朗	参(3)		
						佐藤昭郎	参(2)		
						加治屋義人	参(1)		

注1：(オ) はオブザーバー参加を意味している。
注2：網掛け部分はその後の選挙に不出馬か落選した場合、もしくは離党、死去したことを示している。
出典：吉田修『自民党農政史(1955-2009)』(大成出版社、2012年)、日本経済新聞(2013年3月24日) に基づき、筆者作成。

林幹部会のメンバーの変遷を示している。二〇一三年段階では、従来から幹部会に所属していた議員が三名のみとなった。ただし、政権復帰を経て、「ＴＰＰへの即時撤回を求める会」は二四〇名にまで増加していた。

これに対して、二〇一三年一月段階から安倍のＴＰＰ参加の意向を踏まえて、菅官房長官や林芳正農林水産大臣を含めた関係閣僚による調整が進められた。二月には日米首脳会談が開催されることとなり、党側では二月六日からＴＰＰをめぐる議論が開始された。会議では若手を中心に反対が表明されるものの、一九日には政権公約で掲げていた「聖域なき関税撤廃」を前提にする限り交渉に参加しないとの、党側の原案が示された。安倍は日米首脳会談において例外が確認されたとし、参加表明のための条件の一つが整えられた。

その後、安倍は農業団体、農林族を抑えるには農林族議員に説得してもらうとの方針のもと、(38) 江藤拓農林水産副大臣に農協への根回しを指示し、西川公也にはＴＰＰ対策委員会の委員長就任を要請する等、党側での説得活動が進められた。安倍はＴＰＰ対策委員会の決議を受け取った後、交渉参加を正式に表明した。

（２）政策修正、構造政策の加速

ＴＰＰ交渉参加の動きと並行して、公約の実現に向けた動きとＴＰＰをにらんだ農政改革が進められた。はじめに、戸別所得補償の見直しであった。二〇一二年の公約では「米価を引き下げる戸別所得補償を全面的に見直し、（中略）『経営所得安定制度』を中心とする『担い手総合支援』を構築します」と明記されていた。二〇一三年二月から宮腰、西川、中谷、小里等農林幹部は農水省幹部と検討を開始した。また、農水省、官邸側からは農地の担い手への集積を目的として、中間管理機構の設置案が進められた(39)。

七月の参院選で与党が安定多数を確保し、民主党政権期の政策修正と構造政策が加速した。石破は農林幹部に戸別所得補償と生産調整の見直し、農協改革を指示した。一〇月九日の産業競争力会議で農水省と非公式会議を重ねていた新浪剛史主査が議論の口火を切り、二四日の農業分科会ではペーパーを提出し、二〇一四年度から戸別所得補償（固定支払い、変動払い）を廃止、二〇一六年度から生産数量目標の配分の廃止などが提起された。

与党内では戸別所得補償の金額と廃止時期をめぐって議論が進められた。分科会後に党内論議が進められ、自民党は固定支払いについて二〇一四年度から一〇アール当たり五〇〇〇円、五年後に廃止とした。ただ、公明党との協議を受けて、金額は半額（七五〇〇円）となった。また、変動払い部分は二〇一四年度から廃止となった。農林族は政府の意向を受けつつ、転作物への助成金を引き上げることで農家の総所得が確保できればよいとの認識(40)で改革案をまとめた。

また、戸別所得補償が生産調整の担保措置であったため、その廃止は生産調整への政府の関与を弱めることになった。政府は二〇一八年度から生産数量目標の配分をやめ、団体・生産者が自主的に生産調整する方向を打ち出した。生産調整未達成時のペナルティ措置も民主党政権下で廃止されており、生産調整のあり方は大きく変化した。

さらに、農地の担い手への集積を促すものとして、農地中間管理機構法案が一二月五日に成立した。

ただ、一五の付帯決議がつけられ、異例の成立過程と指摘された[41]。とくに、付帯決議の一五には「アドバイザリー・グループである産業競争力会議・規制改革会議等の意見については参考とするにとどめ」と指摘され、国会側から不満の表明がなされた。

二〇一四年に入ると、政府の農協改革の動きが鮮明となった。規制改革会議は農協改革を提起し、農林族からは驚きをもって受け止められた[42]。また、参院有志の農業・農協研究会の決議文では「内閣は、短時日による結論を党に指示するなど全く性急。規制改革会議の提言を押し通そうとしているとも受けとられかねない事態[43]」と批判された。

しかし、政府は全中が単位農協の創意工夫を抑制しているとして、農協法の改正を目指した。全中は自己改革プランを西川農林水産大臣に提示し、法改正は不要との立場をとった。ただ、西川はＪＡ案と政府案にずれがあると指摘し、法案提出の姿勢を崩さなかった。

一二月の総選挙は自民党が二九〇議席、与党では三二五議席を占めた。全国農政連は自民党候補者一九〇名を推薦し、一八五名が当選した。推薦の協定書にはＪＡグループの自己改革案の実現を後押しする等の表現が盛り込まれており、政府の目指す農協法の改正ではなく、ＪＡ案の後押しを求めたものであった。

若手議員を中心とした農協法改正への反発、懸念が表明されるものの、政府は准組合員の利用規制と全中の監査権限の放棄をＪＡに迫った。ＪＡグループ内では都道府県中央会が改革の対象から外され、また准組合員の利用規制を回避したい農林中金の全中に対する反発が表面化した。グループ内の結束が崩れ、全中は監査権限の放棄と二〇一九年三月までに一般社団法人に転換する方針を受け入れるに至った。[44]

最後に、生産調整、所得政策、構造政策の修正が進められる一方で、民主党政権との連続性も観察された。民主党政権下で大幅に削減された公共事業予算は前出の図1‐1をみると、増加傾向にあるものの、横ばいから微増程度である。民主党政権期の二〇一〇年度と同程度であり、公共事業費の水準は民主党政権以降、継続している。

6　おわりに

本章では二度の政権交代を経験する中で、二〇〇〇年代以降の米政策とその決定過程はどのように変化したのかを記述してきた。本節ではこれまでの知見を二点にまとめる。

第一に、圧力団体、与党議員の後退による決定過程の集権化である。二〇〇九年の政権交代前までは、経済財政諮問会議から議題設定がなされることもあったものの、農林族、農水省、農協の三者体制で政策が決定されていた。ただ、三者の関係は協調的であるわけではなく、複数の方向性が存在しつつも構造政策を比較的志向する農水省とそれに反発し、政治ルートを活用する農協、それらを調整、時に主導する農林族という構図が継続的に観察された。[45]また、参院選の候補者擁立に象徴されているように、農水省と農協の関係は希薄化してきた。

二〇〇九年の政権交代後は、政務三役を中心とした体制で決定が進められ、農協の関与が弱まる形となった。二〇一二年の政権再交代後は農林族、農水省とともに、首相官邸・諮問機関の政策決定への関与が強まった。TPPに関しては農水大臣を除いて、農水省も一部で外れる形での決定過程が進行した。以上からは、決定過程の集権化が明らかであり、民主党政権以降は首相官邸が強化される一方で、与党議員や圧力団体の影響力の低下がうかがえる。二〇一二年の再交代後はそれが加速し、自民党農林族、農水省、農協の三者協議が決定力を低下させている(46)。

第二に、政権交代及びその可能性がもたらす非連続的な政策革新である。もちろん、公共事業予算の推移は民主党政権以降、横ばい状態であり、政権間の連続性がある。また、自民党が担い手の要件を認定農業者にまで緩和した点は民主党との政策上の違いがやや縮小した点である。しかし、政権交代とその可能性を前に、政策は揺れ動いた面が強い。新基本法以降は、生産調整における国の関与を弱め、助成方式は各地で決定し、政府は価格ではなく所得を補償し、その対象を担い手に絞る方向で進んできた。しかし、二〇〇七年の参院選の敗北、政権交代への危機感から、それまで追求してきた構造政策と所得政策の結びつきが弱められ、生産調整についても政府の関与を強める方向に変化した。

民主党政権では直接支払いの大幅な拡充や生産調整の担保措置が見直され、選択制に変更されるとともに、大規模化の促進を弱め、公共事業の大幅削減が進められた。しかし、二〇一二年に第二次自公政権が発足すると、戸別所得補償の見直しと政府の生産調整への関与を弱め、競争環境の整備、大規模化を促す構造政策の方向性が再び明確化した。このように政策手段の組み合わせ方が大きく異なり、全体としては非連続的である。

政策革新を左右した要因は、次の二点である。第一に、国際的な要因による政策手段の制約である。二〇〇〇年代前半の政策論議ではWTO(ドーハラウンド)の進捗が構造政策と所得政策の追求を促した。また、菅内閣以降はＴＰＰが構造政策を後押しした。第二に、より基底的な要因として、党派性の違いがある。直接支払いの機能、対象と財政規模、大規模化の志向の点で二大政党間に差があった。国際的な要因は政策手段の唯一の規定因ではなく、党派性の違いが非連続的な政策革新に寄与した。以上から、農業政策に関しては、政策革新なき政権交代という見方は妥当しない。

注

（1）　オーレリア・ジョージ・マルガン「農業利益団体」猪口孝／プルネンドラ・ジェイン編『現代の日本政治――カラオケ民主主義から歌舞伎民主主義へ（現代日本の政治と外交1）』（原書房、二〇一三年）、一五二―一七三頁。

（2）　紙幅の都合から、国境措置、流通面は対象外とする。直接支払い、生産調整については、次の文献等を参照。荘林幹太郎・木村伸吾『農業直接支払いの概念と政策設計――我が国農政の目的に応じた直接支払い政策の確立に向けて』（農林統計協会、二〇一四年）。荒幡克己『減反廃止――農政大転換の誤解と真実』（日本経済新聞出版社、二〇一五年）。

（3）　本節の記述にあたって、次の文献等を参照。佐伯尚美『米政策の終焉』（農林統計協会、二〇〇九年）。生源寺眞一『日本農業の真実』（ちくま新書、二〇一一年）。本間正義『現代日本農業の政策過程』（慶應義塾大学出版会、二〇一〇年）。本間正義『農業問題――ＴＰＰ後、農政はこう変わる』（ちくま新書、二〇一四年）。服部信司『米政策の転換――米政策を総括し、民主党「戸別所得補償制度」を考察する』（農林統計協会、二〇一一年）。

（4）　石川尚文「米政策改革をめぐる政治力学」梶井功編『日本農業年報』（農林統計協会、二〇〇四年）、七二－八六頁。

(5) 佐伯尚美『米政策改革Ⅰ――迷走する改革：旧食糧法の破綻と打ち出された改革ビジョン』（農林統計協会、二〇〇五年）、一四三頁。

(6)『日本農業新聞』二〇〇一年一〇月三日付朝刊。

(7)『日本農業新聞』二〇〇一年一〇月二六日付朝刊。

(8) 吉田修『自民党農政史（1955－2009）――農林族の群像』（大成出版社、二〇一二年）、五六〇頁。

(9) 吉田、前掲書、五九五頁。

(10) 佐伯、前掲書、二二七頁。自民党政務調査会職員の吉田も、JA代表者が生産調整研究会に参加したものの、JAの意見は重視されなかったと指摘している。吉田、前掲書、五八六頁。

(11) 山田としお『農と日本の再生計画』（家の光協会、二〇〇六年）、一三九頁。

(12) 吉田、前掲書、六五八頁。

(13)『日本農業新聞』二〇〇五年一〇月二九日付朝刊。

(14) 今井敏「経営所得安定対策等大綱について」農政ジャーナリストの会編『日本農業の動き』一五六号（農林統計協会、二〇〇六年）、八一頁。

(15) 山田、前掲書、一三七－一三八頁。

(16)『日本農業新聞』二〇〇五年一〇月一四日付朝刊。

(17)『日本農業新聞』二〇〇五年一〇月二六日付朝刊。

(18) 松岡利勝「『経営所得安定対策』の課題と展望について」農政ジャーナリストの会編『日本農業の動き』一五六号（農林統計協会、二〇〇六年）、一〇一頁。

(19) 農林水産省「経営所得安定対策等大綱」(二〇〇五年一〇月)、一頁。
(20)『日本農業新聞』二〇〇七年七月一一日付朝刊。
(21) 吉田、前掲書、七八四-七八五頁。
(22)『朝日新聞』二〇〇七年一一月一〇日付朝刊。
(23) 生源寺、前掲書、一三四頁。
(24)『朝日新聞』二〇〇九年二月一四日付朝刊。
(25)『読売新聞』二〇一四年二月一八日付朝刊。
(26) 筒井信隆「民主党の『農業政策』を聞く」農政ジャーナリストの会編『日本農業の動き』一六八号(農林統計協会、二〇〇九年)、一三六-一三七頁。
(27) 鹿野道彦『農・林・漁復権の戦い——1年9ヵ月の軌跡』(財界研究所、二〇一三年)、一〇-一一頁。
(28) 副大臣会見概要(二〇一〇年九月九日)。
(29) JA全国大会への首相の出席は、二〇一二年一〇月に野田首相の際にみられた。
(30) ねじれ国会、東日本大震災を受けて、民主党の主要政策の見直しが進められるものの、農家戸別所得補償は予算措置により継続した。
(31) 作山巧『日本のTPP交渉参加の真実——その政策過程の解明』(文眞堂、二〇一五年)。
(32) 山田正彦『TPP秘密交渉の正体』竹書房新書、二〇一三年、五二頁。
(33) 篠原孝『TPPはいらない!——グローバリゼーションからジャパナイゼーションへ』(日本評論社、二〇一二年)、一頁。
(34) 鹿野、前掲書、四八、五四-五七頁。

(35) 作山、前掲書。他に内田龍之介「TPP交渉と農政改革」『政策創造研究』九号、二〇一五年、二三一―二五七頁を参照。
(36) 『毎日新聞』二〇一三年三月一七日付朝刊。
(37) 『読売新聞』二〇一三年一一月五日付朝刊。『朝日新聞』二〇一四年二月五日付朝刊。
(38) 田崎史郎『安倍官邸の正体』(講談社、二〇一四年)、一四五頁。
(39) 『土地改良新聞』二〇一三年一〇月一五日付朝刊。
(40) 『朝日新聞』二〇一三年一一月一日付朝刊。
(41) 安藤光義「農地中間管理機構にみる政策決定過程の軋轢の構造」『農業と経済』臨時増刊号、二〇一四年、四二―五〇頁。
(42) 森山裕「自民党が考える農協改革」農政ジャーナリストの会編『農協改革の焦点』(農林統計協会、二〇一五年)、四八頁。
(43) 『毎日新聞』二〇一四年六月一九日付夕刊。
(44) 飯田康道『JA解体――1000万組合員の運命』(東洋経済新報社、二〇一五年)。
(45) 二〇〇八年に農林水産省を退官した山下一仁によると、「農政トライアングルで政策を決めるのは、農林水産省ではなかった(中略)農林水産省は自民党農林族によって支配されてきた。ときには農協(兼業農家)による自民党農林族を通じた『農林水産省の間接統治』が行われた」と指摘している。山下一仁『「亡国農政」の終焉』(KKベストセラーズ、二〇〇九年)、一三七頁。
(46) 藤井庸義(日本農業新聞記者)は「『3者協議』は今でもなくなったわけではないが、農政決定の最高の場としては機能せず、事実上崩壊した」と指摘している。藤井庸義「安倍政権下で農業政策はどう決められてきたのか」『農業と経済』(臨時増刊号)、二〇一四年、八頁。

第2章 電力システム改革

●電力自由化をめぐる政治過程

上川 龍之進

電力自由化は、自民党・公明党政権下ではなかなか進まず、民主党への政権交代後も、まったく進展しなかった。ところが福島第一原発事故後、民主党政権は電力システム改革に着手し、第二次・第三次安倍内閣もそれを引き継ぎ、改革は着実に進んでいる。民主党政権で政策革新がもたらされたのはなぜか。それがなぜ第二次・第三次安倍内閣でも引き継がれているのか。本章では、政権交代期における電力・エネルギー政策の変化と継続について検討する。

1 はじめに

電力・エネルギー政策は、二〇一二年一二月に起きた民主党政権から自民党・公明党政権への政権再交代にともない、大きく変化した政策領域と見られている。東日本大震災による東京電力福島第一原子力発電所事故を契機に、定期検査入りした原発の再稼働は見送られるようになった。二〇一二年九月一四日には、「二〇三〇年代に原発稼働ゼロを可能とするよう、あらゆる政策資源を投入する」と明記した「革新的エネルギー・環境戦略」が決定される。

ところが政権再交代後、安倍晋三首相は原発ゼロ政策の見直しを指示し、二〇一四年四月一一日には、原子力を「重要なベースロード電源」と位置づけた「エネルギー基本計画」が閣議決定される。二〇一五年七月一六日には、二〇三〇年度の望ましい電源構成案として、原子力を二〇〜二二パーセント程度とした長期エネルギー需給見通し（エネルギーミックス）が決められる。さらに二〇一五年八月一一日には、鹿児島県の九州電力川内原発一号機が再稼働し、それ以後も原発の再稼働が進められている(1)。

その一方で、政権交代にもかかわらず政策の継続性が顕著なのが、電力システム改革である。自民党・公明党から民主党への政権交代が起きる以前は、電力自由化はあまり進まなかった。ところが民主党政権下では、福島第一原発事故後、電力小売りの全面自由化・発送電分離といった電力システム改革論議が大きく進展し、自民党・公明党の政権復帰後、それが着々と実行されている。本章では、政権交代期における電力システム改革の進展を分析することで、政権交代と政策の変化・継続の関係について検討する。

2　自民党・公明党政権下での電力自由化の停滞

本節では、民主党への政権交代以前の電力自由化論議を振り返っておく。経済産業省（旧通商産業省）の一部の官僚は、電力自由化を推進しようとした。だが、東京電力を中心とした電力業界と電力族議員の結託により、電力自由化の進展は阻まれたのである。

（1）第一次・第二次電力自由化

経産省は、電力会社・業界団体への天下りに見られるように、電力会社および電力族議員と癒着してきたと言われる。しかし経産省内には、電力会社と協調姿勢をとる官僚ばかりではなく、政治と結びついて強大な権力を振るう東電への対抗意識から、また他の先進国に比べて高い電気料金を引き下げないと日本産業の競争力が失われるという問題意識から、電力自由化を推進する官僚もいた。その中心人物である村田成二は、一九九四年に資源エネルギー庁公益事業部長に就任すると、一九九五年に電気事業法を改正して、卸売事業への独立系発電事業者（ＩＰＰ）の新規参入を認めることにした（第一次電力自由化）。ＩＰＰとは、自ら保有する発電所の電力を電力会社に卸売りする事業者を指す。

一九九七年七月からは、通産省電気事業審議会で第二次電力自由化の審議が始まり、村田は官房長として議論に関わる。ここでは、電気料金二割引き下げ、発送電分離、発電部門の参入自由化などがテーマとされた。しかし電力業界は、発送電分離には絶対反対の姿勢を崩さず、結局、二〇〇〇年三月から託送制度（送電線の貸し出し）を新設し、電気の使用規模が二〇〇〇キロワット以上で二万ボルトの特別高圧系統以上の電気を受ける大口需要家に限定して、電力小売り事業者の新規参入が認められるにとどまった。

（2）第三次電力自由化

ところが、託送料金が高く設定されたため、新規参入は増えなかった。託送料を透明化するには、発電・送電・配電といった電力会社の機能ごとの収支を明らかにする会計分離が必要という問題意識のもと、二〇〇一年一一月から経産省総合資源エネルギー調査会・電気事業分科会で第三次電力自由化の審議が始まる。二〇〇二年七月に事務次官に就任した村田ら電力自由化派官僚は、欧米で進展していた、小売りの全面自由化、発送電分離、送電線の開放、卸電力取引所の設置を目指した。

これに対し電力業界は、全国電力関連産業労働組合総連合（電力総連）とともに自由化の問題点を広くPRした。東電は、自民党、そして電力総連を通じて民主党にも手を回すなど、政界へのロビー活動を強めた。東電は、自由化論議に関わった個々の官僚たちに対しても、「あのときは本心ではなかったですよね」と圧力をかけた。村田も議論の終盤になって突然、「自分の身は自分で守れ」と述べ、資源エネルギー庁の中堅・若手官僚を守ろうとはしなくなった。この猛烈なロビー活動には、他の電力会社も「さすが東電」と、その底力に脱帽したという。

最終的に電力会社の意向を受けた自民党の電力族は、京都議定書が求める二酸化炭素排出抑制のため、経産省が導入を急いでいた石炭への新たな課税制度を人質にとった。村田らは、石炭課税の導入を認めてもらうかわりに、発送電分離と小売りの全面自由化をあきらめざるをえなかった。

結局、第三次電力自由化では、同じ会社の発電部門と送電部門で会計分離を行うこと、送電線や変電所など「電力系統」の利用・調整のための中立機関を設置すること、託送制度を見直し、各地域にある「系統利用料金」に一本化すること、電力小売りの対象となる需要家の範囲を、二〇〇四年四月に五〇〇キロワット以上、二〇〇五年四月に五〇キロワット以上に拡大すること、卸売電気を売買する取引市場を設置することなどが決められた。また二〇〇七年四月を目途に、全面自由化の検討を開始することも決められた。

しかし二〇〇七年七月には、全面自由化の見送りが決まる。新規に参入した電気事業者の供給電力は大口の二パーセントほどであり、現時点で小売り自由化の範囲を拡大することは適切ではなく、まずは自由化された範囲で競争環境を整えることが先決とされたのである。こうして電力自由化論議は幕を閉じた。

この間、電力自由化は実質的には進まなかった。二〇〇七年時点で実際に営業活動をしている新規参入者は一三社に過ぎず、託送料は高いままで、電力会社間で電力を融通するための地域間連系線はほとんど使われなかった。電力会社間で競争は起きなかったのである(2)。

3　民主党政権下での電力システム改革論議の進展

本節では、民主党政権下での電力システム改革論議を見ておく。民主党への政権交代後も電力自由化は政策課題とはされず、自民党・公明党政権との継続性が見られた。だが福島第一原発事故の発生後には、大きな変化が見られることになる。

（1）政策の継続

民主党は、自民党・公明党政権による既得権益団体への利益誘導を厳しく批判し、マニフェストでも国民への直接給付の福祉政策を掲げるなど、生産者よりも消費者を重視する姿勢を示していた。だが電力・エネルギー政策については、マニフェストでもほとんど言及されず、自民党・公明党政権の政策をそのまま引き継いだ。

政党の党派性の違いにもかかわらず、なぜ政策変化は起きなかったのか。第一の理由として、自民党が電力会社の経営者と密接な関係にあったのと同様に、民主党は、とくに旧民社党系の議員を中心に、電力総連から支援を受けていたことが挙げられる。つまり「大企業労使連合」が政権交代にもかかわらず、政策変化を阻害したのである。(3) ただ民主党には、菅直人や枝野幸男のような反ビジネスの政策志向を持つ議員も多く、経営者と一体となって電力業界の利益を追求する電力総連が決定的な影響力を持っていたわけではない。

そこで第二の理由として、政権に就いた政党が明確な政策選好や政策アイディアを持たない政策領域では、官僚制の影響力が強まることが挙げられる。電力・エネルギー政策に関しては、二〇〇四年六月に村田が退官して以後、経産省では電力業界との関係を重視する現状維持派の官僚が主導権を握り、彼らが民主党政権に政策アイディアを提供していたため、政策の継続が見られることになったのである。

民主党は財界と疎遠であったこともあり、経済政策について具体策を持ってはいなかった。このため政権発足後、民主党政権には成長戦略がないという批判が経済界やマスメディアから噴出した。一方で鳩山由紀夫首相は、就任直後の九月二二日に国連気候変動首脳会合で、温室効果ガスを二〇二〇年までに二五パーセント削減（一九九〇年比）することを目指すと宣言していた。しかし、これについても具体的な方策は考えられておらず、議論は迷走する。そこで経産省が、成長戦略としての原発輸出の推進と、温室効果ガス対策としての国内での原発新増設の拡大を働きかけ、民主党はそれに飛びついた。電力自由化を進めると原発の新増設は困難になる。このため、電力自由化が政策課題になるはずはなかったのである(4)。

(2) 東電支援スキームの策定

二〇一一年三月一一日に福島第一原発事故が発生し、首相官邸は原発事故の収束対応に追われる。損害賠償を含む東電の経営問題への対応策については、三月下旬には経産省内で検討が始められたものの、四月一一日に政府は、海江田万里経済産業大臣を経済被害担当の特命担当大臣に任命して「原子力発電所事故による経済被害対応本部」（後に「原子力発電所事故経済被害対応チーム」と改称）を設置し、ここで対応策を策定させることにした。同本部の実質的トップは、三月一七日に被災地支援の担当として内閣官房副長官に就任し、同本部の事務局代理を兼務することになった仙谷由人であった。同本部の事務局として「内閣官房原子力発電所事故による経済被害対応室」が設置され、経産省、財務省、文部科学省、農林水産省、厚生労働省など、各省から出向者が集められた(5)。

同室に集まった官僚たちは、次の五つの政策課題を認識していた。①原発事故により発生した被害に対する、巨額の損害賠償の支払い原資を確保すること。②原発事故を収束させること。③安定した電力供給を回復すること。④東電が巨額の損害賠償により債務超過に陥ると見られたために失われた電力債の信用を回復して、機能不全に陥った社債市場を安定化すること。⑤東電に巨額の融資を行っている金融機関の損失発生を回避し、金融システムの安定を維持すること。彼らは、こうした複合問題を解決するため、東電を法的整理することはできないと考え、東電の債務超過を回避して存続させるための支援スキームを構築する。(6)

具体的な仕組みは、以下の通りである。東電を含む原子力事業者一二社と政府の折半出資により原子力損害賠償支援機構を新設する。東電は毎決算期に賠償負担額を特別損失として計上し、政府がその内容を審査したうえで、それに見合う資金を機構から交付する。東電は、この資金を特別利益に計上して、債務超過に陥らないようにするのである。機構に対しては政府が、交付国債の発行という形で資金を交付する。交付国債は、交付先の求めに応じて、その都度、現金化する国債で、発行段階では財源を手当てする必要はない。機構は、東電からは特別負担金として賠償債務の一部(収益の範囲内から支払うとされたため、東電が黒字となった二〇一三年度から支払いが開始される)を、東電を含む原子力事業者一二社からは将来の事故に備えた一般負担金(電気料金に転嫁することが認められる)を、それぞれ徴収することで、長期間かけて資金を回収することにした。

これは東電を賠償主体と位置づけることで国が前面に出ることを回避し、財政支出を最小限にしようとする財務省の意向を反映した仕組みであった。(7) 東電や取引銀行は、原子力損害賠償法第三条第一項の免責規定により、東電が損害賠償義務から免責されることを期待していたものの、それは否定された。だが、東電を経営破綻させずに東電株の上場を維持して社債を毀損しないようにすることで、銀行の経営や金融市場の安定を守ることにした(8)。

東電の二〇一一年三月期決算の発表は五月二〇日に迫っていた。仙谷は、東電の免責を否定していたものの、法的整理も無理だと考えており、官僚たちが作成した原子力損害賠償支援機構案を受け入れることにした。

法的整理に反対する主張として一般には、被害者の賠償債権がカットされてしまうことが挙げられていた。東電が発行する電力債は、弁済順位が最も高い「一般担保付き社債」で、東電に会社更生法を適用して会社財産を処分した場合、社債償還が最優先され、賠償金まで弁済資金が回らなくなってしまうというのである。

もっとも仙谷は、被害者の損害賠償は、政府が新たに法律を作って行うこともできると考えていた。実は仙谷が最も懸念したのは、法的整理を行えば、原発事故を収束させる責任主体がいなくなってしまうことであった。法的整理を行えば、現場の士気は急速に低下し、作業員は立ち去ってしまうだろう。事故収束のためには東電を潰せないと考えたのである。だが仙谷は、東電を救済すれば東電はモラルハザードを起こし、国民も納得しないと考え、東電の財務・法務など経営上の問題を広く調査し、国民に開示するデュー・ディリジェンス（厳格な資産査定）を行うことにした(9)。

五月一日から原発事故経済被害対応チーム関係閣僚会合が開催され、経済被害対応室が作成したスキーム案の検討を始めた。閣僚会合では、免責規定の適用を主張する与謝野馨経済財政政策担当大臣と、それに真っ向から反対し、会社更生法の適用もありうると主張する枝野幸男官房長官とで怒鳴り合いになるものの、スキーム案が変更されることはなかった(10)。「東電救済」に反対する世論や一部マスメディアからの批判を気にする仙谷や枝野に対しては、内閣官房参与を兼任する前田匡史国際協力銀行国際経営企画部長が、「東京電力が電力自由化の動きをたたきつぶしたのは有名な話。ここで電力の自由化に道筋をつけないといけません。賠償問題を東電の決算問題に矮小化してはダメなんです」と進言し、仙谷らは、この考えを取り入れることにした[11]。一方で東電は、国の支援を要請するかわりに免責を断念し、政府が設置する第三者委員会によるデュー・ディリジェンスの受け入れを決めた。これを受けて五月一三日に、関係閣僚会合はスキーム案を決定する[12]。

菅首相は、東電支援スキームの策定にはまったく関与しなかった。菅の関心は、脱原発、そして電力システム改革にあった。菅は五月一八日の記者会見で、発送電分離についての質問に対し、議論する段階は来るとの考えを示し、これを受けて新聞各紙は、菅が発送電分離を検討すると発言したと報じる[13]。電力システム改革が、政府の政策課題として設定されたのである。

（3）原子力損害賠償支援機構の設置

四月二四日に第三者委員会「東京電力に関する経営・財務調査委員会」の設置が閣議決定される。委員長には、企業再生の専門家で産業再生機構の社外取締役も務めた下河辺和彦弁護士が就任し、事務局のリーダー役として仙谷官房副長官が加わった。仙谷は、九月二日に野田佳彦内閣が発足したのにともない、官房副長官を退任して民主党政調会長代行となった後も、「前官房副長官」という肩書で、ほぼ毎回、経営・財務調査委員会に出席する[14]。

経営・財務調査委員会は、一〇月三日に報告書をまとめる。その報告書には、東電の財務分析と経費削減策、今後一〇年の事業シミュレーションにくわえ、ＩＰＰ入札の復活や火力電源開発への外部資本の導入などが盛り込まれていた。東電は、原発が停止したため、火力発電を増強しなければならなかったのだが、事故債務に追われて資金が乏しい。そこでＩＰＰ入札の復活にくわえ、新設火力の開発や老朽火力の建て替え（リプレース）の際に外部資金を導入することが有効とされたのである。これは発電部門の自由化拡大であり、それが進展すれば、送配電部門の中立化の必要性が高まる。実は仙谷は、デュー・ディリジェンスを始めたころから、東電の経営問題と電力システム改革を一体で進める構想を持っており、経営・財務調査委員会と事務局スタッフも、両者は不可分であることをすぐに認識したという(15)。

東電に賠償資金を支給する「原子力損害賠償支援機構」は九月一二日に発足し、下河辺が運営委員長に横滑りする。支援機構は、被災者への賠償と並行して、東電のリストラ策や抜本的な経営改革を実施するために、東電との共同名義で「特別事業計画」を立案することになった。まず暫定的な「緊急特別事業計画」を策定して、当面必要な賠償資金を東電に交付することにし、これは一一月四日に枝野幸男経産大臣から認定を受ける。それから支援機構は、「総合特別事業計画」の策定に取りかかる(16)。

（４）電力システム改革専門委員会

野田内閣の発足時には電力自由化を求める声が広がっていた。原発事故により東電管内で電力が不足したものの、地域独占により、電力会社間での送電網や、東日本と西日本との間での周波数変換設備の整備が進んでいなかったため、電力会社間で十分な量の電気を融通することができなかった。また原発が停止し、燃料費が高騰していた火力発電の比率が高まったため、電気料金の値上げが予定され（二〇一二年以降、相次いで実施される）、利用者の間では電力会社を選べないのに値上げを強制されることへの不満が広がっていた。さらに経営・財務調査委員会のデュー・ディリジェンスによって、地域独占と総括原価方式(17)に守られた電力会社のコスト意識の乏しさも明らかになった。このため地域独占の弊害をなくすとともに、電力会社間での競争により電気料金を抑えるべきとの声が高まったのである(18)。

経産大臣に就任した枝野は、電力システム改革に積極的であった。一一月一〇日から「電力システム改革タスクフォース」という非公開の政策勉強会を始める。この勉強会の事務局役は、省内有数の電力自由化論者であった資源エネルギー庁の安永崇伸で、六回にわたり、自由化論を主張する経済学者や新規参入業者ら自由化推進派を招いた。一二月二七日に枝野は、発送電分離や地域独占の見直しにも言及した論点整理をまとめ、公表する。

この動きに電力業界は強く反発した。翌二八日に電力総連は、密室での論点整理づくりを批判した資料を持参して、旧民社党を中心にした民主党の国会議員たちを訪問して回った。だが経産官僚たちは、枝野の積極的な動きを見て、自由化論者でなかった者も含めて、自由化に理解を示すようになった。世間に対して「改革もちゃんとやっています。守旧派官庁ではありません」とアピールするためでもあった(19)。

二〇一二年一月には経産省総合資源エネルギー調査会に電力システム改革専門委員会が設置され、

電力自由化の制度設計が始められた。委員会のメンバーは、委員長が伊藤元重東大教授、委員長代理が安念潤司中央大教授で、委員には大田弘子政策研究大学院大学教授、高橋洋富士通総研主任研究員、八田達夫阪大招聘教授、松村敏弘東大教授ら、名うての電力自由化論者が選ばれており、結論は初めから見えていた。

議論は順調に進み、二〇一二年七月一三日に「電力システム改革の基本方針」がまとめられた。その内容は、①需要サイド（小売り分野）の改革として、小売りの全面自由化（地域独占の撤廃）、料金規制の撤廃（総括原価方式の撤廃）、②供給サイド（発電分野）の改革として、発電の全面自由化（卸規制の撤廃）、卸電力市場の活性化（発電分野の取引活性化）、③送配電分野の改革（中立性・公平性の徹底）として、送配電部門の「広域性」の確保（「広域系統運用機関」の創設）、送配電部門の「中立性」の確保（そのために「法的分離」や「機能分離」を検討）、地域間連系線等の強化（東西連系線と周波数変換設備の強化、北海道本州間連系線の増強など）、託送制度の見直し（「三〇分実同時同量ルール」の見直し）、などであった。さらに詳細な制度設計や工程表については、年内をめどに検討を行うことが明記された[20]。この時点で、電力システム改革の方向性は事実上、決まったのである。

（5）東電実質国有化

野田内閣発足以後、電力改革の重要案件については、枝野経産大臣、細野豪志環境大臣兼原発事故担当大臣、古川元久国家戦略担当大臣の関係閣僚三名と、党の代表として仙谷政調会長代行、首相官邸代表として齋藤勁内閣官房副長官の「３プラス２」会合で調整を行っていた。一二月あたりから「３

プラス2」会合で、東電の国有化が具体的に検討され始める。燃料費の負担増は電気料金に転嫁できるとしても、廃炉や除染の費用負担を考えると、国の資本注入なしでは東電が債務超過に陥るのは必至と見られたからである。具体的には、原子力損害賠償支援機構が東電に出資して経営権を握ることにした。

この「3プラス2」には、今井尚哉経産省資源エネルギー庁次長、嶋田隆原子力損害賠償支援機構理事兼事務局長、日下部聡内閣官房内閣審議官ら、後に「仙谷三人組」と呼ばれる一九八二年同期入省の経産官僚たちも頻繁に参加していた。ベトナムへの原発輸出を仙谷と進めた今井が、資源エネルギー庁で電力システム改革を主導し、嶋田は東電の経営改革を進め、かつて電力の小売り自由化を制度設計した日下部は、国家戦略室のエネルギー・環境会議を動かし、電源ベストミックス案を検討した。電力システム改革、東電の経営改革、エネルギーミックスは、一体不可分の政策課題として検討されたのである(21)。

支援機構は、二〇一二年三月二九日には「総合特別事業計画」の原案を完成させていた。その内容は、一〇年間で三兆三六五〇億円のコスト削減を実施すること、自治体や業界団体への寄付金や広告費を削減すること、社内分社組織のカンパニー制を採用し、燃料・火力、送配電、小売りという三つのカンパニーを設置すること、委員会設置会社に移行し、取締役会に監査、報酬、指名の三つの委員会を設置することなどであった(22)。

カンパニー制の導入は、仙谷と嶋田が連携して決めたことであった。東電は財務状況が悪化し、発電所の設備投資資金を調達することが難しかった。しかし、分社化された火力発電事業会社であれば、原発事故の賠償費用や廃炉費用の負担から切り離し、資金調達が可能となる。また送配電部門の分社化は、電力自由化の拡大を視野に入れ、送配電部門の中立性・透明性を確保するためのものであった。[23]

支援機構は、一兆円の資本注入時に過半数の議決権を掌握し、さらに追加的に議決権を得られる転換権つき種類株も取得して、転換権の行使により三分の二超の議決権を確保できるようにしようとした。それに対し東電の勝俣恒久会長と西澤俊夫社長は、経営の主体性・独自性を維持しようと抵抗を続ける。だが、仙谷と枝野が押し切った。五月八日の臨時取締役会で下河辺の会長就任と、広瀬直己常務の社長就任が内定し、勝俣と西澤の退任が決まった。九日には枝野経産大臣が、東電と支援機構から四月二七日に提出されていた「総合特別事業計画」を認定する。[24] 六月二七日の株主総会では、下河辺が会長に、広瀬が社長に、国のお目付け役として嶋田隆が取締役兼執行役に就任した。[25] 七月三一日に政府は東電に一兆円を出資し、東電は実質的に国有化された。

(6) 政策変化の理由

民主党政権が急速に電力システム改革論議を進めたのはなぜか。第一に、世論からの非難を回避しようとしたことが挙げられる。福島第一原発事故により東電に対する世論の批判は高まったものの、事故収束や金融市場の安定化、電力の安定供給といった観点から、政府は東電を救済せざるをえなくなった。そのことへの世論の反発を宥めるために、電力システム改革が実施されることになったのである。これまで地域独占・総括原価方式で暴利をむさぼってきた電力会社を懲らしめるという文脈で、電力システム改革は世論から支持された。

第二に、自民党との党派性の違いが挙げられる。電力会社と密接な関係にあった自民党が与党であったならば、電力システム改革論議や、中途半端に終わったとはいえ脱原発路線が、これほど迅速に推進されたかどうかは疑わしい。たしかに民主党内には電力総連の支援を受ける議員も多く、彼らは電力業界に好意的であったものの、自民党に比べて市民運動へのシンパシーや反ビジネス感情を持つ議員も多かった。たとえば菅直人は、市民運動出身で反官僚の政治志向を持つとともに、議員に初当選したときから自然エネルギーに関心を持ち、原子力を過渡的エネルギーとみなしていた[26]。電力システム改革については、反ビジネスの政策志向を持つ枝野幸男が官房長官・経産大臣であったことが重要であった。

第三に、東電支援スキームの策定を通じて、電力の安定供給のためには電力自由化・発送電分離が必要だと考えられるようになったことが挙げられる。東電は原発が停止したため、電力の安定供給のために火力発電を増強しないといけなくなった。だが、東電は資金が乏しいため、IPP入札や火力電源開発への外部資本導入、さらに他の電力会社から電気を融通してもらうなど、発電部門の自由化拡大が必須とされ、そのために発送電分離が必要と認識されるようになった。つまり原発停止による電力不足という環境によって、電力システム改革は不可避とされたのである。

第四に、経産省内に電力自由化の制度設計の蓄積があったことが挙げられる[27]。経産大臣が電力自由化に積極的な姿勢を示すことで、電力自由化派官僚も復権を遂げ、政策論議はスムーズに進んだ。

第五に、東電の政治的影響力が低下したことが挙げられる。かつては自民党の政治家と結託して電力小売りの全面自由化・発送電分離を潰した東電は、原発事故により経産省に経営権を握られてしまうことになった。そこで他の電力会社が政治家に働きかけを行ったものの、東電に比べれば力不足で、電力システム改革を止めることはできなかったのである。

第六に、民主党政権では首相官邸や関係閣僚、政務三役など一部の政治家に、政策方針を決定する権限が集中していたことが挙げられる。このため電力システム改革でも、仙谷や枝野のリーダーシップのもと、電力総連の支援を受ける議員たちの意向を汲むことなく、経産省内で大きな方向性は決定されたのである。(28)

ただ電力システム改革が法案にまとめられる前に、民主党は下野することになった。かりに民主党政権が継続していた場合、電力総連の支援を受ける議員たちの反対を抑え込んで、改革が円滑に実現されることになったかどうかは疑わしい。民主党は、政策決定の一元化により改革の方針を打ち出す力はあったのだが、党内ガバナンスを欠いていたため、それを決定し実施する力に乏しかった。消費増税に典型的に見られるように、民主党政権では政府・党執行部により政策の方針は打ち出されるものの、党内非主流派の抵抗を受けて政策決定には長い時間を要し、「決められない政治」と揶揄されたのである。

4　第二次・第三次安倍内閣での電力システム改革の進展

本節では、自民党・公明党が政権に復帰して以降の電力システム改革論議を見ておく。第二次・第三次安倍内閣は、原発回帰の姿勢を強めるものの、民主党政権が着手した電力システム改革については、アベノミクスの成長戦略の柱として、それを引き継ぐのである。

（1）電力システム改革論議の進展

自民党は二〇一二年衆議院総選挙の政権公約では、電力自由化に言及していなかった。だが第二次安倍内閣発足直後、経産大臣に就任した茂木敏充は、民主党政権が着手した電力システム改革を継続する意向を示す[29]。茂木は自民党政調会長のときから、電力改革を主導した仙谷由人に接触しており、原発を再稼働させる以上、何もしないわけにはいかないと考えていたと言われる[30]。経産省は政権交代後、エネルギーミックスを議論する総合資源エネルギー調査会・基本問題委員会については、総合部会基本政策分科会に改組してメンバーも入れ替え、政府の方針を原発推進へと転換する。それに対し電力システム改革専門委員会は、メンバーを入れ替えることなく議論を継続させる。経産省は電力システム改革をそのまま推進しようとしていたのである。

これに対して電力業界は、強硬に抵抗する。二〇一二年の秋から電事連は、国会議員らに根回しを始めた。発送電分離を「電力安定供給に支障が出る」と批判し、「原子力の再稼働が不透明なまま電力改革の結論を得ることは避けるべきだ」、「あんな偏った人選の専門委で決めるのはとんでもない」と主張して回った[31]。

だが、東電なき電事連の力は限られていた。二〇一三年一月三〇日に茂木は、二年ぶりに開かれた経産省と電力会社首脳との懇談会で、電力システム改革の継続を宣言する。電力会社側は反論するものの、茂木は受け付けなかった。実は前日の二九日に茂木は、自民党内で電力政策を仕切る甘利明経済再生担当大臣と会談していた。これまで甘利は発送電分離に反対していたものの、「改革を進めたい」とする茂木に対し、「好きなようにやればいい」と応じたという。甘利が改革を容認したのは、「改革に後ろ向きと思われないためだ」（政府関係者）と見られた。夏に参議院選挙を控えるなか、脱原発を転換した安倍内閣が電力改革まで転換すれば、「電力業界寄り」と見られてしまうからである。(32)

二月一五日に、電力システム改革の工程表を盛り込んだ報告書が正式決定される。まず、第一段階として二〇一五年を目途に、広域系統運用機関を設置し、電力会社が電力を送り合う「融通」をしやすくするとした。つぎに、第二段階として二〇一六年を目途に、小売り参入の全面自由化を行うとした。最後に、第三段階として二〇一八～二〇二〇年を目途に、送配電部門の法的分離を行い、送電網を開放するとした。それと同時に、または その実施後に、料金規制の撤廃（総括原価方式の廃止）も行うとした。(33)

これに反対する電力業界は、自民党に期待をかけた。政府が報告書の内容を電気事業法改正案にまとめて国会に提出するには、与党の事前審査を受ける必要があったからである。経産省は電力システム改革を三段階で進めるため、電気事業法を三年連続で改正する方針であった。二〇一三年の通常国会では広域系統運用機関を設立する改正案を、二〇一四年には家庭向けの電力販売を自由化する改正案を、二〇一五年には発送電分離を行うための改正案を、それぞれ提出するというのである。これに対し自民党経済産業部会などの合同会議では、「電力会社からの働きかけ」を受けていた議員たちから、「発送電分離について「原発などの将来の電源構成がわからないうちは決められない」」、「電力会社の体力が弱っている時に分離させるのはさらに弱めることにならないか」といった反対論が噴出した。

結局、三月一九日の合同会議では、経産省が「改革が後戻りしないようピン留めをする」つもりで、二〇一三年通常国会に提出する電気事業法改正案の付則に盛り込んでいた、発送電分離を行うための改正案を「一五年の通常国会に提出する」という表現について、「一五年の通常国会に提出を目指す」に直すことで了承された(34)。自民党内には、法案に「二〇一八〜二〇年を目途」と明記された発送電分離の時期についても、法案に明記しないよう求める声もあり、二六日に予定されていた閣議決定も先送りされる。

しかし安倍首相は、成長戦略の柱の一つとして発送電分離など電力システム改革を掲げる考えであった。また、「改革が後退したイメージになるのは困る」とも考えていた。年限を明記しなければ、参議院選挙を前にして野党に攻撃材料を与えかねないと危惧していたというのである。

安倍は茂木に発送電分離の年限を明記するよう指示し、「二〇一八〜二〇年を目途」と明記した政府方針を四月二日に閣議決定した(35)。自民党の経済産業部会も、この方針を受け入れざるをえず、二〇一八〜二〇年を目途として発送電分離を行うための改正案を二〇一五年に国会に提出することを目指すと付則に明記した電気事業法改正案が、四月一二日に閣議決定され、国会に提出された(36)。六月五日に安倍首相は、「民間活力の爆発」をキーワードとした成長戦略第三弾を発表し、発送電分離など電力システム改革を進めることを宣言した。六月一四日に閣議決定された成長戦略「日本再興戦略 –JAPAN is BACK–」にも「電力システム改革の断行」が盛り込まれた。

ところが「ねじれ国会」のもと、電気事業法改正案の審議入りが大幅に遅れる。自民党は早期の審議入りを求めたものの、民主党は「十分な審議時間が必要だ」として、日程調整が難航した。民主党の一部には電力総連に配慮した慎重論があり、また「自民党に手柄を立てさせる必要はない」との声もあって、審議を先送りしたのである。これには経産省内でも、「電力改革は民主党が議論を引っ張ってきたのに……」と困惑が広がったという(37)。

電気事業法改正案は、五月二八日になってようやく審議入りし、自民党・公明党と民主党は付則の三カ所を修正することで合意した。ところが六月二六日に、生活、社民、みどりの風の三党が参議院に提出した安倍首相に対する問責決議案が、野党の賛成多数で可決された影響を受け、電気事業法改正案は廃案となってしまう(38)。

自民党は二〇一三年参議院選挙の政権公約で、「これまでのエネルギー政策をゼロベースで見直し、『電力システム改革』（広域系統運用の拡大・小売参入の全面自由化・発送電分離）を断行します」と明記した。参議院選挙で自民党・公明党は大勝し、ねじれ国会は解消された。秋の臨時国会で電気事業法改正案は再提出され、一一月一三日に成立した。

(2) 東電の経営改革

経産省はその後も、東電を電力自由化のトップランナーと位置づけ、電力システム改革を先取りする形で東電の経営改革を進めていく。東電の実質国有化にともない、取締役兼執行役に就任した嶋田隆ら経産官僚約一〇名が本店に常駐し、新計画づくりや経営改革を主導する。彼らは、東電本体だけでなく電力業界全体の刷新もねらっていた。

東電は二〇一二年一二月に新たにまとめた「総合特別事業計画」で、二〇一六年度に持ち株会社に移行する方針を打ち出した。持ち株会社のもと、「火力発電・燃料調達」、「小売り・顧客サービス」、「送配電」の三部門の事業会社を独立させることで、発送電分離を先取りしたのである。この背景には新しい免許制の導入があった。経産省は従来、発電・送配電・小売りをまとめて「一般電気事業者」として許可してきたのだが、二〇一六年の電力小売り自由化以降は、それぞれに免許を与えることにした。この免許制の改革は、二〇〇〇年代前半の電力自由化論議の際に資源エネルギー庁で検討されていた。当時、自由化を進めようとして左遷された官僚が、「国有化によって東電を自由化の先兵にする」として、自由化の制度設計に関わることで、このアイディアは日の目を見ることになったのである。

さらに再建計画では、火力発電部門で、燃料調達から発電まで他のエネルギー企業と一緒に行う「包括提携」に踏み切る方針が打ち出された。東電内には、この案への慎重論も多かった。手持ち資金を欠く東電よりも、提携する他社のほうが資金を多く負担することになると考えられ、そうなれば主導権を相手に握られることになり、発電事業の切り離しにつながりかねないからである。だが、燃料高で苦しむ東電にとって、天然ガスなどの燃料を大量に安く買い、古い発電所を最新鋭の発電所に建て替えることは必須であるとして、社外取締役らが反対論を退けた。

持ち株会社化は発送電分離に直結し、包括提携は地域独占を揺るがす。東電の一部幹部は、電力自由化を進めたい経産省が東電を「実験台」にしようとしていると見ており、地方電力会社は、「再建計画は、我々に業界再編を迫っている」と見ていた。(39)

（３）電力・ガスシステム改革

二〇一四年以降も、電力システム改革は着実に進展していく。二〇一四年六月一一日には、電力小売りを全面自由化する電気事業法の改正案が成立した。自民党は二〇一四年衆議院総選挙の政権公約でも、「三段階の電力システム改革を完遂し、エネルギー供給構造の一体改革を推進することにより、電気料金等を抑制して経済基盤の強化を図り、新産業や新規雇用を創出します」と、電力システム改革を成長戦略として位置づけている。

他方、経産省は電力システム改革と並行して、ガスシステム改革にも着手していた。経産省は、ガス小売りの全面自由化、さらに導管分離を目指した。大手都市ガス三社の導管（パイプライン）事業を分離して別会社にするよう義務づけることで、他企業の新規参入を促し、価格やサービスを競わせようというもので、経産省は、電力とガスが互いの分野に参入し合い、ガスと電気のセット販売などのサービスを行うことを見込んでいた(40)。

電力会社は依然として発送電分離に強く反対し、ガス会社も導管分離に強く反対していた。そこで経産省は、自民党に調整を委ねた。額賀福志郎自民党原子力政策・需給問題等調整会長が二〇一五年一月初めから、電事連幹部や東京ガス、東邦ガスのトップらを説得していった。その代わりに法案の付則に「検証規定」を入れると約束した。改正法の施行の状況やインフラ整備、需給状況、料金水準などを政府が検証し、その検証結果を踏まえて「必要な措置を講ずる」と明記することにしたのである。ただ延期する場合には新たな法改正が必要であり、宮沢洋一経産大臣は、「遅れる懸念はない。実施時期はしっかり守る」と強調していた。

最終的に政府・与党は、二〇一八～二〇年を目途としていた発送電分離について、電力会社に配慮して準備期間を長めにとり、二〇二〇年四月からとした。ガスについては、二〇一七年を目途に小売りを全面自由化し、二〇二二年四月に導管分社化を義務づけることにした。三月三日に電気事業法改正案とガス事業法改正案は閣議決定され、六月一七日に成立する[41]。

このように発送電分離が予定通り実施されるかについては、やや不透明なところがあるものの、電力システム改革は着実に進展しているのである。

（4）政策継続の理由

自民党が電力システム改革を継続したのはなぜか。これについても第一に、世論からの非難回避が挙げられる。安倍内閣は経済成長を優先する立場から、電気料金の値上がりを避けるため、原発の再稼働に積極的であった。だが世論の多数派は、原発再稼働に反対している。そこで電力システム改革を推進することで、電力業界のために原発を推進しているわけではないことを示し、改革姿勢も明確にして、世論を宥めようとしたと考えられる。

第二に、経産省の影響力が挙げられる。第二次・第三次安倍内閣では財務省の影響力が低下する一方、今井尚哉が首席首相秘書官（政務）に就任し、新設された日本経済再生本部の総合事務局では経産省からの出向者が主導する態勢がとられるなど、経産官僚の影響力が強まったことが指摘される[42]。このことから、経産省が成長戦略として電力システム改革を安倍に売り込み、それを安倍が受け入れたのだと推測できる。

第三に、電力システム改革と東電の経営改革が不可分の関係になっており、両者の進展は不可逆的なものとなっていたことが挙げられる。経産省は電力システム改革を前進させるため、それを先取りする形で東電の経営改革を進めていた。その反面、東電の経営再建のためには、他の電力会社の管内、そしてガス事業への進出により収益を増大させる必要があると考えており、電力・ガスシステム改革は東電再建のためにも必須とされたのである。

第四に、第二次・第三次安倍内閣では官邸主導の政策決定が定着していることが挙げられる。自民党内では電力業界と関係の深い議員を中心に、電力システム改革に反対する声も強かった。このことには、電力業界に代表される財界と密接な関係を有する自民党のプロ・ビジネス的な党派性も影響していると考えられる。(43) しかしながら、ひとたび安倍が改革の実行を決断すると、それを覆すことはできなかったのである。

ただここで注意すべきは、世論対策という目的があったとはいえ、プロ・ビジネス的な政策志向を有する安倍が、電力自由化を積極的に受け入れたことである。ここでは電力自由化という政策が、反ビジネスの立場からもプロ・ビジネスの立場からも受容可能な政策になっていたことを指摘しておきたい。電力自由化は、電力業界を懲らしめるという観点からすれば反ビジネス的な政策に見えるものの、もともと経産省の一部官僚が考えたように、電力自由化により競争を活発にして電気料金の値下げを目指すという観点からすれば、プロ・ビジネス的な政策である。さらに第二次・第三次安倍内閣は、岩盤規制の撤廃など改革に積極的な姿勢を示すことで海外投資家の資金を国内市場に呼び込むことをねらっており、その観点から電力システム改革は格好の成長戦略ととらえられたのである。これ

は経産省の巧みな課題設定によるものと解釈できるのかもしれない。(44)

5　おわりに

以上、本章では、政権交代と電力システム改革の関係について検討してきた。民主党政権での電力システム改革論議の進展という政策変化、および第二次・第三次安倍内閣での電力システム改革の進展という政策継続については、政権交代による政権の党派性の変化という要因ではなく、福島第一原発事故にともなう世論の変化や、原発停止による電力不足、東電の経営危機といった環境要因によって説明することが可能である。

ただ子細に見ると、圧力団体（東電を中心とする電事連）と族議員（電力族）による政策決定から、関係閣僚・政務三役主導（民主党政権）、官邸主導（第二次・第三次安倍内閣）へと政策決定過程が変化したことや、強力な圧力団体（東電）の影響力が低下したこと、また、それに乗じて影響力を強めた官僚制（経産省）が、関係閣僚や政務三役、首相官邸に政策アイディアを提供したことも、政策の変化と継続をもたらした要因として挙げられる。

電力システム改革は、本書で扱う他の多くの政策と同様に、民主党政権で変化が起き（ただし改革に着手したにとどまる）、第二次・第三次安倍内閣で継続されている（改革を受け継ぎ、断行した）政策である。一方で原発に関する政策方針は、民主党政権では脱原発が打ち出され、第二次・第三次安倍内閣では原発推進への転換が見られるなど、大きく変化しているようにも見える。このことについての詳細な検討は、別の機会に行うこととしたい。

注

(1) もっとも原発の再稼働は、自民党の意向に反し、原子力規制委員会が厳格な安全審査を行っているため、なかなか進んでいない。この原因は自民党自身にある。というのも野党時代に塩崎恭久衆議院議員の主導により、原子力を規制する組織には政府からの高い独立性が必要として三条委員会案を主張し、それを民主党政権に認めさせたからである。塩崎恭久『ガバナンスを政治の手に――「原子力規制委員会」創設への闘い』(東京プレスクラブ、二〇一二年)、秋吉貴雄「原子力安全規制の政治過程――行政体制再構築における政策学習」辻中豊編『震災に学ぶ社会科学 第1巻 政治過程と政策』(東洋経済新報社、二〇一六年)、一一五―一三四頁。

(2) 以上、第一次から第三次にかけての電力自由化の過程については、有森隆「経団連奥の院『原発シンジケート』の闇――東電&電事連『財界』『政界』支配の暗黒史」『別冊宝島1796 日本を脅かす! 原発の深い闇――東電・政治家・官僚・学者・マスコミ・文化人の大罪』(宝島社、二〇一一年)、一五〇―一五四頁、大鹿靖明『メルトダウン――ドキュメント福島第一原発事故』(講談社、二〇一三年)、二六五―二八一頁、竹内敬二『電力の社会史――何が東京電力を生んだのか』(朝日新聞出版、二〇一三年)、一八四―二一八頁、斎藤貴男『「東京電力」研究 排除の系譜』(講談社、二〇一二年)、二六〇―二七五頁、李策「手放しでは喜べない『再生エネ法』の成立――電事連&永田町〝自然エネルギー潰し〟の手口」一ノ宮美成・小出裕章・鈴木智彦・広瀬隆ほか『原発再稼働の深い闇』(宝島社、二〇一二年)、一九二―一九三頁、吉岡斉『新版 原子力の社会史――その日本的展開』(朝日新聞出版、二〇一一年)、三〇四―三〇六、三三〇―三三一頁、『朝日新聞GLOBE』二〇〇九年一〇月五日付、『朝日新聞』二〇一二年一月二九日付朝刊、による。

（3）「大企業労使連合」については、伊藤光利「大企業労使連合の形成」『レヴァイアサン』二号、一九八八年、五三－七〇頁を参照。

（4）原発事業の発展は、政府の支援なくしては不可能であり、電力自由化は原発の新設を抑制する。それは第一に、原発は初期投資コストが高く、巨額の建設費を調達するのが困難だからである。第二に、民間企業では放射性廃棄物の処理は手に負えないからである。第三に、事故のリスクが大きく、過酷事故が起きると電力会社の存続自体、危うくなるからである。それゆえ欧米諸国でも、電力自由化が進むと、原発の増設は進まなくなった。吉岡、前掲書、二九〇－二九五頁、小森敦司「原発維持せよ」朝日新聞特別報道部『プロメテウスの罠5――福島原発事故、渾身の調査報道』（学研パブリッシング、二〇一三年）、一四七頁。

（5）大鹿、前掲書、二二四－二四七頁、仙谷由人『エネルギー・原子力大転換――電力会社、官僚、反原発派との交渉秘録』（講談社、二〇一三年）、七八－八一、八六－八七頁。

（6）遠藤典子『原子力損害賠償制度の研究――東京電力福島原発事故からの考察』（岩波書店、二〇一三年）、一四四－一四五頁。東電を法的整理しなかったことへの批判としては、安西巧『さらば国策産業――「電力改革」450日の迷走と失われた60年』（日本経済新聞出版社、二〇一二年）、町田徹『東電国有化の罠』（ちくま新書、二〇一二年）などを参照。

（7）ある財務官僚は、政府が賠償の責任を負わずに、支援機構を設置して東電を賠償の主体としたことについて、「政府は政治的なプレッシャーに弱い。東電ではなく、政府が表に出てやっていたら賠償はとっくの昔に一〇兆円を超えていただろう」と説明している。朝日新聞経済部『電気料金はなぜ上がるのか』（岩波新書、二〇一三年）、一四－一五頁。

(8) 以上、大鹿、前掲書、二四八―二五三、二九〇―二九一頁、仙谷、前掲書、八九―九〇頁。
(9) 仙谷、前掲書、八八―九五頁。
(10) 大鹿、前掲書、二八九―二九九頁、仙谷、前掲書、九〇―九一頁。
(11) 大鹿、前掲書、二九五―三〇〇頁。一方、経産省内でも、すでに四月上旬の時点で上田隆之官房長が、エネルギー政策の見直しに関して、「電力システム改革につなげたいんだ。電力の自由化など、もっと大胆に考えていいんじゃないか」と述べるなど、電力システム改革を念頭に置く官僚もいた。小森、前掲論文、一四五―一四六頁。
(12) 仙谷、前掲書、九六―九八頁。
(13) 大鹿、前掲書、三六〇―三六一頁。
(14) 大鹿、前掲書、四六二―四六四頁。
(15) 仙谷、前掲書、一〇四―一〇五、一七九―一八二頁、田川寛之「震災発生後の東京電力と政治」辻中編、前掲書、二一二頁。
(16) 大鹿、前掲書、四八四―四八六、四八八―四九〇頁、仙谷、前掲書、一三二―一三三頁。
(17) 発電所や送配電網の建設費・修繕費・運転費、燃料費、社員の人件費や福利厚生費、法人税や固定資産税、借入金の支払利息や株主への配当などのコストを合算させた「適正原価」に、電力会社の利益である「事業報酬」を加えて電気料金を算定する方式。
(18) 『朝日新聞』二〇一二年七月一四日付朝刊、同二〇一六年二月二六日付朝刊、同三月九日付朝刊。
(19) 大鹿、前掲書、五〇一―五〇六頁。
(20) 『朝日新聞』二〇一二年七月一四日付朝刊、経済産業省総合資源エネルギー調査会総合部会ウェブサイト「電力システム改革専門委員会」（http://www.meti.go.jp/committee/gizi_8/2.html#denryoku_

system_kaikaku）（二〇一六年二月二五日最終確認）。

(21) 仙谷、前掲書、三二―三三、一三三―一三四、一七八―一八四頁。

(22) 大鹿、前掲書、五四六―五四七頁、田川、前掲論文、二二七頁。

(23) 支援機構の幹部も、「発送電分離をスムーズに実現するうえで道筋の一つになりうる」としていた。以上、仙谷、前掲書、一八二頁、『朝日新聞』二〇一二年一月二四日付朝刊。

(24) 大鹿、前掲書、五四八―五五二頁。

(25) 『日本経済新聞電子版』二〇一二年五月一五日付。

(26) 自然エネルギー研究会『菅直人の自然エネルギー論――嫌われ総理の置き土産』（マイナビ、二〇一二年）、二四―二七、八〇―八五頁。

(27) 仙谷は、「旧通産省の電力自由化のDNAは残っており、その制度設計の蓄積を利用することは有効だった」としている。仙谷、前掲書、一八三頁。

(28) もっとも菅内閣で官房副長官として電力・エネルギー政策に関わった仙谷が、野田内閣では民主党政調会長代行として政策決定の主導権を握り続けたことについて、党の影響力の増大と見るべきかどうか、そもそもなぜ仙谷がここまで影響力を持つことができたのか、説明することは難しい。民主党では個別の政策領域において、その分野に詳しい少数の議員が党の政策方針を決定する傾向にあり、政策決定過程が属人的で十分に制度化されていないように見える。

(29) 『朝日新聞』二〇一二年一二月三一日付朝刊。

(30) 『日本経済新聞』二〇一三年二月一三日付朝刊。

(31) 『日本経済新聞』二〇一三年二月一三日付朝刊。

(32) 『朝日新聞』二〇一三年一月三一日付朝刊、同二月九日付朝刊、『朝日新聞GLOBE』二〇一三年二月一七日付、『日本経済新聞』二〇一三年二月一三日付朝刊。

(33)『朝日新聞』二〇一三年二月九日付朝刊、経済産業省ウェブサイト「総合資源エネルギー調査会総合部会電力システム改革専門委員会『電力システム改革専門委員会報告書』について」(http://www.meti.go.jp/committee/sougouenergy/sougou/denryoku_system_kaikaku/report_002.html)（二〇一六年三月二三日最終確認)。

(34)『朝日新聞』二〇一三年三月七日付朝刊、同三月一九日付朝刊、同三月二〇日付朝刊、同三月二一日付朝刊、『日本経済新聞』二〇一三年一月二四日付朝刊。

(35)『朝日新聞』二〇一三年三月二八日付朝刊、同三月二九日付朝刊、同四月二日付夕刊、同四月三日付朝刊。

(36)『朝日新聞』二〇一三年四月五日付朝刊、同四月一二日付夕刊。

(37)『日本経済新聞』二〇一三年五月一八日付朝刊、『朝日新聞』二〇一三年五月一八日付朝刊。

(38)『朝日新聞』二〇一三年五月三一日付朝刊、同六月五日付朝刊、同六月八日付朝刊、同六月二六日付夕刊、同六月二七日付朝刊。

(39)二〇一四年一〇月に東電は、中部電力との火力・燃料事業の包括提携を発表する。これは機能ごとの再編を進め、地域の壁を崩す動きと見られた。以上、『朝日新聞』二〇一三年一一月八日付夕刊、同一一月九日付朝刊、同一二月二六日付朝刊、同二〇一四年二月一〇日付朝刊、同六月二〇日付朝刊、同二〇一六年一月一一日付朝刊。

(40)『朝日新聞』二〇一四年一一月六日付朝刊、同二〇一五年一月一四日付朝刊、『日本経済新聞』二〇一三年二月一四日付朝刊。

(41)『朝日新聞』二〇一五年二月五日付朝刊、同二月六日付朝刊、同二月一七日付夕刊、同二月一八日付朝刊、同二月二七日付朝刊、同三月三日付夕刊、同三月四日付朝刊、同三月六日付朝刊、同六月一七日付夕刊。

(42) 清水真人『財務省と政治――「最強官庁」の虚像と実像』(中公新書、二〇一五年)、二二九―二三三頁。

(43) 第三次電力自由化が議論された小泉純一郎内閣でも、官邸主導の政策決定が行われたと言われている。ただ官邸主導の政策決定が可能になるのは、首相官邸が重要な政策と認識した場合に限られる。小泉首相が電力自由化に関心を示すことはなかったため、電力自由化は経済財政諮問会議では取り上げられることはなく、経産省の審議会で議論されることになり、族議員・官僚・圧力団体の三者で政策が決定されることになった。このため東電と電力族が結託して経産省の電力自由化派官僚を封じ込めることになった。第二次・第三次安倍内閣では、福島第一原発事故により電力・エネルギー政策への世論の関心が高まったため、また経産省の首相官邸での影響力が高まったため、官邸主導での政策決定が実現された。

(44) 一九七〇年代後半のアメリカで「規制緩和」が、消費者主義を唱える左派にも、小さな政府を唱える保守派にもアピールする、優れた政治的シンボルになったことと似ている。Martha Derthick and Paul J. Quirk, *The Politics of Deregulation* (Brookings Institution Press, 1985).

第3章

コーポレート・ガバナンス改革*

●会社法改正とコーポレート・ガバナンス・コードの導入

竹中治堅

本章は第一次自民党・公明党政権、民主党政権、そして、第二次自民党・公明党政権のもとでコーポレート・ガバナンス改革が進む経緯を分析する。とくに上場会社に対する社外取締役導入の義務づけに焦点をあてる。第一次自民党・公明党政権のもとで改革は徐々に進み、その後、〇九年の政権交代が改革をさらに前進させる転機となった。民主党政権のもとで法制面でのガバナンス強化策の検討が本格的に始まったのである。第二次・第三次安倍内閣は議論を引き継ぎ、成長戦略の一環として改革をさらに展開する。

1 はじめに

二〇一四年六月四日午後、安倍晋三首相は東京大手町の経団連会館で開かれた経団連総会に来賓として出席した。首相は挨拶し、コーポレート・ガバナンスの強化策についてこう述べる。「コーポレート・ガバナンスの強化も進めていきます。（中略）コーポレート・ガバナンス・コードの策定を成長戦略に位置づけます」(1)。

この頃、会社法改正案が四月に衆議院を通過し、成立が確実となっていた。改正の主なねらいはコーポレート・ガバナンスの強化であった。改正案は監査等委員会設置会社制度を創設する一方で、社外取締役の要件を厳格化した(2)。また、企業に社外取締役の導入を強く促すものだった。六月二〇日に法案は成立する。

自民党はさらにコーポレート・ガバナンス改革を進めるためにコーポレート・ガバナンス・コードの策定を提言していた。首相は政府としてコードの策定に取り組む方針を明言したのであった。コーポレート・ガバナンス・コードはガバナンスについての基本的原則を定めるもので、有識者会議により一五年三月にとりまとめられた。コードは上場企業に最低二人の独立社外取締役の設置を求めている。東京証券取引所は上場規則を改正し、上場企業にコードを尊重することを求める(3)。

こうして、二〇一四年の会社法改正以前に比べれば、会社機関の面では、日本のコーポレート・ガバナンスは強化されることになった。

本章では第一次自民党・公明党政権、民主党政権、第二次自民党・公明党政権のもとでコーポレート・ガバナンス改革が進む経緯を辿りたい。

まずコーポレート・ガバナンスの定義を紹介したい。研究者によって定義は多様である。ここではフランスの経済学者ジャン・ティロールによる次の定義を紹介する。

コーポレート・ガバナンスとは「経営者にステークホルダー（利害関係者）の福利を自分のもののように考えることを促す、あるいは強制する制度設計のこと」を意味する(4)。

本章はコーポレート・ガバナンス強化策の一つとして企業に社外取締役の導入を促す仕組みが設けられるようになった経緯にとくに注目する。会社法改正やコーポレート・ガバナンス・コード策定の過程では社外取締役の扱いが政治的争点となったからである。

これまで本章の目的を述べてきた。以下、次の順番で論じていく。第2節ではコーポレート・ガバナンスの定義についてあらためて触れ、アメリカやイギリスでこの問題に注目が集まった経緯と日本で行われてきた議論を簡単に紹介する。第3節では、第一次自民党・公明党政権期の改革を振り返る。第4節では、民主党政権誕生後、会社法改正に向けた議論が開始され、社外取締役の導入が検討される過程を考察する。第5節では、自民党の政権復帰後、会社法改正の内容が再検討され、スチュワードシップ・コード及びコーポレート・ガバナンス・コードが制定される経緯を分析する。第6節で議論をまとめ、含意について述べる。

2　コーポレート・ガバナンスの定義と注目を集めるようになった経緯

コーポレート・ガバナンスとは何か。なぜこの問題は注目を集めるようになったのか。本節ではコーポレート・ガバナンスの定義を紹介した上で、アメリカとイギリスでこの問題に関心が集まることになった過程を振り返る(5)。

（1）定義

今日、唱えられているコーポレート・ガバナンスの定義は多様であり、広く合意されているものをあげることは難しい。全般的に言えば「企業経営者に対する規律付け」[6]と定義できるであろう。問題は誰が経営者を律するのかということである。主として株主主権説とステークホルダー説の二つにわけることができる。[7]株主主権説によればコーポレート・ガバナンスとは株主が株式会社の経営者を律するための仕組みということになる。[8]一方、ステークホルダー説は、株主のみならず債権者、従業員、顧客、仕入先、地域社会など利害関係者全員の利益のために規律するという考えである。

本章では冒頭に紹介したティロールの定義を用いる。株主利益のためだけに経営者を規律するという考えは極端であり、企業が社会の中に存在する以上、多くのステークホルダーの利益のために経営者を規律することが適当と考えるからである。もっともティロールの定義のようなステークホルダー説をとる場合であっても、株主が大切なステークホルダーであることは間違いない。したがって、どちらの説でも株主利益を考慮することが重要であることにかわりはない。

（2）アメリカやイギリスにおける関心の高まり

コーポレート・ガバナンスの問題は、株式会社が企業の主な形式として広まるに従って認識されるようになった。株式会社では出資者である株主は日常的に経営に携わるわけではなく経営者をいかに規律、統制できるのかという課題が発生する。コーポレート・ガバナンスという言葉こそ使われていなかったもののこの課題は、一九三〇年代から経済学者、実務家の間では意識されていた。[9]

この問題は七〇年代にアメリカで注目を集めるようになる。(10) 背景には大企業の破綻や違法な政治献金などの不祥事があった。(11) 一連の事件の結果、コーポレート・ガバナンスの問題が議会やＳＥＣで議論され、ニューヨーク証券取引所は七七年に独立取締役からなる監査委員会を設置することを上場の条件とすることになる。(12)

さらに法学者や法曹界の間でもコーポレート・ガバナンスに対する関心が高まる。七八年にアメリカ法律協会はコーポレート・ガバナンス・プロジェクトを始め、当初は踏み込んだ改革案を提案し論争を引き起こす。(13)

また、八〇年代には機関投資家がどの程度経営者を規律しているのかが注目される。(14) この背景には機関投資家が株主としての重要性を増してきたことがある。その比重はしだいに高まり、七五年には二五・三パーセント、八五年には三七・二パーセント、九五年には四三・〇パーセントに達する。(15) この結果、ガバナンスの議論の中で株主の利益が重視されるようになる。(16)

こうしてアメリカにおける企業経営のあり方は変容していく。すなわち、独立社外取締役が七〇年代から九〇年代初頭にかけて増えていった。アメリカの八一の主要企業を対象にした研究によれば七〇年代には取締役の中で占める比率は三〇パーセント台であったのが、九〇年代初めには六〇パーセント台に到達する。(17) また九〇年代半ばまでには監査委員会のみならずほとんどすべての上場企業で報酬委員会が、そして、多くの企業で人事委員会が設置されるようになる。(18)

九〇年代前半にはイギリスでもコーポレート・ガバナンスに対する関心が高まる。九一年五月にイギリス財務報告評議会、ロンドン証券取引所、公認会計士業界がコーポレート・ガバナンスの金融的側面について議論するための委員会（通称キャドバリー委員会）を発足させた[19]。委員会発足後、不祥事をともなう大企業の破綻が相次ぎ、委員会は大きな注目を集めるようになる[20]。

キャドバリー委員会は九二年一二月に報告書をまとめる。この中に企業が自主的に遵守すべきガバナンスについての行動規範＝コーポレート・ガバナンス・コードを盛り込んだ。ロンドン証券取引所は上場企業に対し、これを遵守するか遵守しない場合にはその理由を明らかにすることを求めた。このガバナンス・コードはたとえば、かなりの数の社外取締役を取締役のメンバーにすることを求め、さらに社外取締役の過半数を独立取締役にすることを要求している。

そして、コーポレート・ガバナンスは九〇年代以降に他の国でも注目を集めるようになる[21]。

（３）日本におけるコーポレート・ガバナンス論の高まり

九〇年代以降、日本においてもコーポレート・ガバナンスへの関心が高まる[22]。もちろん経営者を規律する会社の機関としては監査役制度が戦前から存在し、とくに七四年の商法改正以来、監査役の権限や機能は強化されてきた[23]。ただ、監査役は会計監査と業務監査を適法性の観点から行うと考えられることが多かった。コーポレート・ガバナンスという考えはこれにとどまらず、経営判断の妥当性、企業価値や経営効率性の向上という観点から経営者を規律することを含んでおり、規律づけの内容が異なっている[24]。

コーポレート・ガバナンスに注目が集まるようになった背景には海外で議論が活発に行われるようになったことに加え、日本特有の事情もあった。バブル経済の崩壊とともに金融機関を始めとする企業の不祥事が相次いだこと、[25] 外国の機関投資家の存在感が高まっていたこと、[26] さらには伝統的な企業経営のあり方について一部で疑問が投げかけられ始めていたことなどである。[27]

日本でもガバナンスの目的については、株主主権説とステークホルダー説に分けて考えられる傾向が多かった。[28] また、戦後日本経済における経営者の規律づけについての分析も進んだ。議論の中では日本ではとくにメインバンクが重要な役割を果たしてきたという主張がなされてきた。[29] また、株主が大きな影響力を発揮したとは考えられてこなかった。[30]

関心の高まりを反映して、経営者の規律を強化する改革が九〇年代以降行われてきた。制度改革は株主の利益を反映させようとするものが多かった。[31]

焦点となった事項の一つは社外取締役の導入であった。日本の会社法のもとでは取締役会の役割は会社の意思決定と職務執行の監督にあたることである。

ただ、アメリカやイギリスでは一般的に取締役会の役割は株主の利益を代表して経営の監視にあたることであると考えられている。[32] その中で社外取締役の役割が重要視され、他の取締役の監視役となる一方で会社の発展に貢献することが期待されている。[33] すでに述べたように九〇年代にかけてアメリカの主要企業では社外取締役が急増し、イギリスでもガバナンス・コードでかなりの数の社外取締役を起用することを求められるようになった。

とくに外国の機関投資家の間には日本の上場会社に対し、株主利益が反映されていないという根強い不満がある。彼らが先述の経営モデルを念頭に置いていることは間違いない。彼らの間には株主の観点から経営を評価する「仕組みを社外取締役が中心になって作ってほしいという期待」があった。[34]

ところが、日本では社外取締役の導入が最近までそれほど進んでこなかった。九八年の東京証券取引所の上場企業に対する調査で社外取締役を導入している企業は回答企業のうちの三五・六パーセント、〇五年でも四〇・八パーセントにとどまっている。(35) 外国投資家のプレゼンスが大きくなるにつれ、社外取締役の導入に対する関心が高まっていき、ガバナンス改革の内容にも反映されるようになる。

3 一九九〇年代から第一次自民党・公明党政権まで

本節では九〇年代から第一次自民党・公明党政権期における変革の経緯を辿る。この時期に法制審議会における議論に基づく会社法改正や議員立法による会社法の改正により株主代表訴訟制度の見直し、監査役制度の強化、委員会等設置会社の導入などが実施される。金融庁や東京証券取引所は上場企業のコーポレート・ガバナンスへの取り組みに関する情報公開を進め、改革を促そうとする。一方、社外取締役導入の義務は経済界の根強い反対のため実現しなかった。この頃、政府内では法務省と金融庁が別個にコーポレート・ガバナンス強化の試みを行っていた。

(1) 株主代表訴訟制度の見直しと監査役制度の強化

コーポレート・ガバナンスのあり方を見直す制度改正は九〇年代前半から徐々に行われる。九三年六月に宮澤喜一内閣が商法を改正する。この結果、株主代表訴訟を提起することが容易となった。また、資本金が五億円以上、あるいは負債額が二〇〇億円以上の大会社を対象として監査役制度が拡充された。改正の背景には金融不祥事や、八九年から行われた日米構造協議におけるアメリカ側の要求があった[36]。また九七年五月には自民党が中心になった議員立法でストック・オプション制度が導入される。

その後、二〇〇一年一二月に自民、公明、保守三党は議員立法により、商法改正関連法案を成立させ、株主代表訴訟制度の見直しと監査役制度の改革を行う。改正の結果、代表訴訟における取締役の責任の軽減と賠償額への制限が実現する[37]。また、社外監査役の数を監査役の総数の過半数以上とする一方、監査役の取締役会への出席及び意見陳述が義務であることが明確になる[38]。

改正にむけた議論を九七年五月から自民党は始めていた[39]。背景には経団連の働きかけがあった[40]。経団連は九三年の商法改正以後、株主代表訴訟が増加したことに危機感を覚え、代表訴訟制度を見直すことを自民党に求めていたのである[41]。

ただ、自民党は代表訴訟制度の見直しと「引き換えに」、「ガバナンスの強化ということがワンセット」になる形で監査役制度の強化についても議論し、その権限や独立性を強めることにした[42]。

（２）委員会等設置会社の導入

さらに二〇〇二年五月には小泉純一郎内閣のもとでコーポレート・ガバナンスに関する大改正が実現する[43]。柱は委員会等設置会社の導入で、大会社あるいはみなし大会社は委員会等設置会社を選択することが可能となった。委員会等設置会社の特徴は取締役会の中に指名委員会、監査委員会、報酬委員会を設置し、いずれの委員会でも社外取締役が過半数を占めることである。一方、監査役は置かれない。さらに執行役を置き、取締役は取締役会の権限を大幅に委譲することが可能である。指名委員会は取締役候補を選ぶ権限と取締役を解任する権限を持つ。監査委員会は執行役の業務の監査等にあたり、委員は執行役と兼務することが禁じられている。報酬委員会は取締役と執行役の報酬を決める権限を持つ。

また大会社あるいはみなし大会社は社外取締役を置き、かつ取締役が一〇名以上いる場合に三名以上の取締役から構成される重要財産委員会を設置し、この委員会に取締役会の決定事項の多くを委任できることになった。

改正は会社法制の抜本的見直しの一部であった。法務省は二〇〇〇年七月に①コーポレート・ガバナンスの実効性の確保、②高度情報化社会への対応、③企業の資金調達手段の改善、④企業活動の国際化の四つの観点から見直しを行い、二年後をめどに商法を抜本改正する方針を決定していた(44)。背景には次のような事情があった。企業を取り巻く国際的、経済的、技術的環境が大きく変わり、会社法制を一連の変化に対応させる必要があったこと(45)。経団連をはじめとする経済界の要望が強かったこと(46)。経済界が、議員立法による商法改正を働きかけ、実現させており、法務省が警戒感を高めていたこと(47)。

その後、九月から法制審議会商法部会が始まり、改正に向けた議論が本格化する(48)。〇一年四月に法務省が商法改正要綱中間試案をまとめた際には、一部の研究者の意見を反映し大会社について最低一人の社外取締役を置くことを義務づける内容となっていた(49)。しかし、すでに述べたように議員立法で監査役制度の改革が進んでおり、経済界はこれを理由に社外取締役導入の義務づけに反発する(50)。

経団連は要綱を「社外監査役に加えて社外取締役を設けるかどうかは会社の自治に任せるべきである」と批判した[51]。

法務省自体がガバナンス強化に積極的であったことは間違いない。だが、経済界の反対を前に法務省が〇二年一月に商法改正の要綱をまとめた際に社外取締役の設置の義務化を盛り込むことは見送られる[52]。

委員会等設置会社制度は導入されたものの選択制であり、企業は監査役設置会社を選ぶことができた。コーポレート・ガバナンスのあり方が大きく変わったわけではなかった。二〇〇六年一〇月の段階で東京証券取引所に上場する企業のうち委員会設置会社が占める割合はわずか二・五パーセントにとどまっている[53]。

(3) 金融庁や東京証券取引所による取り組み

一方、二〇〇一年頃より、金融庁や東京証券取引所も改革に取り組む。背景には証券市場において外国人投資家の役割が大きくなっていたことがあった。九〇年代前半では上場会社の株式に対する外国人の保有比率は一割に満たなかった[54]。しかし、次第に増加し、〇三年には二〇パーセントを越え、〇五年には二六・八パーセントに達する。また、外国人の株式売買シェアも増大する。九〇年代は二〇パーセント台であったのが、〇一年には五一・八パーセントとなって初めて五割を超え[55]、〇七年には六〇・九パーセントになる。

九〇年代から海外の投資家は日本のコーポレート・ガバナンスのあり方を問題視し、とくに株主利益を代表するはずの取締役会の機能が不十分であると感じてきた。たとえば、海外投資家は「経営陣が、実質的に取締役会の監視下にない」「経営者は利益を上げることで株主への責任を果たそうという意識が欠如している」などと指摘している(56)。

外国人投資家が重視したのは社外取締役の導入である。社外取締役に株主の利益の観点から経営者を監視することを期待していた。

たとえば、アメリカの機関投資家であるカリフォルニア州職員退職年金基金（カルパース）は九八年三月に日本企業を対象とするコーポレート・ガバナンス原則を策定し、この中で、社外取締役の導入を求めた(57)。

金融庁や東京証券取引所は日頃から海外投資家に接し、日本のコーポレート・ガバナンスの問題点を指摘されることが多い。こうした接触がこの二つの組織が日本のガバナンスに対する問題意識を高める要因の一つとなったことは間違いない。

たとえば、金融庁総務企画局市場課長として「我が国金融・資本市場の国際化に関するスタディグループ」の事務局を務めた池田唯一氏は「株主のために行動してくれる社内の存在がない。そういう現実に対するフラストレーションが、社外の取締役を入れろという議論になっている部分がある」という考えを示している(58)。

金融庁と東京証券取引所はまずコーポレート・ガバナンスについての情報の開示を迫ることで上場会社にガバナンスのあり方の見直しを促そうとする。この裏には「上場会社がガバナンスの充実度合いを競い合うという方法が、もっとも理に適い、かつ効果的である」という考えがあった(59)。

二〇〇一年四月に小泉純一郎内閣が発足する。小泉内閣が〇一年六月や〇二年六月に策定した「経済財政運営及び経済社会の構造改革に関する基本方針」、いわゆる「骨太の方針」には「証券市場の構造改革」が盛り込まれる。これを踏まえて金融庁は〇一年八月に「証券市場の構造改革プログラム」、〇二年八月には「証券市場の改革促進プログラム」を発表、企業の決算短信や有価証券報告書においてコーポレート・ガバナンスに関する情報開示を進めることを盛り込む一方、証券取引所に上場企業のガバナンスを強化するための方策を検討することを要請した[60]。この方針に基づいて金融庁は〇三年三月に企業内容等の開示に関する内閣府令を改正し、有価証券報告書等において「コーポレート・ガバナンスの状況」に関する項目を新設する。

東京証券取引所はすでに九九年三月に理事長名で上場会社に対し、コーポレート・ガバナンスの充実をはかり、九九年九月の中間決算から決算短信で具体的な取り組みを記載するよう要請していた[61]。〇三年二月には適時開示規則を改正し、ガバナンスに関する基本的な考え方と施策の実施状況を決算短信に盛り込むことを上場会社に義務づける。

〇四年三月には東京証券取引所は「上場会社コーポレート・ガバナンス原則」を策定する。原則は株主の平等性、企業とステークホルダーの関係性、取締役会と監査役（会）の関係などからなってい た。ただ、上場会社にこの原則を守ることを義務づけたわけではなく、原則がガバナンス充実のために必要な「共通する認識の基盤」となることを期待していた[62]。

その後、東京証券取引所は〇五年一二月に有価証券上場規程を一部改正し、決算短信からコーポレート・ガバナンスの情報を分離し、別個のコーポレート・ガバナンスに関する報告書の提出を求める[63]。

さらに〇七年一〇月には上場規程を全面改正し、コーポレート・ガバナンスおよび内部管理の有効性を上場審査の審査項目とする(64)。同時に企業行動規範を制定し、上場規程の一部とし、この中にガバナンスに関する事項も盛り込む。

一方、金融庁は次第に法制度の改正によりコーポレート・ガバナンスの強化を求める姿勢を打ち出していく。

〇七年一月に金融庁は、金融審議会のもとに「我が国金融・資本市場の国際化に関するスタディグループ」を設置し、日本の金融・資本市場の国際金融センターとしての魅力を高めるための方策を検討する。六月にスタディグループは中間論点整理を発表する。論点整理はコーポレート・ガバナンスについても簡単に触れ、公開会社のガバナンスの重要性を指摘、企業行動規範の制定などの証券取引所の自主的取り組みへの期待を表明している。

この直後に福田康夫内閣が閣議決定した「経済財政改革の基本方針２００７」は論点整理の基本的内容を盛り込み、〇七年中に金融庁が「金融・資本市場競争力強化プラン」を策定する方針を打ち出す。

強化プラン策定に向け、金融庁は一〇月から金融審議会金融分科会第一部会で議論を進め、一二月に「金融・資本市場競争力強化プラン」を発表する。金融庁はこの中で、証券取引所による自主的なガバナンス強化策のみならず、法制の整備について検討する方針も示す。

その後、〇八年一〇月以降、「我が国金融・資本市場の国際化に関するスタディグループ」は監査役制度の問題点や社外取締役の必要性などコーポレート・ガバナンスについて集中的に議論する。スタディグループは〇九年六月に報告書を発表する。

報告書は当時、上場企業の五五パーセントが社外取締役を導入していないことを問題視する一方、社外取締役、監査役の実質的な独立性に懸念も表明する。報告書はガバナンスを強化するために、取引所に上場会社に対するいっそうの規律づけを求めるとともにガバナンスに関する法制のあり方をさらに検討する必要があるという考えを示す。

この頃まで政府の中ではコーポレート・ガバナンスの議論を主導してきたのは主に法務省と金融庁であった。両者に加えて、経済産業省も〇八年一二月に企業統治研究会を設置し、ガバナンスを取り上げる。研究会では社外取締役導入の義務づけ、社外取締役および社外監査役の独立性などについて議論し、〇九年六月に報告書をまとめる。

報告書は、経済界の反対のため、社外取締役導入の義務づけを提案することを見送る。ただし、社外取締役を導入しない場合、コーポレート・ガバナンスの取り組みについて開示することを要請している。その一方で社外役員が「独立」の存在であることを求めた。もっとも報告書は独立性について「経営陣から独立した立場で、利害関係を経営陣との間で有していないこと」という以上の定義づけを行っていない。

金融庁と経産省の研究会の報告書を踏まえて、東京証券取引所は〇九年一二月に上場規程などを改正する。この改正では上場会社に対し独立した社外取締役あるいは社外監査役を最低一名確保することを義務づけ、一〇年三月末までに独立役員の現状について届け出ることを求めた。

だが、経済界はこの頃、ガバナンスのあり方を見直すことについては消極的であった。経団連は四月に「より良いコーポレート・ガバナンスをめざして」という報告書を発表している。この中で日本の監査役制度を「優れている」と評価して現状を擁護し、ガバナンスを強化するために企業の自主性を重視する考えを示している。とくに社外取締役の義務づけについては反対姿勢が強く、「社外取締役がいさえすればガバナンスとして優れているという形式論は無意味」と断言している。(65)

第一次自民党・公明党政権のもとでガバナンス改革は徐々に進むが、会社機関の変化には限りがあった。こうした中、二〇〇九年九月の政権交代を迎える。

4 民主党政権

本節では民主党政権期における改革の試みを検討する。一〇年二月に鳩山内閣のもとで法制審議会に対し会社法制について「企業統治の在り方や親子会社に関する規律」の観点から見直すことが諮問される。以後、ガバナンス改革を目的とする会社法改正にむけた議論が進展する。もっとも民主党政権のもとでも第一次自民党・公明党政権期と同様に法務省と金融庁それぞれが独自にガバナンスの強化に取り組む傾向があり、両者の連携は強いものではなかった。

(1) 法制審議会における議論開始の経緯

当時、法務省の事務当局は会社法制の見直しが必要であると積極的に考えていたわけではなかった。(66) しかし、民主党政権の誕生は法制審議会において会社法改正の議論が始まる引き金となった。

政権交代の影響は次の二つの事実に端的にあらわれている。第一に、法制審議会会社法制部会のメンバーとしてこれまで会社法関係の改正の議論には参加してこなかった連合の代表の参加が認められたこと。第二に、民主党が提案していた公開会社法案の中の一部、具体的には従業員の代表を監査役の一部に選任することが会社法制見直しの中間試案の策定までは検討されていたこと(67)。

政権交代以前、金融庁や東京証券取引所が企業にガバナンスの強化を促そうとしていたころ、民主党もコーポレート・ガバナンス改革の検討を始めていた。これが法制審議会における論議につながった。民主党は〇六年一二月に公開会社法プロジェクトチームを立ち上げ、〇七年三月からプロジェクトチームは議論を開始する。七月の参議院議員選挙のマニフェストの中に公開会社法制定を検討することが盛り込まれた。

参議院議員選挙後、プロジェクトチームは〇九年六月まで議論を行う。議論を踏まえ、〇九年八月の総選挙の政策公約をまとめた「政策 Index2009」に公開会社法制定の検討が盛り込まれる。プロジェクトチームは公開会社法の具体的内容として、社外取締役の条件を強めること、監査役の独立性を強めること、さらに従業員の代表を監査役の一部に選任することなどを考えていた(68)。

民主党は総選挙で勝利し、九月一六日に鳩山由紀夫内閣が発足する。

政権発足後間もない一〇年一月五日に千葉景子法務大臣はコーポレート・ガバナンスの強化について議論を進めるために法制審議会に諮問する考えを表明する(69)。そして、この記者会見において公開会社法について「議論の一つの材料」になるという考えを示す。その後、二月二四日に法制審議会に「企業統治の在り方や親子会社に関する規律」の面で会社法制を見直すことについて諮問し、四月二八日から法制審議会会社法制部会において会社法制見直しの議論が始まる。

(2) 会社法制部会における議論

部会では、企業統治のあり方に関する課題として監査役の監査機能、取締役会の監督機能、第三者割当による株式の発行などが取り上げられる。とくに社外取締役導入の義務づけや監査・監督委員会制度の創設については活発な議論が行われる。

東京証券取引所の代表、金融庁の代表、一部の学者は社外取締役の義務づけに前向きな姿勢を示した。これに対し、経団連の代表は社外取締役の導入については企業の自主的判断を尊重するべきこと、日本には日本独自の経営手法があることを主な理由として徹底的に反対する。

一方、監査・監督委員会制度の導入は委員会設置会社の導入が進んでいないことや一部の監査役設置会社では自主的に一部の委員会を設置している場合もあることを踏まえ、より利用しやすい制度として導入が検討された。

以上の議論を踏まえて、一一年一二月、法務省は会社法制の見直しについての中間試案を発表する。試案の中には一定の監査役会設置会社、あるいは金融商品取引法第二四条第一項で有価証券報告書を発行しなくてはならない株式会社には社外取締役導入を義務づける案が盛り込まれた(70)。

さらに社外取締役の要件を厳格化し、それまで認められていた親会社の取締役、取締役の近親者などを除外することが提案された。

また、監査・監督委員会設置会社制度の創設も提示される。監査・監督委員は取締役であることが求められ、その過半数が社外取締役でなければならなかった。委員会の主な権限は経営者の職務執行の監査を行うことであった。新制度のもとでは指名委員会及び報酬委員会、さらに監査役は置かれないことになっていた。

試案に対するパブリックコメントを集めたあと、議論が先に進む。監査・監督委員会の詳細な制度設計が検討され、監査・監督委員は監査・監督委員会の取締役以外の取締役の選任について株主総会で意見を述べることなどが決まった。社外取締役の条件についてはより厳格化され、兄弟会社の取締役なども社外取締役就任が認められないことになった。

一方、社外取締役設置の義務づけについては議論が紛糾する。一部の研究者と東京証券取引所の代表が義務づけを積極的に支持した。しかし、経済界を中心に根強い反対があった。たとえば、経団連は中間試案に対する意見の中で社外取締役は、企業が「自主的に選任すべき」であるという考えを示した上で、「社外取締役の選任を法的に義務づけることには反対である」と表明していた(71)。

最終的に事務局の提案に基づき、法務省施行令により、一定の監査役設置会社のうち金融商品取引法第二四条第一項で有価証券報告書を発行しなくてはならない株式会社が社外取締役を置かない場合には、事業報告で「社外取締役を置くことが相当でない理由」を記入することを求めることが要綱に盛り込まれることになった。同時に付帯決議を採択し、上場規則により上場会社に対し独立社外取締役の設置を義務づけることを求めた。

こうして一二年九月七日、法制審議会は会社法制の見直しに関する要綱をとりまとめる。もっとも民主党政権のもとで会社法の改正は実現しなかった。すでに野田佳彦首相は八月に自民党の谷垣禎一総裁に社会保障と税の一体改革関連法案が成立した後「近いうちに」解散することを約束していた。野田内閣は臨時国会を一〇月に召集する。しかし、法案の成立を許す政治状況ではなく会社法改正は第二次自民党・公明党政権に持ち越されることになる。

5　第二次自民党・公明党政権

本節では第二次自民党・公明党政権のもとでのガバナンス改革の経緯について振り返る。二〇一二年一二月に第二次安倍晋三内閣が誕生する。第二次・第三次安倍内閣はコーポレート・ガバナンス改革を成長戦略の一つとして位置づけ、さらに推し進める。第二次・第三次安倍内閣のもとでは内閣官房に置かれる産業競争力会議が法務省と金融庁の政策を統合する形で改革の方向性を打ち出していく。

この結果、会社法改正の内容は見直され、上場企業に社外取締役の導入をいっそう強く促すものとなる。さらに、安倍内閣のもとで、金融庁は機関投資家に経営者との対話を促すスチュワードシップ・コードをまとめ、東京証券取引所はコーポレート・ガバナンス・コードを上場規則の一部とする。

（1）第二次・第三次安倍内閣と会社法改正の内容見直し

民主党政権がコーポレート・ガバナンスについて検討しているころ自民党も同様に議論を行っていた。すなわち、自民党は一一年一一月に「企業・資本市場法制プロジェクトチーム」を立ち上げ、ガバナンス強化策について検討を進め、一二年四月一日には改革案をとりまとめていた。[72]具体的には上場会社については複数の独立取締役の選任を上場規則あるいは法律によって義務づけることを求めていた。改革案は一二年一二月の総選挙に際しまとめられた政策集「Ｊファイル２０１２」の中に盛り込まれる。

一二年一二月の総選挙で自民党は勝利し、第二次安倍晋三内閣が発足する。安倍内閣は発足直後から「大胆な金融政策」「機動的な財政政策」「民間投資を喚起する成長戦略」を掲げて経済政策の立案に取り組む。

安倍内閣は経済政策を立案する際に海外投資家の目を強く意識している。たとえば、内閣発足後間もなく、六月から七月にかけて内閣府の副大臣をニューヨーク、シンガポール、香港に派遣し、投資家や金融機関関係者にむけた経済政策についての講演会を開いている。[73]首相自らも六月にロンドン、七月にシンガポール、九月にはニューヨークで金融機関関係者や投資家を主な対象として講演し、経済政策を説明している。[74]首相がニューヨーク証券取引所で行った講演の中で「Buy my Abenomics（アベノミクスは『買い』だ）」と投資家相手に語りかけたことが象徴的である。[75]

自民党は一二年一〇月に設置した日本経済再生本部において経済政策に関する議論を進めており、一三年五月に「中間提言」をまとめる。提言は「公開会社に関しては、少なくとも一人の独立社外取締役導入を確実なものとするよう、政府において年内に適切な施策を講じること」を求めていた。

一方、安倍内閣は一三年一月に産業競争力会議を設置し、経済政策の立案を進める。産業競争力会議は成長戦略について議論し、この議論をもとに、安倍内閣は六月に「日本再興戦略 –Japan is

Back―」を閣議決定する。この中で、「会社法を改正し、外部の視点から、社内のしがらみや利害関係に縛られず監督できる社外取締役の導入を促進する」方針を打ち出す。

法務省は監査・監督委員会となっていた委員会の名前を監査等委員会に変えたものの、基本的には民主党政権のもとでまとめた要綱に従って会社法を改正することを考えていた。[76] しかしながら、法案の事前審査の過程で自民党の法務部会で上場企業等に社外取締役の設置義務づけを強く求める意見が出された。[77] この結果、改正案の内容は要綱とは異なるものとなる。まず、法案に社外取締役を置かない場合、株主総会で「置くことが相当でない理由」を説明することが求められることになった。また、付則で二年後の見直し規程が設けられた。

安倍内閣は会社法改正案を一三年一一月二九日に閣議決定し、国会に提出した。法案は一四年六月二〇日に成立する。法案審議過程で自民党の塩崎恭久議員が「我々の改正は、事実上、義務化をしたのに等しい」と発言したことに対し、谷垣禎一法務大臣は「事実上義務化したという塩崎委員のお考え、私は、そういう評価は十分可能だと思っています」と答弁し、会社法改正により上場企業には社外取締役の導入が事実上義務づけられたという見解を示す。[78] もっとも研究者、実務家の間では改正によっても義務化されるわけではないという見解が主流である。[79] だが、この改正の結果、多くの企業の間で社外取締役の導入が事実上義務になったという認識が広まる。[80]

(2) スチュワードシップ・コードの制定

また安倍内閣のもとでは新たなコーポレート・ガバナンスの強化策が立案される。一三年一月の産業競争力会議発足後間もなく、会議本体や各論を議論するテーマ別会合で、一部の議員がイギリスで作られているスチュワードシップ・コードを日本でも作り、機関投資家に上場会社の企業価値向上に一定の役割を果たすことを提案した(81)。

イギリスのスチュワードシップ・コードとは、イギリス財務報告協議会が二〇一〇年に初めて策定した機関投資家向けの投資先企業に対するスチュワードシップ（管理）のための原則である。スチュワードシップは機関投資家が戦略、業績、リスク、資本構成、コーポレート・ガバナンスなどについて投資先の企業を監視することや企業と対話することを指す。スチュワードシップの目的は投資先企業の長期的な成功である。機関投資家はこの原則に同意した場合、この原則を実施するか、実施しない場合には、その理由を説明すること（コンプライ・オア・エクスプレイン）が求められる。

その後、四月一日に安倍首相は日本経済再生本部で麻生太郎金融担当大臣に対し、「幅広い範囲の機関投資家が適切に受託者責任を果たすための原則のあり方について検討すること」を指示する。スチュワードシップ・コードという言葉こそ用いられていないが、この指示は金融庁にスチュワードシップ・コードの策定を事実上命ずるものであった。さらに六月に閣議決定された「日本再興戦略」には日本版スチュワードシップ・コードを年内に定めることが盛り込まれる。

この決定を踏まえ、金融庁は八月から「日本版スチュワードシップに関する有識者検討会議」を設置した。有識者検討会議は一四年二月に日本版スチュワードシップ・コードを策定する。このコードは機関投資家に対し、投資先企業と「建設的な『目的を持った対話』を通じて投資先企業と認識の共有を図るとともに、問題の改善に努める」ことや議決権の行使および行使結果の公表について「明確な方針を持つ」ことなどを求めている。機関投資家はこのコードを受け入れた場合、コードを実施するか、実施しない場合には、その理由を説明することが期待されている。一六年七月末時点で日本版スチュワードシップ・コードを導入した機関投資家は二一三に上る[82]。

(3) コーポレート・ガバナンス・コードの策定

スチュワードシップ・コード策定後も経済財政諮問会議・産業競争力会議合同会議や自民党の金融調査会ではガバナンスの改革案がさらに議論される。改革案として注目されたのはコーポレート・ガバナンス・コードであった[83]。第2節で簡単に触れたようにコーポレート・ガバナンス・コードとは上場企業に尊重することを求めるガバナンスに関する行動規範であり、イギリスをはじめ多くの国で定められている。

既述のように、イギリスでは一九九二年にガバナンス・コードがキャドバリー委員会によって定められ、この中で取締役会の責務、取締役会の運営と業務執行の区別、社外取締役に期待される役割、株主との関係などが規定されている。上場企業は「コードを実施するか、実施しない場合には、その理由を説明するか」というルールが適用される。イギリスでは、その後、ガバナンス・コードは数次にわたり改訂されている。

安倍内閣発足当初からガバナンス・コードの策定は実は政府内で考えられていた。だが、この頃はまだ会社法改正の方向性が定まっていなかった。社外取締役の数が論点の一つになることが予想されており、会社法改正案の策定が終わっていない時点でコードの議論をすることは難しかった。このためスチュワードシップ・コードの議論が先行することになった。

会社法改正の内容が一三年一一月までに固まり、国会に提出されたことを背景に、ガバナンスのさらなる強化策としてガバナンス・コードに関する議論が進む。

自民党は一四年五月二三日に「日本再生ビジョン」を発表し、この中で東京証券取引所がガバナンス・コードを制定すること及びコードに「上場株券の発行者は、取締役である独立役員を少なくとも二名以上確保することとする」や、確保しない場合には「二名以上置くことが相当でない理由を説明しなければならない」と規定することを提案した。

一方、コードについて議論が進んだためにこの頃、経団連は自らガバナンス・コードを策定することを考えていた[84]。背景にガバナンス強化策に経団連の意向を反映させようという考えがあったことは間違いない。

しかしながら、本章の冒頭で紹介したように安倍首相はその経団連の定時総会で「コーポレート・ガバナンス・コードの策定を成長戦略に位置付けます」と言明、政府が主導する形でコードの内容を決めることを明確にする[85]。

その後、安倍内閣は六月二四日に「『日本再興戦略』改訂2014」を閣議決定し、ガバナンス・コードの策定が盛り込まれる。具体的には、東京証券取引所がガバナンス・コードを定めること、東京証券取引所と金融庁を共同事務局とする有識者会議を設置し、コード策定のため基本的考え方をとりまとめること、東京証券取引所の上場規程により、上場企業に対してコードを実施するか、実施しない場合にはその理由を説明することを求めることなどが記された。

コードのあり方を議論するための「コーポレートガバナンス・コードの策定に関する」有識者会議は八月に発足する。会議は一五年三月に原案をとりまとめ、公表する。五月に東京証券取引所はこの原案をコーポレート・ガバナンス・コードとすることを発表するとともに上場規程などを改正し、六月から上場会社にコードを実施しない場合にはコーポレート・ガバナンス報告書にその理由を説明することを義務づけることになった。

ガバナンス・コードをめぐる議論の中でも社外取締役の役割や人数が論点になった。会議に参加していた複数名の委員からは、一人よりも複数いたほうが意見を表明しやすく、企業側も意見を取り入れやすいという意見が出された(86)。

こうした見解も踏まえて、最終案では上場会社が二名以上の独立社外取締役を選任すべきであることが定められた。またこの原則を実施しない場合に会社法の規定や自民党の提案のように「相当でない理由」を説明しなくてはならないと規定することには強い異論が出され、一般的な「実施するか、実施しない場合には、その理由を説明する」というルールに依ることになった。

6　おわりに

本章ではコーポレート・ガバナンスという問題にアメリカやイギリスで関心が高まってきた経緯を振り返った上で、日本における議論を紹介した。その上で、第一次自民党・公明党政権、民主党政権、第二次自民党・公明党政権のもとで、コーポレート・ガバナンスの強化が進められる経緯についてとくに社外取締役の導入に焦点をあてて分析してきた。

これまでの議論を踏まえると、コーポレート・ガバナンスが強化される上では〇九年の政権交代がその転機であったということができる。政権交代を経てコーポレート・ガバナンスの改革は前進する。民主党政権が法制審議会の再開を決断したことが突破口となり、会社機関の見直しに向け、会社法改正の議論が進むことになった。民主党政権のもとで法制面でのガバナンス強化策の検討が本格的に始まる。第二次・第三次安倍内閣はその議論を引き継ぎ、成長戦略の一環としてガバナンス改革をさらに展開する。この背景に安倍内閣が外国人投資家の動向を強く意識していたこともあったことは間違いない。

もっとも、注意する必要があるのは、民主党政権と第二次・第三次安倍内閣の政策決定のあり方の違いである。第一次自民党・公明党政権も含め、民主党政権まではコーポレート・ガバナンス改革は政府内では法務省と金融庁が別個に取り組んでいた。しかしながら、第二次・第三次安倍内閣のもとでは内閣官房に置かれる産業競争力会議が法務省と金融庁の政策を統合する形で改革の方向性を決めた。一三年の「日本再興戦略」は会社法の改正とスチュワードシップ・コードの策定の方針を打ち出し、一四年の「『日本再興戦略』改訂2014」はガバナンス・コードの作成を決定している。

第一次自民党・公明党政権の時期にも、とくに小泉純一郎内閣は各省の政策を効果的に統合、調整し、重要な政策を立案していた。ただ、統合、調整する機能を果たしていたのは内閣府のもとに置かれる経済財政諮問会議であった。第二次・第三次安倍内閣のガバナンス改革の進め方は、第二次自民党・公明党政権のもとでは、重要政策の統合、調整をする上で内閣官房がよりいっそう大きな役割を果たしていることを示唆している。

注

＊ 草稿について本書の各執筆者に加え、岩崎伸哉氏、新発田龍史氏、西理広氏から貴重なコメントをいただいたことに心より感謝申し上げたい。

（1） 首相官邸ホームページ「総理の一日」「平成26年6月3日 日本経済団体連合会 定時総会」（http://www.kantei.go.jp/jp/96_abe/actions/201406/03keidanren.html.）（二〇一六年三月一一日最終確認）

（2） 二〇一四年会社法改正の内容については坂本三郎編『別冊商事法務三九三号 平成26年改正会社法の解説』（商事法務、二〇一五年）、奥野修也・奥山健志編著『平成26年改正会社法 改正の経緯とポイント』（有斐閣、二〇一四年）などが詳しい。

（3） マザースおよびJASDAQ上場企業に対して求められるのは基本原則に限られる。

（4） Jean Tirole, "Corporate Governance," *Econometrics*, vol. 69, no. 1 (2001), pp. 1-35.

（5） なお、本節は関心が集まることになった契機の説明に焦点をあて、扱う期間を八〇年代から九〇年代半ばまでにとどめる。アメリカでは今世紀に入り、エンロンやワールドコムの破綻、さらには世界金融危機を踏まえてガバナンスがさらに強化されている一方、イギリスでも九〇年代半ば以降にさまざまな委員会が設置され、改革が行われているが、紙面の制約もありこれらについて議論するのは稿を改めたい。

（6） 小佐野広『コーポレートガバナンスの経済学』（日本経済新聞社、二〇〇一年）、一頁。

（7） こうした区別を紹介するものとして大楠泰治「資本市場とコーポレート・ガバナンス」神田秀樹・小野傑・石田晋也編『コーポレート・ガバナンスの展望』（中央経済社、二〇一一年）、三八－四〇頁。

これとは異なるさまざまな定義については以下を参照。Bob Tricker, *Corporate Governance*, 3rd ed. (Oxford: Oxford University Press, 2015), pp. 30-32.

(8) 厳密な定義としては、「『コーポレート・ガバナンス』構造とは」「商法上、契約の主体たりうる株式会社の債務に、出資額を限度として有限責任を負っている株主が、その代理人である経営者の挙動をいかにコントロールするか、その制度的構造を扱う法律的概念」と定義される。青木昌彦『比較制度分析序説』（講談社学術文庫、二〇〇八年）、二二七頁。

(9) この問題を指摘した嚆矢として広く参照されるものとしてA・A・バーリ、G・C・ミーンズ著、森杲訳『現代株式会社と私有財産』（北海道大学出版、二〇一四年）（原著はAdolf. A. Berle and Gardiner Means, *The Modern Corporation and Private Property* (Hartcourt: Brace & World Inc., 1932)）がある。

(10) Brian R. Cheffins, "The History of Corporate Governance," in Mike Wright, Donald S. Siegel, Kevin Keasey and Igor Filatotchev eds., *The Oxfordbook of Corporate Governance* (Oxford: Oxford University Press, 2013), p. 47. アメリカとイギリスにおけるコーポレート・ガバナンスに関心が集まった経緯を振り返るにあたり、本論文に多くを負っている。

(11) ジョエル・セリグマン著、田中恒夫訳『ウォール・ストリートの変革——証券取引委員会（SEC）の歴史 投資家保護への闘い』下巻（創成社、二〇〇六年）、六五五－六七三頁（原著はJoel Seligman, *The Transformation of Wall Street: A History of the Securities and Exchange Commission and Modern Corporate Finance* (Boston: Houghton Mifflin, 1982)）。

(12) Joel Seligman "A Sheep in Wolf's Clothing: The American Law Institute Principles of Corporate Governance," *George Washington Law Review*, vol. 55 (1987), pp. 325, 327, 339.

（13） Seligman "A Sheep in Wolf's Clothing," pp. 328, 340-343. 最終版は１９９３年に発表されている。American Law Institute, *Principles of Corporate Governance*, vol.1 and 2 (St. Paul: 1994).

（14） Cheffins "The History of Corporate Governance," pp. 52-54.

（15） *Ibid.*

（16） *Ibid.* p. 54.

（17） Jefferey N. Gordon, "The Rise of Independent Directors in the United States, 1950-2005," *Stanford Law Review*, vol. 59, p. 1565.

（18） *Ibid.* p. 1492.

（19） *Guardian*, May 30, 1991.

（20） Adiran Cadbury, "Preface," in *Report of the Committee on the Financial Aspect of Corporate Governance*, 1992, p. 9.

（21） Cheffins, "The History of Corporte Governance," pp. 56-58.

（22） 吉村典久『日本の企業統治——神話と実態』（ＮＴＴ出版、二〇〇七年）、一一-一六頁。伊藤秀史「企業とガバナンス」伊丹敬之他編『企業とガバナンス（リーディングス日本の企業システム第２期第２巻）』（有斐閣、二〇〇五年）、一-二頁。

（23） 監査役制度の変遷の経緯については佐藤敏昭『監査役制度の形成と展望——大規模公開会社における監査役監査の課題』（成文堂、二〇一〇年）、六三-八一頁を参照。

（24） 監査役も経営判断の妥当性を判断する権限を実質的には持っているという反論もある。法制審議会会社法制部会第三回会議（二〇一〇年六月二三日）における築舘勝利社団法人日本監査役協会会長の発言。

(25) 植竹晃久「現代企業のガバナンス構造と経営行動」植竹晃久・仲田正樹編『現代企業の所有・支配・管理――コーポレート・ガバナンスと企業管理システム』（ミネルヴァ書房、一九九九年）、一頁。吉村『日本の企業統治』三五頁。『日本経済新聞』一九九七年五月二九日。

(26) 『日本経済新聞』一九九二年九月二一日、一九九二年一二月二三日。吉村『日本の企業統治』三三頁。一九九五年四月二八日。

(27) 経済同友会企業動向研究会「新しい日本的コーポレート・ガバナンスの確立」一九九四年三月一七日。

(28) 静正樹「上場会社に求められるコーポレート・ガバナンスの向上」神田・小野・石田編『コーポレート・ガバナンスの展望』、七‐九頁。大楠「資本市場とコーポレート・ガバナンス」、三八‐四〇頁。

(29) 花崎正晴・堀内昭義「日本の金融システムは効率的だったか?」伊丹他編『企業とガバナンス』一五八‐一六三頁。代表的な研究として、Masahiko Aoki and Hugh Patrick eds., *The Japanese Main Bank System: Its Relevancy for Developing and Transforming Economics* (Oxford: Oxford University Press, 1994). 青木『比較制度分析序説』一四六‐一五〇頁。これに対する反論として、花崎・堀内、前掲論文、および、小佐野広『コーポレートガバナンスの経済学――金融契約理論からみた企業論』（日本経済新聞社、二〇〇一年）。

(30) 吉村『日本の企業統治』三一頁。

(31) 花崎正晴『コーポレート・ガバナンス』（岩波新書、二〇一四年）、一四七頁。

(32) Robert A.G. Monks and Nell Minow, *Corporate Governance*, 2nd ed. (London: Blackwell Publishing, 2001), p. 164.

(33) Christin Mallin, *Corporate Governance*, 5th ed. (London: Oxford University Press, 2016), p. 129.

(34) 神田秀樹『会社法入門 新版』(岩波新書、二〇一五年)。
(35) 調査に対する回答率はそれぞれ六二・四パーセント、六一・〇パーセントである。
(36) 『日本経済新聞』一九九三年二月一一日。
(37) 原田晃治「会社法改正の課題と現状——株式制度の見直し等を内容とする平成13年改正法の位置付け」『ジュリスト』二〇〇二年四月一日号、八-一六頁。
(38) 原田「会社法改正の課題と現状」一二-一三頁。
(39) 『読売新聞』一九九七年五月二〇日。
(40) 『日本工業新聞』一九九七年二月一七日。『東京新聞』一九九七年八月二七日。
(41) 『日本工業新聞』一九九七年二月一七日。
(42) 神田秀樹「企業統治関係の商法改正」神田秀樹編『別冊商事法務二五三号 企業統治に関する会社法改正』(商事法務、二〇〇二年)、二頁。
(43) 二〇〇二年商法改正の概要については、始関正光「平成14年商法改正の概要」『ジュリスト』二〇〇二年九月一日号、六-一三頁。
(44) 始関「平成14年商法改正の概要」六頁。『日本経済新聞』二〇〇〇年七月一一日。『朝日新聞』二〇〇〇年七月一一日。
(45) 会社法制の見直しの必要性の解説として以下を参照。岩原紳作「会社法改正の回顧と展望」『商事法務』二〇〇〇年八月二五日号、四-一六頁。原田晃治「新しい会社法制の構築に向けて」『商事法務』二〇〇一年一月五日号、三二-三八頁。原田「会社法改正の課題と現状」。
(46) 『日本経済新聞』二〇〇〇年四月一二日。『日本工業新聞』二〇〇〇年四月一四日。
(47) 『日本経済新聞』二〇〇〇年四月一二日、二〇〇〇年九月六日。

(48)『日本経済新聞』二〇〇〇年九月七日。その後、法務省は、情報化社会への対応やストック・オプションに対する制限緩和などに関連する改正を一年前倒しして、〇一年秋の臨時国会に改正法案を提出している。
(49)『日経産業新聞』二〇〇一年四月二六日。
(50)『日経産業新聞』二〇〇一年四月二六日。
(51)経団連「会社機関の見直しに関する考え方」二〇〇一年四月二七日。
(52)『朝日新聞』二〇〇二年一月一七日。
(53)東京証券取引所『東証上場会社 ガバナンス白書 2007』一二頁。
(54)データは東京証券取引所、大阪証券取引所（二〇一三年まで）、名古屋証券取引所、福岡証券取引所、札幌証券取引所「2015年度株式分布状況調査の調査結果について」による。対象となる証券取引所は、東京証券取引所、大阪証券取引所（二〇一三年まで）、名古屋証券取引所、福岡証券取引所、札幌証券取引所。
(55)『日本経済新聞』二〇〇二年一月一〇日。
(56)『日本経済新聞』一九九二年一〇月一四日、一九九五年四月二八日。『日経金融新聞』二〇〇一年六月二五日。
(57)『日刊工業新聞』一九九八年四月八日。
(58)池田唯一「金融システムとコーポレート・ガバナンスの改革」神田・小野・石田『コーポレート・ガバナンスの展望』二四九頁。
(59)東京証券取引所『上場企業 コーポレート・ガバナンス原則』三頁。
(60)金融庁「証券市場の構造改革プログラム」二〇〇一年八月八日。金融庁「証券市場の改革促進プログラム」二〇〇二年八月六日。
(61) 『日刊工業新聞』一九九九年四月六日。『日本経済新聞』一九九九年六月二六日。
(62) 東京証券取引所『上場企業 コーポレート・ガバナンス原則』三頁。
(63) 『日本経済新聞』二〇〇五年一二月二一日。
(64) 東京証券取引所「上場制度総合整備プログラム対応及び組織体制の変更にともなう業務規程の一部改正等について」二〇〇七年一〇月一七日。
(65) 経団連「より良いコーポレート・ガバナンスをめざして（主要論点の中間整理）」【概要】。
(66) 江頭憲治郎「会社法改正によって日本の会社は変わらない」『法律時報』二〇一四年一〇月号、五九頁。
(67) 政権交代の影響について否定的な見解も存在する。岩原紳作「平成26年会社法改正の意義」『ジュリスト』二〇一四年一〇月号、一二頁。
(68) 民主党公開会社法プロジェクトチーム「公開会社法（仮称）制定に向けて」二〇〇九年七月X日。
(69) 『日本経済新聞』二〇一〇年一月五日。『朝日新聞』二〇一〇年一月六日。
(70) 一定の監査役会設置会社とは監査役会設置が義務付けられる公開会社のうち大会社のこと。金融商品取引法第二四条第一項に基づいて有価証券報告書の発行が必要になる会社とは、上場会社や株主数が一〇〇〇人以上の会社等である。
(71) 日本経済団体連合会『「会社法制の見直しに関する中間試案」に対する意見』二〇一二年一月二四日、二頁。
(72) 「企業統治改革案について」二〇一二年四月一日。
(73) 『日本経済新聞』二〇一三年六月一八日。『NAAアジア経済情報』二〇一三年七月一一日、一八日。

(74)『日本経済新聞』二〇一三年六月二一日。『ＮＡＡアジア経済情報』二〇一三年七月二九日。『読売新聞』二〇一三年九月二六日。
(75)『朝日新聞』二〇一三年九月二六日。
(76)『読売新聞』二〇一三年一一月二〇日。
(77)『読売新聞』二〇一三年一一月二〇日。『ＮＨＫニュース』二〇一三年一一月二二日。
(78)『第百八十六回国会衆議院予算委員会議事録』第二号、一一―一二頁。
(79)たとえば、田中亘「取締役会の監督機能の強化――コンプライ・オア・エクスプレイン・ルールを中心に」『商事法務』二〇一五年三月一五日号、四―一六頁。
(80)なお、さらに議決権行使について投資家に助言するＩＳＳ（インスティチューショナル・シェアホルダー・サービシス）が二〇一六年二月から上場会社について2名以上の社外取締役を選任しない場合には経営トップである取締役に反対することを機関投資家に推奨する方針を二〇一五年一〇月に公表した（『日本経済新聞』二〇一五年一〇月二八日）。この方針は上場企業に複数の取締役の導入をさらに促すことになると考えられる。
(81)『第八回産業競争力会議議事要旨』。
(82)金融庁ホームページ「『責任ある機関投資家』の諸原則《日本版スチュワードシップ・コード》～投資と対話を通じて企業の持続的成長を促すために～の受入れを表明した機関投資家のリストの公表について（平成28年9月2日更新）」(http://www.fsa.go.jp/news/27/sonota/20160315-1.html.)（二〇一六年一二月一一日最終確認）
(83)『日本経済新聞』二〇一四年二月七日。
(84)『ロイター』二〇一四年四月二四日。

(85) 首相官邸ホームページ「総理の一日」「平成二六年六月三日日本経済団体連合会 定時総会」(http://www.kantei.go.jp/jp/96_abe/actions/201406/03keidanren.html)(二〇一六年一二月一一日最終確認)

(86)「コーポレートガバナンス・コードの策定に関する有識者会議(第5回)議事録」(http://www.fsa.go.jp/singi/corporategovernance/gijiroku/20141031.html)(二〇一六年一二月一一日最終確認)

第4章 子育て支援政策

砂原 庸介

男性の長時間労働と女性の専業主婦化を基軸とした伝統的な性別役割分業のもと、子育て支援の中心となる保育サービスは、例外的・残余的な家族を対象とすることとされてきた。女性の社会進出とともに保育の重要性が強調されるようになっているが、漸進的な制度の手直しとともにサービスの拡大を図るべきか、あるいは、子育て支援をより普遍的な「新しい社会的リスク」と捉える発想から性別役割分業の広範な見直しを含めた政策転換を図るべきだろうか。

1 はじめに

日本では高度経済成長期までに、男性が稼ぎ手として企業に対して残業や転勤をともなうほぼ無制限の労働供給を行う一方で、女性が家庭の中で子どもに対する保育をほぼ一手に引き受ける性別役割分業が確立されてきた。他方、主に母親が就業して子どもを保育できない（「保育に欠ける」）ために保育サービスを必要とする子どもへの対応は、例外的・残余的なものとされてきた。しかし、本章でとりあげる、保育所の設置に代表される子育て支援政策は、女性労働力が拡大し、性別役割分業が衰退する中で、より普遍的な支援が必要な「新しい社会的リスク」(1)への対応として位置づけられる。政府が財政赤字に苦しむ中で医療や年金といった伝統的な社会的リスクに対応する社会保障制度では、サービスの抑制が大きな論点になっているのに対して、子育て支援を必要とするような新しい社会的リスクの対応については、後発の社会保障制度として、これまでの制度を変更しつついかにサービスを増やしていくかが重要な論点となる。

子育て支援を「新しい社会的リスク」という観点から捉えるならば、保育所の拡充だけではなく、関連するいくつかの分野での意思決定の影響を複合的に検討する必要がある。とりわけ重要なものとして、保育を主に担うとされてきた女性の労働供給や、出産・育児にともなう休暇をどのように設定するかという問題、男性と女性の間で子どもに対する保育をどのように分担するかという観点から男性の労働時間をどのように設定するかという問題、そして、保育にともなう費用をどのように負担するかという問題などが挙げられる(2)。しかし、このように複数の論点を同時に議論し変更を行うことは、関係者も多く非常に困難になる。

本章では、関連する政策分野についても可能な限り言及しながら、自公連立政権と民主党政権が子どもの保育という問題をどのように扱おうとしてきたかを明らかにする。まず、自公連立政権におけるる保育制度改革について説明したうえで、民主党政権における「新しい社会的リスク」を意識した包括的・普遍的な議論の提示とそれが後退していった過程について詳述する。最後に、再度の政権交代後の安倍政権の動きについて整理し、本章の含意をまとめることとする。

2 第一次自公政権期における子育て支援の位置づけ

（1）政策決定過程と政策転換

戦後日本では、男女の性別役割分業を固定化して、男性には企業での長時間労働を求める一方、子どもに対する保育の責任を主に母親に負わせる制度配置が維持されてきた。その背景には、自民党政権に特有の政策過程があったことが指摘されている(3)。政策を決定する際に有識者からなる審議会への諮問と答申が必要とされることが多いが、そのような審議会の場に性別役割分業の維持を志向する企業の代表者が入ることで、政策転換をすることが困難だというのである。審議会の機能は社会のさまざまな利益を多元的に包摂するところにあるとも指摘されるが(4)、子育て支援に関する女性の利益の組織化は弱く、それゆえ審議会において十分に表明されにくいのである(5)。労働者を代表して権利の向上を図るはずの労働組合も、基本的には男性の正規雇用労働者の利益を代表することが期待され、多くが非正規雇用である労働者としての女性を代表する機能は弱かった(6)。

そのような政策過程ではあるが、選挙は重要な意義を持っている。いかに経済界が反対していたとしても、政権が選挙で敗北するという強い危機感を抱くと、新たな支持を取り込むために政策の変更を図るからである。典型的な例として、もともと企業が強く反対していた育児休業制度の成立がある。一九七〇年代半ばの与野党伯仲期に、野党が提出した議員立法を自民党が引き取るかたちで、野党の支持基盤である教員や保育士、看護師のうち国公立の機関に勤めている女性の育児休業が認められた(7)。さらに現在のかたちで育児休業が認められたのは一九九一年の育児介護休業法の制定によるが、その背景には消費税導入による一九八九年の参議院選挙での自民党敗北があったと考えられる(8)。社会・公明・民社三党を中心とする育児休業法案の国会提出を受けて与野党が合意し、経済界の反発を超えて法案がまとめられたのである(9)。

一九九〇年代に入ると、この育児休業のほかにも、それまでとは異なるタイプの制度が作られている傾向が観察できる。エステベス＝アベは、それまで組織化された集団に対して現物給付を与えることが中心であった社会政策が、より普遍的・包括的なプログラムに変わっていることを指摘し、その原因として選挙制度の変更と連立政権の常態化を挙げる(10)。いわゆる中選挙区制（大選挙区・単記非移譲式投票）で行われていた従来の選挙制度では、政党執行部からの規律づけが弱い議員が、「族議員」として組織化された集団の利益を追求していた。それに対して、小選挙区制が導入されたことで政党執行部の規律が強まり、一票の較差の縮小とともに、政党執行部を中心として都市部の声に反応するよう迫られたこともあり、育児休業や介護保険の導入といったような普遍的・包括的なプログラムが志向されるようになったと考えられるのである。さらに、自民党が参議院で過半数を制することが困難になり、連立政権のパートナーを探す必要が生まれたことも大きい。一九九五年以降の社会党（社民党）、そして一九九九年以降の公明党は、いずれも野党時代から育児休業のような政策を提案しており、連立のパートナーになれば自民党に対して影響を与えることができるようになった(11)。このような中で、少子化対策の一環としてエンゼルプランが策定され、仕事と子育ての両立を可能とする雇用環境の整備と多様な保育サービスの充実が謳われた。さらに、保育所への予算を拡大することで、低年齢児（ゼロ歳児など）や延長保育にも柔軟に対応することが目指された。

（2）少子化対策と規制改革・地方分権改革——幼保一体化への志向

一九九〇年代後半以降、女性の就労が拡大して保育所が不足するために入所できない子どもを「待機児童」という概念で捉え、その数が公表されるようになったことで、保育所の不足が大きな社会問題として扱われるようになっていた。保育所が不足していると、女性が働きながら安心して子どもを産めず、それゆえ少子化を加速するとして、その拡充が目指された。とくに小泉純一郎政権では、就任直後の所信表明演説で、歴代首相としてははじめて保育政策について言及し、待機児童の解消を重要政策の一つとして取り上げた。小泉政権以降の保育サービスは、既存の制度を前提としながら少子化問題に対応するために保育所を拡充することを目指して、それまで政府によって行われてきた保育サービスの供給に民間事業者を組み込むこと、地方自治体のイニシアティブに委ねることが強調された。

保育サービスの規制緩和がまず議論されたのは、一九九八年に設置された規制緩和委員会であった。[12]規制緩和委員会の「規制改革についての第一次見解」では、認可保育所について、社会福祉法人以外の民間事業者の参入を求めるとともに、認可保育所と無認可保育所の公平な競争を強調している。それを受けて、二〇〇〇年には保育所の設置主体制限が撤廃され、学校法人やＮＰＯ法人、株式会社の参入が認められた。[13]その後も認可保育所の設置基準を緩和し、株式会社などの参入を促進しつつ、公立の保育所は民間事業者に委託するという方針が強調され[14]、公立保育所が減少して民間保育所が増加する傾向が続いた。

二〇〇〇年代のこうした規制緩和の本丸は、保育サービスの対象者を「保育に欠ける」子どもに限定するという要件を外して、自由契約制度の考え方を導入するところにあった。総合規制改革会議とそれに続く規制改革・民間開放推進会議では、有識者委員たちが「保育に欠ける」要件を見直すことを求め、それに対して厚生労働省の官僚が社会の変化に応じて柔軟に対応できているために要件を見直す必要がない、という答弁を繰り返す。第一次安倍政権では経済財政諮問会議で少子化対策が議論に載せられ[15]、二〇〇七年二月に「子どもと家族を応援する日本」重点戦略検討会議でまとめられた報告書では、まずワーク・ライフ・バランスの確立のための取り組みを強調したうえで、「すべての子ども」を対象とした普遍的なサービスの枠組みを構築することを求めている[16]。そして、その報告書に基づいて具体的な制度設計を検討した社会保障審議会少子化対策特別部会によって政権交代直前の二〇〇九年二月に「第一次報告」がとりまとめられ、「保育に欠ける」要件を見直して市町村が「必要性」を判断することとされた。

とはいえ、これらの検討によって自由契約制度が取り入れられたわけではない。従来通り保育サービスの価格は国によって定められることとなっており、総合規制改革会議などが求めた抜本的な改革とは異なるものとなっていた。保育需要への対応としては、自由化を進めることではなく、公費を増やすことに主眼がおかれ、たとえば福田・麻生政権では、子育て支援対策臨時特例交付金を用いた基金（安心こども基金）が設置されるなど、あくまでも政府（地方自治体）による機動的な保育所整備が強調されたのである。

もうひとつ、この時期に議論されたのが幼稚園と保育所を統合する幼保一体化である。(17) 少子化が進展する過疎地を中心に、幼稚園への需要が減少しており、経営に悩む幼稚園の側が保護者のニーズに反応して「預かり保育」のように保育時間を拡大させる動きがあった。そのため三歳以上の子どもについては、幼稚園と保育所との機能の重なりが広がっており、増大する保育需要の受け皿となることを期待された幼稚園と保育所の連携強化が強調されるようになった。とりわけ、総合規制改革会議が二〇〇三年に出した「規制改革推進のためのアクションプラン」では、構造改革特区を利用しながら幼保一体化を進めることが求められている。

規制改革と並行して行われた地方分権改革の観点からも、保育所の規制緩和や幼保一体化が重視された。その背景には、地方自治体が主体的に少子化対策を行うのに、国の規制が障害になるという見方が存在した。その見方に基づく解決策として、保育所への補助金（保育所運営費国庫負担金）を廃止して税源移譲による一般財源化が志向され、使途が決まっていない一般財源では十分な財源の確保が困難になるという反対を受けつつも、最終的には公立保育所への国庫負担金の一般財源化が二〇〇五年の「三位一体改革」によって実現した。このような一般財源化は、単に保育サービスにおける地方自治体の工夫が可能になるというだけではなく、厚生労働省と文部科学省がそれぞれに所管していた補助金の枠を、地方自治体レベルで融合させることで、保育所と幼稚園との統合を進める契機になると期待された。(18)

第一次自公政権で、連携が模索されていた保育所と幼稚園の関係に一定の決着を与えたのが、

表 4-1　認定こども園の数

	総計	公私別		類型別			
		公立	私立	幼保連携型	幼稚園型	保育所型	地方裁量型
2007	94	23	71	45	32	13	4
2008	229	55	174	104	76	35	14
2009	358	87	271	158	125	55	20
2010	532	122	410	241	180	86	25
2011	762	149	613	406	225	100	31
2012	909	181	728	486	272	121	30
2013	1099	218	881	595	316	155	33
2014	1360	252	1108	720	411	189	40
2015	2836	554	2282	1931	524	328	53

出典：櫻井慶一「『認定こども園』法の改正とその課題の一考察――保育所制度の今後のあり方との関連で」『生活科学研究』36号、2014年　内閣府子ども・子育て本部「認定こども園の数について」

二〇〇六年からはじまった認定こども園制度である。この制度では、施設の共用化や保育内容の整合性の確保、幼稚園教諭と保育士の合同研修や資格の併有といった両制度の連携の取り組みを踏まえて、二〇〇四年の「規制改革・民間開放推進三か年計画」で求められた「就学前の教育・保育を一体として捉えた一貫した総合施設」である認定こども園が設置されることになった。認定こども園は、就学前の子どもに対して、「保育に欠ける」という要件を設けずに教育・保育を提供する施設として設置されたが、実際は幼稚園と認可保育所で異なる施設運営の基準が、縦割りのまま適用されたもので、運営は困難なものであった[19]。結果として、導入はされたものの、認定こども園の数は低迷した（表4-1）。

規制改革と地方分権改革が進む中で、幼保一体化に焦点があてられることになったのにはいくつかの理由が考えられるが、最も重要な理由は財源の制約にあると考えられる。エスピン＝アンデルセンが指摘するように、選挙制度改革後に都市住民の支持が重視され、また公明党との連立が続くことで普遍的・包括的なプログラムが志向されると同時に、政権交代が生じうる小選挙区制のもとで政権の責任が明確になるために、増税による財源の確保が困難になる。[20] また、先に保険料を払い、あとでサービスを受けることになる介護の場合には社会保険のような形式での財源確保が不可能ではないが、保育の場合は子どもが成長するとサービスの必要がなくなるため、将来のリスクに対応する保険の枠組みで対応しにくい。結局、不足する税のみで必要な財源を確保し、公的な保育サービスを提供できないために、既存の幼稚園を利用して保育需要への対応が目指されたのである。とはいえ幼稚園は文部科学省の所管のもとで教育機関として設置されており、また保育所とは異なって自由契約制度を前提としているために、簡単には統合することができない。二〇〇六年に新設された認定こども園に見られるいびつな縦割りの残存は、その統合の困難さを物語るものだったのである。

3　民主党政権による改革

(1) 子ども手当——包括的な改革志向

二〇〇九年八月の総選挙で大勝した民主党の「目玉」となる政策は、保護者の所得にかかわらず子ども一人に月額二・六万円（年額三一・二万円）を支給するという子ども手当であった。全額支給すれば年額で五・五兆円もの財源が必要になるために、その財源確保は急務となる。民主党のマニフェストでは、財源を捻出するための方策として、既存の所得制限がある児童手当のほかに、扶養控除・配

図 4-1　年収別の子ども手当・児童手当の受給額と扶養控除による減税額のイメージ

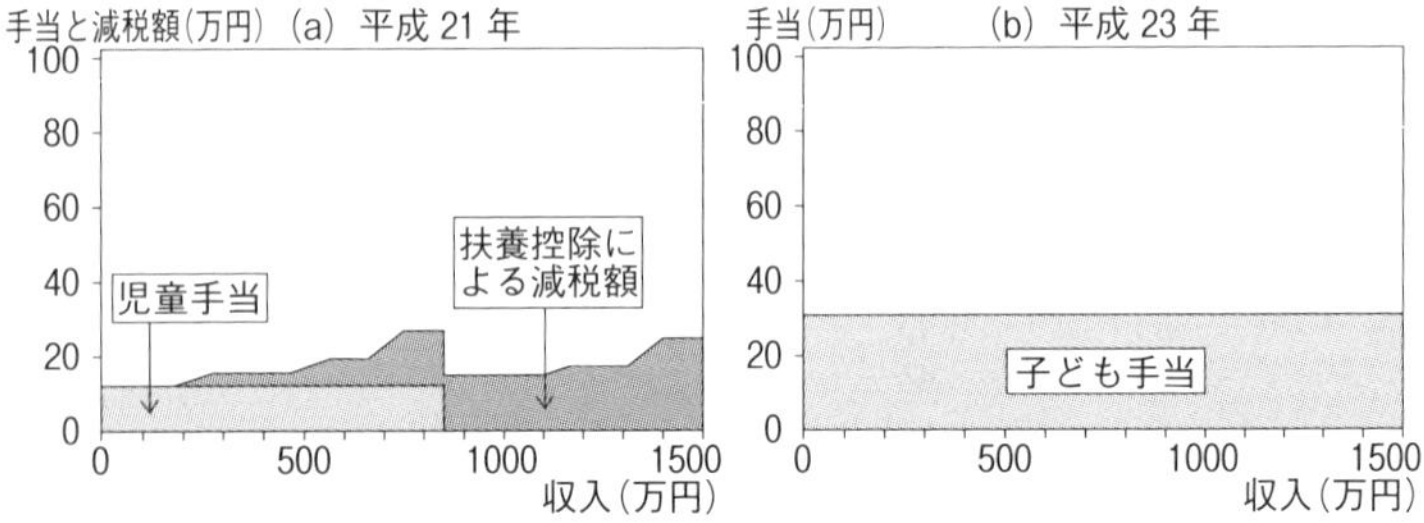

注１：被用者の片働き世帯で、子どもは３歳以上小学生以下とする。
注２：扶養控除による減税額は、所得税のみを考慮し、個人住民税は考慮していない。
出典：野辺英俊「子育て世帯に対する手当と税制上の措置――諸外国との比較」『調査と情報』704号，2011年

偶者控除などの所得控除を見直すことを提案していた。萩原久美子は、このような「子ども手当」の特徴について、（1）所得制限をともなわないことによる普遍主義、（2）高所得者に有利な控除から子どもに応じた一律の手当に変えることによる累進性の強化、（3）単独の政策ではなく個人に直接現金を給付する経済的支援パッケージの柱として位置づけたこと、を挙げ、大胆な政策転換を求める社会構想という側面を持っていたことを指摘している。[21] 従来のように保育サービスの受益者を「保育に欠ける」場合に限って例外的・残余的な存在とせず、すべての子どもに応じた普遍的な現金給付を政策の中心に据えるのは、「新しい社会的リスク」への対応と考えることができる。[22] 実際に実現した扶養控除の廃止と児童手当の改変のイメージ（図４-１）を見ると、そのような社会構想の一端がうかがえるだろう。

　ところが、民主党政権による政策転換はあえなく挫折した。その理由は、まず財源の確保に失敗したことがある。いわゆる「事業仕分け」によって捻出できた財源は期待からは程遠く、しかも既存の児童手当を廃止するにあたって、地方自治

体と企業（雇用保険）の拠出金の扱いをめぐって政権内部で対立さえ生じた。[23] つぎに、配偶者控除を廃止することで女性の労働を促すという発想は党内で共有されておらず、むしろ控除の廃止により国民負担の増大となることが懸念された。大量の新人議員を抱えることで「専業主婦を正当に評価すべきだと考える人が党内で増え、考え方が自民党に近づいてきた」（岡田克也）という証言も、党内での議論の不足を示すものである。[24] さらに、幼保一体化については、文部科学省と厚生労働省の担当部局を統合して、「子ども家庭省」を創設することも謳われていたが、その反発はきわめて大きかった。[25] しかも政権発足当初少子化担当相でもあった社民党の福島瑞穂が本来の分担ではない沖縄問題に集中した挙句、民主党との対立を深めて辞任するような状況であったため、省庁再編のような大事業は不可能というほかなかった。

控除の廃止と子ども手当の給付、そして幼稚園・保育所のサービス一元化という複合的な政策のセットに見られるように、民主党政権は、従来の自民党政権のように、審議会などで関係者の合意を形成して意思決定につなげるという方法をとらず、政治レベルでの意思をテコとして大きな政策転換を行おうとしたと評価できる。しかし、地方自治体や企業の負担をどう考えるかという問題や、幼稚園と保育所によるサービス提供の違いという問題について、それを解決する具体的な方法を持っていたわけではなく、これらの点では明らかに準備不足であった。それに加えて、党内・連立パートナーとの合意も不十分であり、国民に負担を求める決定を行うのは容易ではなかった。配偶者控除の廃止による負担増も難しい中では、保育サービスを賄うのに十分な現金給付を行うことはできない。子ども手当という現金給付の導入をテコにした負担と給付についての抜本的な政策転換が困難となった民主党政権は、より漸進的な保育サービス現物給付の改革に傾斜して、サービスの一元化を進める保育所と幼稚園の一体化を目指すようになっていく。

（2）子ども子育て新システム

もともと民主党政権では、保育サービスの拡充策が手薄であった[26]。先述のように、「新しい社会的リスク」という観点から普遍主義に基づいて現金給付を行うことをベースとすれば、あとは利用者の選択の問題であり、文部科学省と厚生労働省を再編して就学前の教育と保育サービスを統合すれば解決に向かうという発想につながるのである。しかし、子ども手当を軸とした抜本的な政策転換が困難になる中で、現物給付に力点を置いた政策を求める声が強まり、政権交代後の新たな少子化社会対策大綱を策定するために二〇〇九年一〇月に始まった「ビジョン検討ワーキングチーム」では、現物給付策を多く盛り込むことが検討された[27]。二〇一〇年一月に策定された「子ども・子育てビジョン」では、「少子化対策」という名称を「子ども子育て支援」と変更して、民主党が掲げる「チルドレン・ファースト」を強調したものとなっている。さらにこの文書では、待機児童解消のためには、「既存の社会資源を最大限に有効活用することなど」によってサービスを拡充し、子どもに対して公平なサービスを与えられるように「幼児教育、保育の総合的な提供（幼保一体化）を含めて」改革を進めることとされた[28]。

「幼保一体化を含む新たな次世代育成支援のための包括的・一元的なシステムの構築について検討を行うため[29]」に設けられた「子ども・子育て新システム検討会議」は、福島瑞穂少子化担当大臣と仙谷由人国家戦略・行政刷新担当大臣を共同議長として、財務・総務・文科・厚労・経産の各大臣と政務の官房副長官をメンバーとした。その下に、内閣府大臣政務官を主査として上記五省の大臣政務官をメンバーとした「作業グループ」が設置され、それを補佐する官僚は、内閣府政策統括官をトップとして文部科学省幼児教育課長や厚生労働省保育課長が加わる二〇名程度の事務局体制となった。[30]このような体制のもと、四月には「子ども・子育て新システムの基本的方向」、六月には「子ども・子育て新システムの基本制度案要綱」が決定された。

この基本制度案要綱の枠組みの特徴は、（1）実施主体は市町村、（2）国は関連する財源を一元化して市町村に包括的に交付、（3）すべての子どもを対象とした基礎給付と家庭のニーズに応じた（仕事と子育ての）両立支援・保育・幼児教育のための給付の二階建てにする、というものである。実施主体が市町村になるということは、基本的に都道府県知事の管轄のもとにあった幼稚園が市町村と新たに関係を持つということになるし、財源の一元化にあたってはそれまでの健康保険や雇用保険を通じた企業負担をどのように扱うかが問題になる。そして何より強調されていたのが（3）である。すべての子どもを対象とした基礎給付とは、現金給付である子ども手当を軸に、現物給付として地域における未就園児の一時預かりなどの保育サービスの提供を意味する。現金給付で保護者の選択肢を広げることに加えて、一時預かりによる子育て期の孤立や不安感の解消を重視しているのである。他方、両立支援・保育・幼児教育のための給付は産前・産後・育児休業中の現金給付の一本化と、幼稚園・保育所、認定こども園などをまとめた「こども園（仮称）」を通じた「幼保一体給付」からなっている。こちらも現金給付で保護者の選択肢を拡げつつ、どの施設でも基本的に同じような保育サービスを提供することをねらったのである。そのために、「こども園（仮称）」については、従来別々に設定された幼稚園教育要領・保育所保育指針を統合し、資格の共通化なども進めることとされた。

「幼保一体給付」を誰が受けることができるのかについての考え方は、基本的に第一次自公政権末期に出された社会保障審議会少子化対策特別部会の「第一次報告」を踏襲していると評価される。[31]「保育に欠ける」という要件を外したうえで、すべての子どもに対する保育サービスを提供するということに主眼が置かれているからである。しかし大きく異なるところもあった。それは、幼稚園・認定こども園についても同様の保育サービスを提供する主体として一元的に同じ制度の中に包含するということである。これは、自由契約制度によって運営されている幼稚園からみれば、公的な関与が増大することを意味している。なぜなら、幼稚園に対しては、一定の就学補助金が付与されているものの、教育サービスの価格づけについてはそれぞれの運営主体に委ねられているのに対して、「第一次報告」を踏襲する基本制度案要綱では、幼稚園・認定こども園についても「価格制度を一本化」して、その価格は「公定価格を基本」としたものにするとされているからである。[32]さらに、基本制度案要綱では、このようなサービスを提供する「こども園（仮称）」には、認可外の保育所や株式会社・NPOの参入も可能にしていて、この点は従来幼稚園を「学校」としてこれら民間事業主体の参入を否定していた文部科学省にとって受け入れがたいものだった。

この案は、七月に参院選を控えた菅直人首相によって突然に焦点化される。菅首相は参院選前のテレビ番組で、「『幼保一体化』をこの一年ぐらいで実現したい」と突然宣言し、[33]選挙で敗れた後にも強い関心を見せた。参院選後、郵便不正事件で逮捕・起訴されたのちに無罪が確定して復職して注目された村木厚子内閣府政策統括官（共生社会政策担当）を首相肝いりの「待機児童ゼロ特命チーム」の事務局長に指名して、都市部での保育所設置基準の緩和などのサービス拡充案について検討させるとともに、二〇一〇年九月から「基本制度」「幼保一体化」「こども指針」ワーキングチームを設置して基本制度案要綱の検討を深めることとした。そして、「中間とりまとめ」（二〇一一年七月二七日）を経て、「子ども・子育て新システムに関する基本制度」（二〇一二年三月二日）がとりまとめられていく。

この過程で、普遍的な現金給付に軸足を置いた民主党の社会構想は大幅に弱められた。育児休業給付や出産手当金、出産育児一時金など健康保険・雇用保険に関係する財源を含めて一元化することはできず、二〇一二年度以降子ども手当に所得制限が導入されてその普遍主義的な性格が弱まったために、「二階建て」を強調することもなくなった。その背景には、財源をめぐる関係者の抵抗もさることながら、政権として現金給付より現物給付の重視へと傾斜していったことが挙げられる。菅首相自身、二〇一〇年一〇月の所信表明演説において、子ども手当に関しては「現金給付と保育所整備などの現物支給とのバランスをとって拡充する」と述べているし、特命チームの事務局長として任用された村木は、逮捕前に厚生労働省の雇用均等・児童家庭局長として、総合規制改革会議や地方分権改革推進委員会による自由化の主張に対抗して現物給付の拡大を訴えていたこともある。

子ども手当を軸とした普遍的な現金給付が後景に退いていく中で、基本制度のとりまとめでは保育所に関する厚生労働省と幼稚園に関する文部科学省の財源を一元化するなど、依然として幼保一体化への努力は続けられていた。その成果が学校教育・保育及び家庭における養育支援を一体的に提供する「総合こども園」の設立に向けた提案であり、その設置主体として認可外保育所や株式会社やNPOなどの新規参入も認められた。給付の一元化（「こども園給付」の創設）によって保育所は原則的に「総合こども園」に移行し[34]、幼稚園についても移行を促進することとされたのである。しかし、幼稚園側からは、入園申請のあった子どもを入園させることを義務として課されることや預かり保育への負担からの反発があり、保育所側からは幼稚園の施設基準が緩くて保育の質が低下するという反発があるなど、完全な幼保一体化には抵抗が大きかった[35]。最終的なとりまとめでは、「すべての子ども」に対して保育・幼児教育の必要性を認めるという形式ではなく、「保育の必要性の認定を受ける子ども」（基本的に保育所）と「保育の必要性の認定を受けない子ども」（基本的に幼稚園）で契約の手続きや選考基準を分けるということが認められた。

（3）社会保障・税一体改革との接続

幼保一体化を中心とした新しい制度設計の議論が進む一方で、大きな問題になったのが財源である。財政危機のさなか社会保障政策は軒並み歳出の抑制が企図されていたが、子育て支援は歳出の拡大が許容される数少ない政策として特殊な位置を占めるようになった。実際、厳しい歳出抑制を謳った「骨太方針2006」の直後に誕生した安倍首相の所信表明演説でも「社会保障や少子化などに伴う負担増」のために安定財源を確保することが重要であると述べられている[36]。さらに、福田政権で設置された社会保障国民会議では、社会保障の「機能強化」と消費税増税による財源確保が打ち出される[37]。この「機能強化」の中で、それまでの年金・医療・介護に加えて少子化が加えられることになったのである[38]。

二〇〇九年の民主党政権発足後、マニフェストには消費税増税が書かれていないとして、増税は強く否定された。民主党政権は、無駄な歳出の削減で財源を捻出しようとしたが、結局のところ捻出できた財源は少なく、「子ども手当」も公約の半額にとどまった。二〇一〇年度の予算編成は「小沢裁定」によって切り抜けたものの、それ以降民主党政権の公約を実現するためには恒久財源が足りないというプレッシャーの中、二〇一〇年一月から財務大臣を務めていた菅直人が消費税増税路線に転じる[39]。菅は、二〇一〇年六月の鳩山首相退陣後に首相に就任し、その直後、参議院通常選挙を前に責任政党を名乗ってあえて増税を打ち出した自民党の公約に抱きつくかたちで消費税一〇パーセントを突如主張する。しかし、この唐突さもあって参議院通常選挙では民主党は苦戦を強いられ、結局参議院での過半数確保に失敗した。

参議院通常選挙での敗北後、九月の民主党代表選挙で小沢を破ったものの、「ねじれ国会」で政権運営に苦しむ菅は、二〇一一年一月の内閣改造で、自民党からたちあがれ日本に移っていた与謝野馨を経済財政担当大臣に充てて、社会保障・税一体改革を委ねる。社会保障の「機能強化」を打ち出し、菅内閣の少子化対策担当大臣も兼務した与謝野は、東日本大震災による混乱を経ながらも、六月三〇日に社会保障・税運営一体改革成案をまとめる。この成案を作成する過程では、財政規律を重んじて「機能強化」を年金・医療・介護の高齢者三経費にとどめるべきとする財務省に対して、厚労省は現役世代を含めた医療と少子化対策にも消費税を充てるべきと主張し、結局厚労省の主張が取り入れられた[40]。少子化対策の「機能強化」として保育サービスの拡充など「子ども・子育て新システム」に対して七〇〇〇億円を配分することが定められ、それが七月二七日の子ども・子育て新システム検討会議「中間とりまとめ」に反映されることになった。

消費税増税による財源の目処がついたものの、「子ども・子育て新システムに関する基本制度」に基づいた子ども・子育て関連三法が社会保障・税一体改革の一環として国会で審議されることになったため、一体改革に関する三党合意によって当初提出案は大幅に修正されることになった。論点となったのは法案の中核である「総合こども園」の設置と新規参入の資格、そして契約の方式であった[41]。いずれも民主党政権のセールスポイントというべき論点であったが、自民党・公明党との協議によって、「総合こども園」の設置は見送られて認定こども園の拡充となり、認定こども園には認可が必要として株式会社やNPOの参入は見送られた。保育サービス給付の方法についても、認可外保育施設も含めた一元的な現物給付として構成される「こども園給付」は修正され、認可外施設を除いて既存の認定こども園・幼稚園・保育所を対象とした「施設型給付」が創設されることになったのである[42]。結局、第一次自公政権以来の制度改革の延長に加えて、ごく限定的な幼稚園と保育所の統合が民主党政権の成果として強調されたと評価できるだろう。

(4) 民主党政権における連続と断絶

民主党のマニフェストは、配偶者控除・扶養控除のような所得控除を廃止して普遍主義的な子ども手当を配ることを前提に、保育サービスへの参入の自由度を高めて供給を増やすことを主張するもので、普通の人々が子育て支援を必要とする「新しい社会的リスク」を意識した転換と評価できる部分があった。しかし、このような転換を求める発想は、個人主義の強化、そして小泉政権・安倍政権（第一次）を通じて総合規制改革会議などが改革を求め、批判の対象となった「新自由主義的」発想に近いものでもある[43]。民主党の中でもそのような社会構想が完全に共有されていたとはいえないし、また、具体的にそれを実現するための準備も十分であるとはいえなかった。

民主党政権の目標が、「新しい社会的リスク」に対応した普遍主義を強調する社会構想の転換から、保育サービス現物給付の改革を中心とした現実的で漸進的な政策変化へと移っていく中で、具体的な達成を見たのは二点である。まずは「保育に欠ける」要件の見直しに見られるような保育所の契約方式の漸進的な変更であり、これまで保育サービスを利用しにくかった人たちへのサービスの拡充である。ただし、この変更を実現するために、民主党への政権交代が必要であったかどうかは疑わしい。二〇〇九年の社会保障審議会少子化対策特別部会の第一次報告ですでに同様の構想は表明されており、一九九七年の児童福祉法改正で部分的な自由契約制度の導入を意図して挫折した厚生労働省が、同じ方向で漸進的な改革を行う路線の上にこれを位置づけたものと見ることができる。何より、この第一次報告をまとめた事務局のトップは、当時雇用均等・児童家庭局長であった村木自身であった。民主党が関わったことの意義として重要なのは、サービス拡充のための財源確保である。自公連立政権においても社会保障の「機能強化」としての少子化対策の財源に消費税の増税が謳われたが、小選挙区での競争に直面する政権が積極的にその責任を単独で負うとは考えにくい[44]。自公連立政権での議論を民主党が継承する過程があったからこそ、サービス拡充への取り組みを進めることができたといえるかもしれない。

もうひとつ民主党政権期の制度改革で中核的な位置を占めるのが保育所と幼稚園との統合である。前述の社会保障審議会少子化対策特別部会の報告では、幼稚園についてはほとんど言及されておらず、民主党が政権をとって幼保一体化を強調したからこそ、保育所・幼稚園に共通する指針の設定などを含めて、幼稚園の保育サービスへの統合が行われるようになったと言える。幼稚園と保育所で契約のやり方をそろえ、現物給付として一本化するという提案は、それまでに出てこなかった民主党のオリジナルなものであると評価できるし、「総合こども園」という教育に携わる機関に株式会社・NPOの参入が認められるようになるという論点は、文部科学省にとって大きな脅威であったと思われる。当初提案されていた契約のあり方や保育サービス給付の方法では妥協を余儀なくされていたし、幼稚園を総合こども園へと移行させていこうという提案や多様な経営主体の参入を認めるという提案は最終的に修正されることにはなったが、(45) 幼稚園が担う教育と保育所の保育という二つのサービスが同じような枠組みの中で扱われるようになったのは、民主党政権が出現したことによる大きな変化であると考えられる。

4　第二次・第三次安倍政権

二〇一二年一二月の衆議院総選挙によって、民主党は野党に転落し、第二次安倍政権が発足した。安倍政権では、民主党政権期の「子ども・子育て新システム」から「子ども・子育て支援新制度」と制度の呼び名は変わったが、社会保障・税一体改革の三党合意に基づいて、二〇一五年四月に発足する子ども・子育て新制度実施の準備が進められた。子ども・子育て支援法のもと、二〇一三年五月からはじまった子ども・子育て会議では、まず教育・保育を通じた基本指針の設定、そして保育の必要性の認定の基準、さらに施設型給付として保育サービスを提供する際の公定価格と利用者負担の設定が行われた。

このうち、公定価格の設定は非常に重要な意味を持つ。なぜなら、高い公定価格をつけることができれば、自由契約制度のもとでの幼児教育の供給から新制度に移行して施設型給付の枠組みでサービスを供給する私立幼稚園が増えることが見込まれるからである。[46] さらに、認定こども園に特に高い公定価格をつければ、幼稚園が認定こども園に移行することを促し、保育サービスの量的拡大に資する。政府は当初そのように認定こども園向けの価格を高めに設定しようとしたが、保育所などの業界団体が「公平な価格設定」を働きかけたために、そのような設定にはされなかったという。[47] 結果として、新制度が発足する直前の二〇一五年三月末時点で八一二四あった私立幼稚園・認定こども園（幼保連携型・幼稚園型）のうち、新制度に移行した幼稚園は、一八八四（二三・二パーセント）で、そのうち幼稚園のまま移行した園は五六〇（六・九パーセント）[48]、認定こども園として移行したのが一六二四（一六・三パーセント）であり、新たに認定こども園となった幼稚園は六三九（七・九パーセント）にとどまっている。[49] 四分の三以上の幼稚園が新制度に移行しないままとなっており、民主党政権が掲げた幼保一体化という目標からみれば、十分なものとはいえないだろう。

今後、公定価格が引き上げられて、多くの幼稚園が新制度に移行するかは不透明な状況である。なぜなら、民主党・自民党・公明党の三党合意による消費税増税のうち、八パーセントから一〇パーセントへの増税が延期され、さらにその増税時には公明党の強い要望による軽減税率の導入が盛り込まれているからである。しかも二〇一六年五月には安倍首相によって増税のさらなる延期が打ち出された。「機能強化」として割り当てられた財源は七〇〇〇億円程度であったが、新制度発足時点で確保された財源は五一二七億円にとどまる。子ども・子育て会議での説明によれば、七〇〇〇億とは幼稚園の移行による「量の拡充」を踏まえた所要額として整理されたものであるというが、今後十分な財源が確保される見込みもなければ、幼稚園の移行を促すこと自体困難になるだろう。

もうひとつ移行が進まない原因として、第二次安倍政権になって強調されるようになった幼児教育無償化があると考えられる。小泉内閣期の「骨太方針2006」以来、自公連立政権では財源確保方策とあわせた幼児教育の無償化の検討が閣議決定されていたが、二〇一二年総選挙後の自民党・公明党連立合意の中に「幼児教育無償化を財源確保しつつ進める」ことが明記される。安倍政権では、下村博文文部科学大臣が「教育再生」の一環として主導し、二〇一三年三月末に関係閣僚・与党実務者連絡会議が設置され、六月には二人以上の子どもがいて、うち一人以上を幼稚園に通わせる世帯を対象に、幼稚園保育料を第二子は半額、第三子は無償とする案がまとめられた。この案は五歳児を対象として無償化を実現していくことを視野に入れたものであり、多子世帯への援助は、その段階的な第一歩であると位置づけられている。仮にそのような無償化が進めば、新制度に移行することに不安を覚える幼稚園は、従来と同じ自由な価格設定で運営し続けることを好むと予想される。

このように、幼保一体化が強調された民主党政権とは異なって、第二次・第三次安倍政権が幼稚園の新制度への移行に積極的であるとは言いがたい。しかし他方で、人口減少という課題に直面する安倍政権では、首相本人の「真の意図」はともかく、女性の活躍・労働力化が重要な政策の柱となっている。[50] 民主党が公約しつつも見直しに二の足を踏んだ配偶者控除の見直しについて、政府税調では二〇一五年に見直しに向けた論点整理を出しているし、国民年金の第三号被保険者制度の廃止も議論の俎上に上がっている。[51] そのような中で、保育サービスの拡充は依然として求められ、希望する保育所への入所が叶わない人々からは強い批判を受けている。[52] そこで、民主党と同様に幼稚園と保育所を統合するかたちで量的な拡充を目指すのか、あるいはそれらを分けたままに保育所の拡充を目指すのかが再び問われることになる。

5　おわりに

高度経済成長期までに確立した性別役割分業は、女性の社会進出という環境変化によって変更を迫られ、第一次自公政権でも漸進的な修正が図られてきた。ただし、女性の働き方や家族のあり方の変化によって普遍的な支援の必要が生まれる「新しい社会的リスク」への対応という観点から修正が行われたわけではなく、厳しい財源の制約の中で漸進的に保育所に絞ってサービスを量的に拡充する手法がとられてきた。保育所と同様に就学前の子どもに対して教育を提供する幼稚園との統合も問題になってはいたが、「認定こども園」制度の設立によって、基本的なすみ分けは維持されてきた。

二〇〇九年に成立した民主党政権は、まず子どもに対する普遍的な給付を強調するかたちでそれまでの政策を変更することを試みた。しかし「新しい社会的リスク」を意識したような社会構想は必ずしも党内で一致を見たものではなく、また財源の制約もきわめて大きかったために、路線変更を余儀なくされた。基本的には自公連立政権の手法を踏襲しつつも、民主党政権として強調されたのが、幼稚園と保育所の一体的な運用であり、幼稚園の資源を活かしながら保育サービスを拡充することが志向された。関係者の反対や財源の制約に直面しながら法案がまとめられたが、最終的に財源の問題と結びつけられる中で改革は小幅なものとなった。

民主党政権を経た第二次自公政権以降には二つの方向性が混在しているように思われる。一つは女性の活躍という、より包括的・普遍的な目的を追求する志向であり、配偶者控除など従来の自民党政権が堅持してきた性別役割分業を支える制度すら見直しの対象となっている[53]。本章では詳細に論じられなかったが、政権が進める「働き方改革」も男性の長時間労働を見直して性別役割分業を是正する性格を持っているといえるだろう。他方、保育所と幼稚園の統合については、民主党政権とは異なって、両者を別のものとして扱う姿勢も見られる。幼児教育無償化のような政策は、保育サービスの拡充と幼児教育を別に扱い、予算の獲得競争を煽るような性格も持っている。

このように見れば、第一次自公政権から民主党政権を経て第二次自公政権に至る過程で、保育サービスを他の政策分野と統合して包括的・普遍的に考えるべきか、それともそれぞれの政策分野を個々に考えるべきかについての立場の違いがあったことが析出できる。民主党政権は「新しい社会的リスク」に対応する志向を持っていたと考えられるが、必ずしも党派で一致した見解というわけではない。むしろ、小泉政権の総合規制改革会議などで強調された経緯があって、実は民主党政権として扱いにくい志向だったとも言えるだろう。そのような扱いにくさは、現在の安倍政権も継承している。他方、政策の方向性をめぐる立場の違いはありつつも、実際の決定はつねに漸進的なものであった。その背景には、主に増税の困難による財源の不足があり、また幼稚園を含む他の政策分野との競合がある。幼保一体化に強い意思を示していた民主党が合意に参加したからこそ社会保障・税一体改革という決定に結実したと考えると、今後、そのような強いスポンサー抜きでの子育て支援の拡充には、きわめて大きな困難があるといえるだろう。

注

（1）Giuliano Bonoli, "The Politics of the New Social Policies: Providing Coverage against New Social Risks in Mature Welfare States," *Policy & Politics*, vol. 33, no. 3 (2005), pp. 431-449, 稗田健志「政党競争空間の変容と福祉再編――先進工業18カ国における子育て支援施策の比較分析」『日本比較政治学会年報』第一五号、一〇七―一三三頁など。

（2）横山文野『戦後日本の女性政策』（勁草書房、二〇〇二年）、堀江孝司『現代政治と女性政策』（勁草書房、二〇〇五年）など。

（3）Patricia Boling, *The Politics of Work-Family Policies:Comparing Japan, France, Germany and the United States* (Cambridge University Press, 2015). 横山、前掲書も参照。

（4）Frank J. Schwartz, *Advice and Consent: The Politics of Consultation in Japan* (Cambridge University Press, 2001).

（5）関連する問題を議論する労働政策審議会や婦人少年問題審議会は、基本的に公益（学者・ジャーナリストなど）、労働者、使用者の代表を委員としていた。

(6) Priscilla A. Lambert, "The Political Economy of Postwar Family Policy in Japan: Economic Imperatives and Electoral Incentives," *Journal of Japanese Studies*, vol. 33, no.1 (2007), pp. 1-28.

(7) この旧育児休業法では、これらの職についている女性が結婚・出産により退職してその後復職しないことが大きな社会的損失として問題視されていた。なお、同種の民間機関については努力義務とされている。これらの記述は横山、前掲書、Lambert, *op.cit.* による。

(8) 堀江、前掲書によれば、一九九〇年の合計特殊出生率が、いわゆる「ひのえうま」の年（一九六六年）の数値を下回った「一・五七ショック」のために、反対する経済界も含めて広く社会に少子化への危機感がもたらされたことが重要であったとされる。

(9) 詳細については横山、前掲書、堀江、前掲書に詳しい。経済団体の反対としては、たとえば日経連による「育児休業問題に関する見解」などがある。この中では、育児休業はあくまでも個別企業内での労使問題だと位置づけられていた。

(10) Margarita Estevez-Abe, *Welfare and Capitalism in Postwar Japan: Party, Bureaucracy, and Business* (Cambridge University Press, 2008).

(11) 文部大臣・厚生大臣・労働大臣・建設大臣の合意によって策定された「今後の子育て支援のための施策の基本的方向について」という方針である。具体的な数値目標はその後の「緊急保育対策等五カ年事業」で定められた。

(12) 規制緩和委員会は、一九九五年に行政改革委員会のもとに設置された規制緩和小委員会を引き継いだものである。なお行政改革委員会「最終意見」（一九九七年一二月）には保育についての記述は見られない。また、一九九三年に厚生事務次官の諮問機関として設置された「保育問題検討会」では、年収約五〇〇万以上であれば保育所との自由契約を行わせるという制度改革が提案されたが、実現可能性が低く、政権からも関係団体からも支持を得ることができなかったために導入が見送られたという。稗田健志「政策ネットワークと社会福祉改革――介護保険法と改正児童福祉法の比較立法過程研究」『大原社会問題研究所雑誌』五五五号、二〇〇五年、三六－五一頁参照。

(13)　この改革は、児童福祉法単独の改正ではなく一九九七年からの「社会福祉基礎構造改革」の一環として行われた。この規制改革は一部の児童福祉関係者から反対があったものの比較的立法化がスムーズに進んだ。矢野聡『保健医療福祉政策の変容――官僚と新政策集団をめぐる攻防』（ミネルヴァ書房、二〇〇九年）は、社会福祉従事者の団体、それをサポートする労働組合などの危機意識が弱く、また、審議会において改革に反対する側が有効な反論をできていなかったと指摘している。

(14)　鈴木尚子「保育分野の規制緩和と改革の行方」『レファレンス』五四巻四号、二〇〇四年、五一－二七頁。

(15)　安倍政権への政権交代によって、総合規制改革会議等で「保育に欠ける」要件の見直しを訴えていた八代尚宏が経済財政諮問会議に議員として参加することになった。

(16)　Boling, *op.cit.* によると、厚生労働省の官僚に対するインタビューでは、少子化対策の何よりの重点はワーク・ライフ・バランスの確保にあるという答えであったという。

(17)　幼稚園と保育所の統合については、自民党時代に「幼保一元化」という表現が、民主党時代に「幼保一体化」という表現が使われる傾向がある。一元化には、一体化よりも既存の制度を前提にしないという含意があるとされることもあるが、本章では「幼保一体化」で統一した。なお、具体的なサービスや財源を統合することについては「一元化」という表現を用いている。

(18)　それまで保育所に使われていた財源が、具体的にどのように幼稚園に使われることになったかについては、まさに「一般財源」となっているために具体的には明らかにならない。

(19) このような縦割りが継続した理由として、保育所の設置者が民間主体に開かれていたのに対して、教育機関である幼稚園ではNPO法人や株式会社による設置が認められておらず、文部科学省がそれに強硬に反対したことや、厚生労働省・文部科学省ともに保育士と幼稚園教諭の資格の一体化を認めなかったことがあるとされる。南雲文「わが国における就学前教育・保育のあり方についての一考察――幼保一元化へのアプローチを中心に」『都市問題』一〇一巻六号、二〇一〇年、九九－一一一頁を参照。

(20) Estevez-Abe, *op.cit.*

(21) 萩原久美子「子ども手当――チルドレン・ファーストの蹉跌」日本再建イニシアティブ『民主党政権 失敗の検証――日本政治は何を活かすか』（中公新書、二〇一三年）。三浦まり・宮本太郎「民主党政権下における雇用・福祉レジーム転換の模索」伊藤光利・宮本太郎編『民主党政権の挑戦と挫折――その経験から何を学ぶか』（日本経済評論社、二〇一四年）、五三－八九頁では「レジーム転換」という表現が用いられている。

(22) ただし、このような社会構想が少子化対策に資するかどうかは別問題であることは留意されるべきだろう。Boling, *op.cit.* によれば、いわゆる二分二乗方式などを用いて家族単位での納税を認めることを通じて婚姻を優遇し、子どもを増やすことを狙う国もある。

(23) 萩原、前掲論文。

(24) 萩原、前掲論文、一七三頁。

(25) 当時内閣府大臣政務官であった泉健太氏へのインタビューによる。

(26) 萩原、前掲論文、三浦・宮本、前掲論文。

(27) 泉健太「新システム検討会議の議論」『市民政策』六八号、二〇一〇年、一〇－二〇頁。

(28)「子ども・子育てビジョン――子どもの笑顔があふれる社会のために」。
(29) 少子化社会対策会議決定「『子ども・子育て新システム検討会議』について」(二〇一〇年一月二九日)。
(30) 泉、前掲論文。なお内閣府大臣政務官が事務局長で、官僚トップは事務局長代理である。
(31) 山口秀樹「子ども・子育て支援をめぐる課題――子ども・子育て新システムと子ども手当を中心として」『立法と調査』三二二号、二〇一一年、八二―一〇〇頁、萩原、前掲論文。
(32) 引用は、「子ども・子育て新システム基本制度案要綱」による。ただし、保育所・幼稚園・認定こども園を「こども園」として統合するといいつつも、ワーキングチームの議論が始まった段階から「幼稚園団体の強い要求で現行の幼稚園制度は存続する方向」という見通しが示されている。泉、前掲論文を参照。
(33)『朝日新聞』二〇一〇年一二月一三日。
(34) 乳児向けの保育所は除くこととされた。
(35) 東弘子「幼保一体化をめぐる議論」『調査と情報』七四五号、二〇一二年、一―一二頁。
(36) 安倍政権において経済財政担当大臣を務めた大田弘子は、この点について、小泉政権では社会保障費の枠内で少子化対策を行うとしてきたものを、二つを別立てにしたことによって財政の緩みを誘発しかねない問題であったと指摘している。大田弘子『改革逆走』(日本経済新聞出版社、二〇一〇年)を参照。
(37) この間の経緯については清水真人『消費税――政と官との「十年戦争」』(新潮社、二〇一三年)が詳しい。清水によれば、麻生政権で設置された安心社会実現会議は、与謝野大臣が将来の民主党との大連立を睨みつつ、「機能強化」の幅をさらに広げようとしたという。

(38) この間の経緯については、本書第5章を参照。
(39) 清水、前掲書によれば、菅直人の増税路線への転換は、二月にカナダのイカルイットで行われた財務相・中央銀総裁会議など国際会議での国家財政破綻のリスクを重視する国際世論の影響が大きいという。
(40) 清水、前掲書、二〇〇頁の記述による。
(41) 東弘子「新しい子育て支援制度の検討状況——就学前施設を中心に」『調査と情報』七八八号、二〇一三年、一–一〇頁。
(42) 櫻井慶一「『認定こども園』法の改正とその課題の一考察——保育所制度の今後のあり方との関連で」『生活科学研究』三六号、二〇一四年、三–一六頁によれば、具体的修正は、公明党の「今後の幼児教育・保育制度のあり方について(基本的考え方)」を軸に行われた形跡があるという。たしかにこの文書では、認定こども園制度を高く評価するとともに、設置主体への認可の必要が述べられているが、他方で認定こども園への株式会社やNPOなど多様な主体の参入にも触れられているので、この文書がそのまま成案につながったというわけではない。
(43) 三浦・宮本、前掲論文では、自公政権のもとで「保育の市場化」が模索されていたのに対して民主党はこの論点について反応を示していないと指摘し、厚労省の保育制度改革が民主党の政策に滑り込んだと主張する。しかし、本章で見てきた通り、民主党が普遍主義的な現金給付を強調するのであれば、サービス供給主体を公的な認可保育所に限る理由は弱く、「市場化」にも親和的であったと考えられる。
(44) Estevez-Abe, *op.cit.*
(45) 本文にあるように、これらの提案は文部科学省からの抵抗が大きいものであった。修正過程において文部科学省や、いわゆる文教族の国会議員が果たした役割について検討する必要があると思われるが、これは他日を期したい。

(46)　幼稚園で施設型給付を実施することになれば、従来の私学助成のような補助ではなく、保育所・認定こども園と同様に市町村から補助を受けることになる。

(47)　『朝日新聞』二〇一四年五月二三日。

(48)　一六二四園は、幼保連携型（八一三）・幼稚園型（五一一）を合算した数字である。資料は、第二五回子ども・子育て会議（二〇一五年七月二七日）配布資料による。

(49)　移行数については、「認定こども園の数について（平成二七年四月一日現在）」による。

(50)　堀江孝司「労働供給と家族主義の間――安倍政権の女性政策における経済の論理と家族の論理」『人文学報．社会福祉学』三二巻、二〇一六年、二三－四八頁。

(51)　たとえば「日本再興戦略」改訂２０１４など。ここでは、第三号被保険者制度のほか、企業などによる配偶者手当も問題視されている。

(52)　たとえば二〇一六年三月には「保育園落ちた日本死ね！！！」というタイトルの匿名ブログ（http://anond.hatelabo.jp/20160215171759）をきっかけに批判が盛り上がった。

(53)　本章脱稿後に、自民党での配偶者控除の改革が議論され、一時は廃止が既定路線という報道もなされたが、結局廃止は見送られた。この問題について自民党内でも激しい路線対立があることを示している。

第5章

消費税増税

●社会保障との一体改革

木寺　元

税をめぐる攻防。有権者の主たる関心事である社会保障と税制は表裏一体の関係にある。高齢社会の到来、そして近年では少子化対策もまた重要な課題となった。とくに細川政権の国民福祉税構想以降、増え続ける社会保障費とのリンケージの中で語られてきた消費税制。第一次自公政権は、そして民主党政権は、さらに第二次自公政権は、消費税制とどう向き合ってきたのか。そして、消費税制のあり方は、いかなる過程で決められてきたのか。その継続性と変容に向き合う。

1　はじめに

二〇一六年二月二九日、うるう日の新聞紙面に、第三次安倍政権下の税制改正のプロセスにおけるある風景が報じられた。

二〇一五年一一月三〇日。一六年度税制改正をめぐる議論は山場に入り、東京・永田町の自民党本部では、自民党税制調査会（党税調）の非公開の会合が連日のように開かれていた。

「これはサンカクにしよう」

隣り合って座る党税調の宮沢洋一会長と額賀福志郎小委員長が小声で申し合わせた。この日、行われたのは「〇×（マルバツ）審議」。約三六〇項目に及ぶ税制改正の検討項目について〇（承認）、△（事実上の承認）、×（見送り）などと判定をしていく。

総務省の原案は×。担当する官僚も念を押すように「バツでお願いします」と訴えた。地方税の柱である固定資産税収を減らしたくない自治体側に配慮した判定だ。これに対し、経済産業省や自民党の経済産業部会が減税を求めた。一〇月まで経産相だった宮沢氏はもともと減税に前向きだった。席を立って総務省幹部を呼び寄せ、「△」への変更を通告。額賀氏が頃合いをみてまとめに入った。「皆さんの熱情あるご意見も踏まえてこれはサンカクに」。会議室が「オーッ」とどよめいた。

減税額は最大で年間一八三億円。政治の力で新たな政策減税が生まれた瞬間だ。(1)

かつて「聖域」と呼ばれた自民党の党税調。年度末、この光景を報じる記事からは、一見その権威の高さは変わりないように思える。しかし、本当にそうだろうか。本章では、自民党の党税調を座標軸の原点として、民主党政権、そして第二次安倍内閣以降の自民党政権を貫く大きな争点であった「社会保障と税の一体改革」をめぐる政治過程をみることで、税制改革をめぐる政治の継続性と変容を捉えていきたい。

2　租税政策のアリーナ

自民党政権時代は長らく政府税制調査会（政府税調）と自民党の党税調の二つの機関が税制に関与してきた。もともと党税調の活動は一九七〇年代までは活発とは言えなかった。しかし、高度経済成長が終わり、税収の自然増も見込めなくなった。従来の予算配分を中心とした利益配分型政治が行き詰まりを迎え、その代わり税制特例や免税、減税といった租税政策の重要性が増していった。やがて自民党は、それまで大蔵省が政府税調を通じて行ってきた租税政策の主導権を奪うようになった。一九七〇年頃には、政府税調の報告は、改革の方向の大枠を示すだけのものになりはじめ、一方の党税調は特例や免除も含めた税制策の細部に影響を及ぼし始めたのである(2)。その影響力はしだいに増大した。ちょうどこの時期、一九七九年より党税調の会長を務めた山中貞則は「税調のドン」として君臨し、「政府税調は軽視しない。無視する」と言い放つまでに至った。自民党税調は税制改正に関する省庁間・業界間の利害対立の調整を行うことで、しだいに政治力を強めていったのである。また、自民党税調は利害調整に加えて、政策知識を蓄積することで税制改正の細部にまで影響を及ぼすようになった。実質的な政策決定を行う少数の幹部たち（顧問、会長、小委員長）は「インナー」と呼ばれ、高度な専門知識を有した「税のプロ」という自負心が強く「素人」の介入を徹底的に排除した。しばしば政調会長はおろか、首相ですら「インナー」の政策決定に介入できず、構造改革を断行した小泉純一郎政権でさえ抜本的な税制改革は実現できなかった要因とされる(3)。そして、その権威を大蔵省／財務省主税局が支えてきた(4)。

政治家は、議会内及び党内での自分の影響力を増大させようとする。一九七〇年代以降、自民党は政策決定への介入と発言力の強化を、党内でより有力な地位を得る基準として制度化した。選挙基盤の安定した議員は、内閣や国会、党内で影響力のあるポストに就くために、卓越した専門知識を身につけ、政策決定の経験を積むことで、他の議員や官僚に一目置かれることを目指した。したがって、高度に専門的な政策の場合、当選回数が少なく選挙基盤の不安定な議員の多くが反対することが予想されても、選挙基盤の安定した議員が自身もまた高い専門性を持っていることの証としてそれを支持する可能性があった。官僚はしばしばそうした議員の支持を期待した(5)。

党税調を「聖域」にすることは、官邸にとっても取引費用の観点から見れば合理的であったのかもしれない。多様な利害が複雑に絡み合う税制は、多種多様な利益団体が強い関心を持つ。また、消費税のような税制は有権者の関心も高い。当選回数が少なく不安定な選挙地盤のうえに議席を有する陣笠議員は、そういった利益団体の要求や有権者の動向に敏感にならざるをえない。官邸は陣笠議員からの非難回避の手段として、実質的な意思決定を党税調に委ねた。もちろんそれは官邸の要求がときとして突き放されるというコストも負うものであった。しかし、財政赤字が深刻化するなか、利益配分から不利益配分の政治への移行にともなって、党税調の聖域化は官邸にとってはそのようなエージェンシー・コストを支払ってもまだ十分にペイするものであったのかもしれない。

3　第一次自公政権

二〇〇八年一〇月三〇日、麻生太郎首相は「新・総合経済対策」発表の記者会見で、「経済状況をみたうえで、三年後に消費税の引き上げをお願いしたいと考えております」と発言した。しかし、この発言は最終的に二〇〇九年三月に成立した改正所得税法の付則一〇四条で「消費税を含む税制の抜本的な改革を行うため、二〇一一年度までに必要な法制度上の措置を講じる」と明記される形で反映されるにとどまった。第一次自公政権は、とくにその末期において政権内で消費税の引き上げについて甲論乙駁の状況となったが、いつ、どれだけ引き上げるのか、引き上げ反対派からの合意の調達は困難を極め、結局、政権として具体的な消費税の引き上げを決断するには至らなかった。

二〇〇〇年代前半、構造改革を掲げ熱狂的な支持を得た小泉純一郎首相であったが、「私の任期中は消費税を上げない」と明言していた。しかし、高齢化の伸びにともない社会保障費の支出は増加し、歳入不足は解消しなかった。

二〇〇七年参院選の結果「ねじれ国会」が出現した。同年、総理の座についた福田康夫は社会保障費と消費税の問題を争点化するのを避けるため、民主党を誘い込もうと民主党に近いメンバーを社会保障国民会議に入れる。自民党内は党税調の幹部たちまでもが選挙を前に、社会保障費抑制方針の見直しを試みるまでになった。これらを背景に、政府の有識者会議である社会保障国民会議が打ち出したのが、社会保障の「機能強化論」である。「機能強化論」は、これまでのように現行の制度を前提とした社会保障制度の持続可能性の確保から、新たな給付・サービスの充実へ社会保障政策の軸足の転換を目指すものであった。(6)

福田のあと政権を担った麻生は、積極財政論者であったが、財源論を後回しにするマニフェストを掲げた民主党との違いを際出させるために、政府・与党首脳会議や経済財政諮問会議であえて消費税論議は不可避であると力説し「責任政党」を強調する戦術に出た。麻生政権で消費税率引き上げに熱心な与謝野馨・経済財政担当大臣も、税制・社会保障改革の実現に向けて熱心に動いた。彼らは国民の理解が得られやすいと、機能強化論に乗って税率引き上げを志向したのであった。しかし、不安定な政治情勢を前に増税の困難さを痛いほど知る主税局のほうがむしろ麻生や与謝野よりも慎重であった。そもそも麻生の「三年後」発言は、与謝野も直前まで知らされていなかったのである。(7)

果たして、主税局が懸念した通り、「機能強化論」は消費税率引き上げの錦の御旗にはならなかった。安定した支持基盤を持つ公明党は、選挙前に消費税率の引き上げを明確にすることに反対し、むしろ一時給付金の実現を目指した。与党税制協議会では結局、公明党に押し切られ、増税時期を明確にすることが阻まれた。党税調はこのとき「政治の意思に口を挟むな」と、むしろ主税局の動きを封じてしまう。自民党内も、小泉構造改革の熱狂の記憶も覚めやらなかった。自民党内には中川秀直を中心に、増税よりも支出削減を優先する上げ潮派が一定数権勢を誇り、具体的な数値や日程に関する党内の合意を阻んだ(8)。

上げ潮派と公明党。彼らを説得させることはこの段階ではまだできなかったのである。

一方で、麻生首相は、公明党と交渉し、消費税を含む税制の抜本的な改革に必要な法制上の措置を二〇一一年度までに講じる、というところまでは合意した。一方で、この合意内容は、「税制・社会保障改革プログラム法案」のような形にすることはせず、税制改正法案の附則に税制抜本改革に関する記述を潜り込ませる形式をとった。独立した法案と異なり、税制改正法案は予算と表裏一体のため、国会は次年度予算を円滑に執行するため成立を急ごうとするからである。このアイディアは主税局の若手から出たものであった(9)。この附則一〇四条の作成に加藤治彦主税局長ら主税局は心血を注ぎ(10)、第一項にて「消費税を含む税制の抜本的な改革を行うため、二〇一一年度までに必要な法制度上の措置を講じる」ことが明記される一方、第二項では「具体的に実施するための施行期日等を法制上定めるにあたっては、景気回復過程の状況、国際経済の動向等を見極め、予測せざる経済変動にも柔軟に対応できる仕組みとする」と示している。これは、増税開始時期を曖昧にし、景気回復過程の状況などを見極めることを盛り込むことで、反対派の異論を突破しようというものであった(11)。

清水らは、その後の消費税率引き上げの意思決定において、この附則一〇四条の果たした役割を重く見る(12)。しかし、その直後に民主党政権が誕生した際には、増税はマニフェストにない、との理由からこの附則が定めた方向性は封印され、社民党と国民新党との間で結ばれた連立政権の合意文章では税率の据え置きが書き込まれた(13)。細川連立政権時の大蔵大臣であり、消費税率引き上げが持論であった藤井裕久も、政権を担うであろう四年間は消費税率を上げないという前提で省内に勉強の場を設けた[14]。つまり、民主党政権発足直後は、自公の合意もそしてそれを明文化したこの附則も、ともに葬り去られる可能性があったのである。

4　民主党政権

自民党政権の党税調に対しては、あまりに聖域化されてしまい、租税政策における政府に対する党の機関の優位が問題視され、業界団体や一部政治家の「声の大きさ」で税制が左右されやすい傾向にあるなどの批判があった[15]。民主党はそのような仕組みは不透明であると従来より批判しており、政権交代の後は、民主党の税調を廃止して、政府税調に一本化した。この政府税調も、従来の財務省主税局の主導による有識者の会議から、財務大臣を会長とし、財務・総務省の副大臣・政務官を査定役、各省庁の副大臣をメンバーとする構成に変えた[16]。また、政府税調のもとに神野直彦東大名誉教授を委員長とする「専門家委員会」を設置した。一一名の委員のうち四名が旧政府税調委員でもあり、自民党政権期と一定の継続性を維持しながら、税制の専門的提言を行うことを目的とした[17]。

二〇〇九年の政権交代を達成して初めて迎える国政選挙を前にした二〇一〇年六月一七日、鳩山由紀夫の後を継いで首相に就任した菅直人は民主党代表として二〇一〇年参院選のマニフェスト発表会見を開いた。その席で、菅は「一〇パーセント」を一つの参考として、「消費税について、あるべき税率や逆進性対策を含む改革案を、今年度中に取りまとめていきたい」と表明した。しかし、これを含む参院選前の菅首相の消費税にまつわる発言は、有権者に支持されず、与党は過半数を割り込み、再度の「ねじれ国会」を出現させてしまう。

にもかかわらず、菅首相はその後も税制・社会保障改革に命運を賭け、党に「税と社会保障の抜本改革調査会」を設けた。その後、この調査会は、増税色を薄め社会保障改革を全面に出すため「社会保障と税の抜本調査会」に改称する。[18] しかし、党のこの調査会は具体的な税率について議論することを避け、あくまで消費増税の方向を明確にすることに主眼を置いた。[19]

具体的な税率を議論し、そのとりまとめにあたったのは、二〇一一年一月の内閣改造で経済財政担当大臣に起用された与謝野馨であった。与謝野の起用には菅首相の意向が強く反映されている。第一次自公政権下の経済財政諮問会議を模して内閣官房に作られた「社会保障改革に関する集中検討会議」は与謝野が担当大臣であり、税率を具体的に打ち出すという重要な役割を担った。[20]

財務省は与謝野を頼り、水面下で他省庁との交渉を粘りづよく行った。厚生労働省は五パーセントへの引き上げ時と同様、社会福祉の支出拡大をねらっていた。とくに厚労省が乗っていたのは、高齢者福祉だけでなく、少子化対策などにウィングを広げた「機能強化論」であった。与謝野もかつては「機能強化論」に乗った。財務省は財政赤字の穴埋めを優先したがった。しかし、財務省は「機能強化論」を受け入れ、引き上げ分の一定割合を、いわゆる高齢者三経費（基礎年金・老人医療・介護）だけでなく、少子化対策などを含めた社会保障四経費に充てることを了承した。[21]

地方財政を所管する総務省は、独自の費用負担で担当している社会保障関連の地方単独事業がかなり存在している（七・七兆円）などとして、引き上げをめぐる配分の争いに参入した。[22] これにも財務省は妥協し、最終的に地方消費税を現行の一パーセントに加えて一・二パーセント上乗せするなど、引き上げ率五パーセントのうち一・五四パーセント分を地方に配分することで決着した。

一方で、財務省は事業仕分けに積極的に協力することで、行政改革を優先するべきとのアプローチに限界があることを多くの民主党議員に知らしめていった[23]。また、国債暴落論を流布することで、消費税増税やむなしという気運を高めたことも規範的要因として挙げる見方も存在する[24]。

こうして、与謝野と財務省は消費税率を二〇一五年度までに段階的に一〇パーセントに引き上げる案をとりまとめ、「社会保障改革に関する集中検討会議」において了承された。この案は、二〇一一年六月、党の「社会保障と税の抜本調査会」の了承を得、「社会保障・税一体改革成案」（以下、成案）として七月一日に口頭で閣議決定された。「二〇一五年度までに」が「二〇一〇年代半ばまでに」に変わる修正を余儀なくされたが、基本的に財務省のバックアップのもと与謝野がとりまとめ、与謝野の入閣とともに官房副長官に就任した藤井裕久（三月一四日より首相補佐官）がサポートし、菅首相がお墨付きを与えて進めるという官邸主導で成案はまとめられた[25]。

赤字国債発行法案の成立などを見届けて、菅首相は九月退陣する。代わりに、菅の路線を継承し、代表選で消費税率引き上げを訴えたのが、藤井財務大臣のもとで副大臣を務め、菅内閣では財務大臣に昇格していた野田佳彦であった。

野田の党内基盤は決して強固なものではなかった。自身が率いる花斉会は、数ある党内グループの中でも突出しておらず、二〇一一年八月の代表戦では、小沢グループが担いだ海江田万里はもとより、これまで共同歩調をとってきた前原誠司やかつての盟友・馬淵澄夫らを破っての薄氷の勝利であった。このような野田首相を組織的に支えたのが財務省であった[26]。野田首相は、勝栄二郎事務次官ら財務

省の意向のもとで動く「直勝内閣」と揶揄されるほど一体となって、消費税率引き上げの牽引役を担った。(27)

鳩山政権時に発足させた政府税調についてはしだいに、内閣に入らない議員から「意見を言う場がない」などの不満が高まっていった。野田首相は政策決定で党の議論を重視する姿勢を示しており、自ら党税調の復活を指示した。復活した民主党税調の総会には、所属議員は誰でも参加し意見を述べることができることとした。また、党税調の会長には、藤井裕久を置いた。(28)

しかし、復活した民主党の党税調は、かつての自民党の党税調のような「聖域」ではなかった。首相の後見人を自認する藤井は、野田自身からの信頼も厚かったが、首相の防波堤となり、党内合意をとりまとめることはなかった。民主党の党税調では、小沢グループが抵抗を続けた。最終的には、一二月二九日、野田首相みずからが党税調と社会保障と税の抜本調査会の総会に出席し、党内反対派の矢面に五時間半も立ち続けた。

一方で、財務省の支援は続いた。菅政権時の成案ののち、法制化をめぐっては党内でもさまざまな意見が噴出した。とくに、現行五パーセントからいっきに一〇パーセントは倍増であり、痛税感が強いのでは、という懸念があった。この点で、財務省は税率引き上げを二段階に分ける案を引き受けた。同時に、衆院の任期中は消費税率を上げないという公約に違反したという誹りを避けるために、増税実施の閣議決定を衆院が任期満了する二〇一三年八月末以降にするべきだという声も出た。これらの声を受けて、まず二〇一四年四月に八パーセント（閣議決定は二〇一三年九月）、次いで二〇一五年一〇月に一〇パーセント（閣議決定は二〇一四年四月）の引き上げで決着した。税率変更の間を一年半とったのは実務的な面からの判断であり、一〇パーセント引き上げが二〇一五年一〇月という時期となるのは国債への影響を考えると遅いのではとの野田の懸念を「問題ない」として上記案の決定の最後の後押しをしたのも、財務省出身の秘書官であった。景気弾力条項を盛り込めという声に対しても、収拾案のとりまとめに主税局長・古谷一之らが奔走していた。[29]

かくして、野田首相は、二〇一四年四月に八パーセント、次いで二〇一五年一〇月に一〇パーセントの了承にこぎつけ、年が明けた二〇一二年一月六日、政府・与党は社会保障と税の一体改革の「素案」を決定する。

「素案」の法制化にあたって、同月、野田首相は副総理兼担当大臣として一体改革にあたった岡田克也を入閣させる。岡田は、有権者の理解を得るために全額を社会保障の財源とすることを明確にすることを求めた。そこで岡田は、これまで政府説明では引き上げにともなう税収の使途として公共事業費や防衛費など非社会保障の物品調達費の上昇にも充てるとしていたが、この部分を削除してすべて社会保障の財源として用いることとするよう変更した。[30]

しかし、いざ「素案」を増税法案の形に仕上げて提出する通常国会が始まり、財務省が法案の与党審査と閣議決定までの日程や、その後の国会審議でどの委員会に付託するかのスケジュールを具申すると、岡田たちはこれを財務官僚の出過ぎた政治関与だと拒絶した。

「素案」を決定したはずが、増税法案の事前与党審査はもたつき、小沢グループから「強権的な手法」と罵られながら、ようやく押し切った。法案は三月三〇日、閣議決定を経て、国会に提出された。[31]

当時は「ねじれ国会」である。野党との合意が無ければ成立しない。表立った実務的なサポートを拒絶された財務省は、勝次官を筆頭に、誰が与野党の橋渡し役となるべきキーパーソンかを政権中枢に示唆し、自らも与野党問わず重要な議員にはタイミングを見計らってはご進講を重ね、きめ細かにコンタクトをとっていた。(32)

財務省が頼ったのは、宏池会や平成研といった自民党内の中道保守勢力であった。そして、野田首相と谷垣が連携して成立させた三党合意は、与野党の中道保守による「共同作品」であった。(33)

野田首相は大平正芳に私淑し、首相就任前は女婿の森田一を訪ねて指南を仰ぐほどであった。自民党総裁の谷垣禎一は、第二次大平内閣の文部大臣であった父親の専一の代から宏池会に所属し、自らその派閥の領袖をつとめた経験もあった。そして両者をつないだのはかつて宏池会に所属していた園田博之であった。(34)

宏池会とともに平成研も後ろ盾となった。税制に関する自民党の重要なキーパーソンは額賀福志郎であったと当時の官房長官・藤村修は証言する。消費税は旧竹下派の一つの看板であり、その竹下派経世会を受け継いで平成研の領袖となった額賀自身も税制について非常に理解があった。また、社会保障のキーパーソンも、もとは平成研に属していた鴨下一郎であった。(35)竹下登の秘書出身で竹下引退後も参院に影響力を持ち続けていた青木幹雄も、なんとしてでも増税を実現するよう財務官僚に檄を飛ばした。(36)

自民党の党税調のインナーたちもまた、三党合意を後押しした。六月八日の党税調で、民主党案を容認し、「与野党合意」をアシストした。(37)その腕、インナーの多くはそのまま特別委員会のメンバーとなった。筆頭理事の伊吹文明は平成研や宏池会といったいわゆる中道保守をリードした派閥ではないものの、大蔵官僚出身で財政規律派の重鎮であった。そのほか、党税調会長の野田毅や同じくインナーで三党合意の自民党側の責任者であった町村信孝らもまた特別委員会の委員となった[38]。彼らもまた財政政策においては中道保守の健全財政志向と近かった[39]。

最終的に「二〇一四年四月から八パーセント、二〇一五年一〇月から一〇パーセント」を明記した民主・自民・公明の三党合意に至り、二〇一二年八月一〇日、消費税増税法案は可決、成立した。

退陣後のインタビューで野田佳彦はこのように語った。「『穏健な保守』という路線が、自分の中でずっと思い描いてきたことです。（中略）やらなければいけないことを、きちっと国民にお伝えしながら進めていく政治は、派手さはないけれど、一番国民に安心を与える政治だと思うのです[40]」。

野田首相には中道保守の政治への期待があったのかもしれない。しかし、それは打ち砕かれた。三党合意とは距離を置き、リベラルや中道保守を批判し「真正保守」を名乗る安倍晋三が、次の政権を担ったからである[41]。

5　第二次自公政権

(1)　アベノミクスと税制

安倍晋三は、一二月一六日第二次安倍内閣を発足させた。政務担当の首相秘書官には、第一次安倍内閣時に首相秘書官を勤め、経産省エネルギー庁次長の座にあった今井尚哉を起用した。この他にも、事務担当秘書官には経産省経済産業政策局審議官の柳瀬唯夫を、また、首相補佐官には元中小企業庁長官の長谷川栄一を起用した。このように、首相の執務室のある官邸の五階には三人の経産官僚が席を置いた。一方、大蔵省出身の加藤勝信が官房副長官となったものの、首相へのアクセスという点では財務省は経産省に遅れをとった。このような布陣を見て、竹中平蔵は「経産官僚内閣」と評した[42]。

安倍首相は、財務省が腐心して作り上げた「三党合意」の決定過程に関与せず、谷垣執行部からは距離をとっていた。参院選に勝利し、ねじれ国会を解消したあとでも、安倍首相は二〇一四年四月からの消費税率引き上げを明言せず、秋に決定するとの慎重な言い回しを続けた[43]。

野田毅は引き続き、党税調会長の座にとどまった。三党合意の自民党側の後ろ盾となっていた額賀は、党税調の小委員長に就任した。町村信孝もまた党税調のインナーの座にあった。しかし、安倍政権は、財務省の影響力がひときわ強い党税調の解体を模索していた。特別委の筆頭理事であった伊吹文明を衆院議長に据えたのも、そのためだったのかもしれない。政府高官も、かつて「聖域」とされた党税調も「税だけは党が決めるという体制はおかしい」と見直しを検討していた。二〇一二年の第二次安倍政権発足後、法人税減税や地方税制の見直しなど、主要な税制改正の議論を政府税調に委ね、党税調の力を徐々にそいできた[44]。

復辟した安倍首相が政権の目玉として掲げたのはアベノミクスと呼ばれる経済政策であった。このアベノミクスは「大胆な金融政策」、「機動的な財政政策」、「民間投資を喚起する成長戦略」を三本の柱とする。このうち、成長戦略に関して、官邸と経産官僚たちは、しだいに三五・六四パーセントであった法人税の実行税率の引き下げを求めるようになった。しかし、税率を一パーセント下げると五〇〇〇億近い減収となる。財務省は困惑し、党税調のインナーたちは「認められない」と言い放った。

だが、経産官僚たちのアイディアに乗っかった官邸は強硬だった。主税畑出身の古谷一之・官房副長官補や中江元哉・首相秘書官ら官邸の財務官僚は、安倍首相や菅の強い姿勢を感じ、親元の主税局長・田中一穂とともに落としどころを探った。田中主税局長は、首相秘書官の今井尚哉と第一次安倍政権下でともに事務首相秘書官を勤めた関係にあり、両者間のルートで綱引きが続けられた結果、復興特別法人税廃止の一年前倒し実施というところで着地点がついた。最終的には九月末に安倍、麻生、菅、甘利の内閣中枢のメンバーの中で決まった。一〇月一日、法人税が決着してようやく安倍首相は消費税率の八パーセントの引き上げを表明した。このプロセスにおいて、党税調は蚊帳の外に置かれた。(45)

さらに五月三〇日に内閣人事局を発足させた官邸は、人事を通じて財務省を籠絡しはじめる。官邸は一期一次官の慣例を大幅に破る一期三人次官を実現すべく、次期次官含みで田中一穂を主計局長に据え、また主計局の課長級にはじめて経産官僚を就任させた。(46)「省庁の中の省庁」であった財務省が官邸に振りまわされていく。そして、ついに財務省にとって悪夢のような決断が官邸によって下された。

(2) 消費増税の延期

「消費税の一〇パーセントへの引き上げを予定通り二〇一五年一〇月に行うべきかを考えてきた。アベノミクスの成功を確かなものにするため一八カ月延期する。国民生活、国民経済にとって重い決断をする以上、速やかに国民に信を問う」。

二〇一四年一一月一八日、安倍首相は官邸で記者会見し、衆院を解散した。三党合意を一方的に反古にされた民主党は大きく反発したが、一二月の総選挙の結果、与党はほぼ現有議席を維持した。財務省が腐心して作り上げてきた「三党合意」だった。しかし、安倍首相は早くから増税延期を検討していたという。病魔を押して「三党合意」の遵守を求める香川俊介事務次官以下、財務官僚を官邸は遠ざける。安倍首相は解散の決断をひた隠しにし、解散した場合の予算編成の日程も財務省に照会しなかった。さらに、直前のアジア・オーストラリアへの外遊にも財務省出身の首相秘書官を随行させなかった。安倍首相は、マイナス成長を伝える七〜九月期のＧＤＰの第一次速報を受けとるや、解散と増税延期を表明した。

（３）軽減税率

軽減税率は、二〇一二年の三党合意の際に、公明党が主張し、検討することが決まった。しかし、税収を確保したい財務省は軽減税率の導入に消極的であった。そこで財務省はあえて低所得者が加工食品を購入する頻度が高いというデータを示して、「加工食品」も対象にすべきではないかと公明党に進言するなどの工作を行った。これは加工食品まで対象を拡大することで必要な財源が一兆円前後の規模にまで跳ね上がり、財源の見通しが立たずに協議が難航して、最終的に軽減税率の導入が見送られることを期待してのことであった。財務省と通じる自民党税調は、案の定、加工食品も対象にすることを求めてきた公明党と激しく対立した。(47)

しかし、財務省に大きな誤算が生じる。当初「社会保障と税の一体改革の枠内で議論してほしい」と指示し、「生鮮食品」を軸に調整する考えを事実上示していた安倍首相であったが、(48)次の参院選の公明党との選挙協力を最重要視する官邸は、与党協議の終盤で、加工食品を対象に含んでまとめるよう求めた。安倍首相が盟友と名指しし、慣例を超えて同期三人目の事務次官に据えた田中一徳も抵抗した。軽減税率を検討することを盛り込んだ三党合意時の自民党総裁であり、公明党との調整にあたっていた谷垣禎一幹事長も反対した。しかし、最終的に官邸に押し切られた(49)。

消費税増税時に導入するとした財務省の還付制度案は野田毅党税調会長と財務省主税局の一部幹部が作成したとされるが、二〇一二年の衆院選以降、過去三回の国政選挙で軽減税率導入を公約に掲げている公明党はこれに反発していた。自公両党の税調幹部による会合で公明党側は、財務省案に難色を示したが、野田毅は財務省案に固執した。公明党は、次期参院選の協力を保証できないという事実上の通告を行い、官邸は、財務省案に固執する野田毅の税調会長の続投は困難と判断。野田毅を更迭し、後任に宮沢洋一前経済産業相を充てた(50)。

（4）二度目の延期

二〇一四年一一月、安倍首相は消費増税延期の記者会見でこう述べた。「再び延期することはない。ここで皆さんにはっきりとそう断言いたします。平成二九年四月の引き上げについては、景気判断条項を付すことなく確実に実施いたします」。

その一方で、発言がぶれだしたのは二〇一六年に入ってからである。一月一〇日のＮＨＫ番組にて「リーマン・ショック級のような世界的な出来事が起こらない限り、予定通り一〇パーセントに引き上げていく」と、引き上げには、リーマン・ショック級の出来事が発生しない限り、という条件を付け加えるようになった。さらに、二月に入ると、予算委員会で「税率を引き上げて経済ががくんと減速し、結果として税収が上がらなければ本末転倒」との認識を示す。

伊勢志摩サミットは、さながら増税再延期のための前座であった。安倍首相は、サミットの討議で世界経済はリーマン・ショック前と同じほど脆弱な状況にあると説明した。しかし、イギリスのキャメロン首相は「危機とは言えない」と反論し、海外メディアは安倍首相の発言がG7首脳を驚かせたと報じた。(51) この認識は各国の首脳間で共有されたとは言い難いものだった。だが、六月一日、ついに安倍首相は、

「新興国や途上国経済が落ち込み、世界経済が大きなリスクに直面している。内需を腰折れさせかねない」

として、税率引き上げを再度二年半延期する方針を表明した。(52)

今回もまた党税調は蚊帳の外だった。「ある日突然、官邸から下りてきてこうだといわれても……。党がなんのために存在するのか」。党税調での議論なく官邸主導で進められたことに、総務会で自民党議員の一人はこうまくしたてた。党税調最高顧問の野田毅が「来年の社会保障の財源がない。赤字国債という野党の考えと同じ道を選べば、無責任のそしりをまぬがれない」と異論を述べても、結局、総務会は安倍首相の決断を追認した。(53) 麻生太郎財務相は再延期なら衆院解散が必要だと主張し、谷垣禎一幹事長も当初は麻生に追随した。(54)

しかし、彼らもまた最終的に首相の判断に従うことに決めた。

財務省もまた安倍首相の再度の延期の決断を引き止めることができなかった。安倍首相はサミット

初日の討議でＡ４用紙四枚のグラフやデータ類を各国首脳に示し、世界経済の「リスク」を強調したが、この増税先送りの正当化の補強材料となった資料は経済産業省出身の今井尚哉首相政務秘書官と菅原郁郎・同省事務次官らの「経産省ライン」が主導して作成したと言われている。今回も財務省は蚊帳の外に置かれた[55]。八パーセントに引き上げた際、財務省はＧＤＰのプラス成長を見込む予測を安倍首相に報告したが、実際はマイナス成長であった。また、消費税増税を実施しなければ国際的に国債への信認が毀損され国債暴落が暴落する、財務省は長年そう言って多くの議員を説得してきた。しかし、二〇一四年の増税延期の時も国債暴落は起きなかった。安倍首相の財務省に対する不信は根深いと言う。

「財務省はずっと間違えてきた。彼らのストーリーに従う必要はない[56]」。

６　おわりに――継続と変容

（１）継続点

第一次自公政権と比較して、民主党政権と第二次自公政権で共通するのは、税制改革の官邸主導化である。

官邸主導型の税制改革は、すなわち党税調の軽量化を意味する。

オイルショック以降の財政危機の時代の自民党では、党税調は聖域であった。麻生政権までは税制改革論議では党税調が大きな役割を担った。民主党は、そのような聖域化した党内機関の存在を問題視し、政府税調への一元化をはかった。だが、一般議員の不満が高まり、野田政権では党税調の復活を実現した。しかし、この民主党の党税調は、官邸に代わって党内をとりまとめることは無かった。官邸の意向に沿って行動し、個別議員の説得は官邸が行い、最後は首相がじきじきに出席して矢面に立って了承を取り付けたのである。

それでは、自民党に政権が戻ったあと、再度、自民党の党税調は聖域として強い権勢を誇ったか。これも否であった。

安倍政権の中枢は、党税調を含む政務調査会との接点が薄く、むしろアベノミクスの抵抗勢力と位置づけて、三党合意に奔走した党税調のインナーを冷遇した。彼らが腐心して作り上げた消費税率引き上げの時期は延期され、軽減税率の導入に強い抵抗を示した党税調の会長は官邸によって更迭され、最終的に党税調の頭越しに決定されたのである。

また、見落としてはいけないのは、第二次自公政権は、消費税率八パーセントへの引き上げを実行したということである。くわえて、軽減税率導入の議論の際も当初安倍首相は社会保障と税の一体改革の枠内で議論することを求めていた。三党合意の当事者であった谷垣禎一を法務大臣、のちに幹事長に据え、安倍首相は民主党政権下の三党合意を一方的に葬らずに、一部履行し、引き継いでいる。(57)

この要因として国家の社会福祉機能よりも家族・市場による私的福祉機能を重視する残滓的福祉国家主義が(58)、女性の社会進出にともなう家族の変容や一九九〇年代以降の所得および家計貯蓄率の傾向的な低下にともない行き詰まりをみせつつある一方で(59)、少子高齢化の進展によって財政の膨張圧力が自然と高まっていったことがあげられよう。社会経済的環境は、政権交代後も政策選択の幅を一定程度制約する。

（２）変容

一方で第二次自公政権では、消費税率一〇パーセントへの引き上げの延期が二度にわたって行われた。つまり、三党合意は半分履行され、半分履行されていない。半分が履行されていない背景には、民主党政権と第二次自公政権の間の依って立つ福祉国家観の違いが党派性の差異として埋め込まれていることがあげられるだろう。

引き上げ再延期の方針を表明する際、安倍首相は社会保障については、「一〇パーセントへ引き上げた場合と同じことをすべて行うことはできないことはご理解いただきたい」と語った。安倍政権の社会保障の「機能強化」に対する優先順位は決して高くない。

民主党政権や与謝野らの目指した社会福祉の「機能強化」の方向性は、消費税率を引き上げることによる普遍主義モデルへの接近であり、政府によるサービスの拡充を目指していた過程であるとも捉えられる。しかし、これまでの日本型福祉国家の形を支えてきたモデルからの転換は容易ではない。経済成長を第一に掲げるアベノミクスは企業の負担増には慎重であり、また所得の減少に受益の減少が重なる負のスパイラルにあって有権者もまた増税に対する強い抵抗を感じる(60)。くわえて、この残滓的福祉国家主義を成立させたのは、女性に介護、子育てを依存する性役割分業であったが、安倍首相を支える支持基盤の一翼を担う勢力の家族観に関するイデオロギー性が、残滓的福祉国家主義と強い親和性を持つとの指摘もある。

杉之原真子は、幅広い層からの要求を吸い上げ、漸進的で穏健な手法で政策を進める中道保守が、一九九九年の男女共同参画社会基本法の成立や一九九七年の介護保険法の成立など、女性、家族政策を大きく変容させたとする。[61]しかし、二〇〇〇年代半ばから、より保守的な家族観を主張する議員たちが増加し、バックラッシュを起こすようになった。二〇〇五年に「過激な性教育・ジェンダーフリー教育実態調査プロジェクトチーム」が設けられ、安倍晋三が座長を務めた。第一次安倍政権下で内容が議論された「『こどもと家族を応援する日本』重点戦略」では、家庭における子育てが重視された。[62]また、第二次自公政権では、男女行動参画批判派を主導した山谷えり子や稲田朋美らが相次いで閣僚や党幹部に抜擢された。[63]このような保守的な家族観を打ち出す政治家が自民党内に増えていった背景には、伝統的な支持基盤であった職能団体の衰退と入れ替わるように、神道政治連盟など保守的な思想信条を掲げる政治団体の影響力が増加していることが指摘されている。[64]青木理は、宗教右派を糾合し伝統的家族観の追求に強い情熱を傾ける日本会議の安倍政権及び自民党に対する政治的な影響力の大きさを描いた。[65]

たしかに第二次以降の安倍政権は「女性活躍」を目玉として打ちたて、女性の社会進出を重視する姿勢を打ち出している。しかし、選択制夫婦別姓の導入や婚姻最低年齢の男女同一化など、女性の社会的地位に関する差別の是正には安倍政権は消極的と言える。また、安倍首相は、二〇一三年四月に行った成長戦略スピーチで、「三年間抱っこし放題」という表現を使って育児休業を三年間に延長する方針を述べたが、これは〇歳から三歳児までの期間の保育を、保育施設を整備することで対応するのではなく、家庭内において保育することをより重視していることの表れと見ることもできる。[66]このように、社会保障分野と密接に関わる女性・家族政策については、その保守性が、社会保障の機能強化の相対的な軽視につながっているのではないか。二〇一六年二月一五日「保育園落ちた日本死ね」という匿名ユーザーによる衝撃的なブログの一文は瞬く間に巷間に広まり、二月二九日、衆議院予算委員会の野党質問に取り上げられるにまで至った。「どうすんだよ私活躍出来ねーじゃねーか。」と、ブログは続く。経済面での女性活用の強調と社会保障面での軽視という矛盾が表出した形となった。

消費税率の一〇パーセントへの引き上げは再度延期された。有権者の関心の高まりを受けたからか、「子育て世帯を支援していく決意は揺らがない。介護の受け皿整備も確実に進める」と会見の場で安倍首相は付け加えた。しかし、その財源は不透明である。少子高齢化は進展する一方であり、増加する社会保障費の財源問題はなおくすぶり続けるだろう。経済活性のための税負担引き下げの圧力と増え続ける社会保障費のジレンマをどう解きほぐすのか。それを解く鍵は依然として見えない。

注

（１）『朝日新聞』二〇一六年二月二九日（一部省略）。
（２）加藤淳子『税制改革と官僚制』（東大出版会、一九九七年）、一〇一、二四九頁。
（３）上久保誠人「民主党の税調改革で『法人税減税』『社会保障と税の一体化』は実現するか」（政局ＬＩＶＥアナリティクス）ダイヤモンド・オンライン http://diamond.jp/articles/-/9938（最終確認二〇一六年一二月一二日）
（４）『毎日新聞』二〇一五年一二月一三日。
（５）加藤、前掲書、一〇五、二四五頁。

(6) 清水真人『消費税——政と官の「十年戦争」』(新潮社、二〇一三年)、八三－八四頁。
(7) 清水、前掲書(二〇一三年)、九〇－九六頁。
(8) 清水、前掲書(二〇一三年)、一〇二、一一二頁。
(9) 清水、前掲書(二〇一三年)、一〇六、一一〇頁。
(10) 大下英治『財務省秘録——大物次官、大臣らの証言で綴る』(徳間書店、二〇一二年)、二九四頁。
(11) 清水、前掲書(二〇一三年)、一一五－一一六頁。
(12) 清水、前掲書(二〇一三年)。
(13) 藤井裕久『消費増税の真実——「安倍政治」で日本が壊れる!』(朝日新聞出版、二〇一五年)、一一八－一一九頁。
(14) 藤井、前掲書、一四一頁。
(15)『朝日新聞』二〇一六年二月二九日。
(16) 山口二郎『政権交代とは何だったのか』(岩波新書、二〇一二年)、一〇七頁。
(17) 上久保誠人「民主党の税調改革で『法人税減税』『社会保障と税の一体化』は実現するか」(政局LIVEアナリティクス)ダイヤモンド・オンライン http://diamond.jp/articles/-/9938(最終確認二〇一六年一二月一二日)
(18) 清水、前掲書(二〇一三年)、一八〇、一八九頁。
(19) 藤井、前掲書、一六四、一六五頁。
(20) 藤井、前掲書、一七五頁。
(21) 清水、前掲書(二〇一三年)、二〇〇頁。
(22) 清水、前掲書(二〇一三年)、二〇五頁。

(23)『毎日新聞』二〇〇九年一一月二八日、『産経新聞』二〇一〇年一〇月三〇日。
(24)「財務省の「洗脳とメディア操作」を暴く〜高橋洋一氏×江田憲司氏〜」『週刊現代』二〇一二年四月二八日号など。
(25)清水真人『財務省と政治――「最強官庁」の虚像と実像』(中公新書、二〇一五年)、二一二―二一三頁。
(26)清水、前掲書(二〇一三年)、二二一頁。
(27)伊藤裕香子『消費税日記――検証 増税786日の攻防』(プレジデント社、二〇一三年)、二七三頁。
(28)『東京新聞』二〇一一年九月一〇日。
(29)清水、前掲書(二〇一三年)、二二八―二三〇、二五九頁。
(30)清水、前掲書(二〇一三年)、二三九―二四〇頁。また、三党合意においては、民主党政権の混迷にもかかわらず支持率のあがらない自民党からは、次期総選挙を念頭に国土強靭策が要求された。消費税率引き上げを優先させる財務省はこの要求をも飲み込み、三党合意の文章に書き入れられることになった(伊藤、前掲書、(二〇一三年)、八九頁)。
(31)清水、前掲書(二〇一五年)、二一八頁。
(32)清水、前掲書(二〇一三年)、二三七―二三八頁、伊藤、前掲書、二七三―二七四頁。
(33)内山融「経済財政政策――高度成長から負の分配へ」日本再建イニシアティヴ『「戦後保守」は終わったのか――自民党政治の危機』(角川新書、二〇一五年)、一四四頁。
(34)清水、前掲書(二〇一五年)、二一九、二二一頁。
(35)藤村修(インタビュー・構成：竹中治堅)『民主党を見つめ直す』(毎日新聞社、二〇一四年)、一五七―一五八、三〇五頁。

(36) 清水、前掲書（二〇一五年）、二一八頁。
(37) 伊藤、前掲書、一四七－一四八頁。
(38) 伊藤、前掲書、二九八頁。
(39) 内山、前掲論文、一三六頁。
(40) 伊藤、前掲書、一八頁。
(41) 内山、前掲論文、一四五頁。
(42) 清水、前掲書（二〇一五年）、二二九－二三〇頁。
(43) 清水、前掲書（二〇一五年）、二二八、二五三頁。
(44) 『産経新聞』二〇一五年一〇月一七日、『毎日新聞』二〇一五年一二月一五日。
(45) 清水、前掲書（二〇一五年）、二五四－二六〇頁。
(46) 清水、前掲書（二〇一五年）、二七一－二七二頁。
(47) 『毎日新聞』二〇一五年一二月一三日。
(48) 『産経新聞』二〇一五年一一月二五日。
(49) 『毎日新聞』二〇一五年一二月一三日。
(50) 『産経新聞』二〇一五年一〇月一七日。
(51) 『毎日新聞』二〇一六年五月二八日。
(52) 『毎日新聞』二〇一六年六月二日。
(53) 『産経新聞』二〇一六年六月一日。
(54) 『産経新聞』二〇一六年五月三〇日。
(55) 『毎日新聞』二〇一六年六月一日。

(56)『産経新聞』二〇一六年五月三一日。
(57) 牧原出『「安倍一強」の謎』(朝日新書、二〇一六年)、六二頁。
(58) 新川敏光『日本型福祉の政治経済学』(三一書房、一九九三年)、四四頁。
(59) 井手英策「福祉・雇用レジームの転換を妨げる財政の硬直性」『リアル・デモクラシー——ポスト「日本型利益政治」の構想』(岩波書店、二〇一六年)。
(60) 井手、前掲論文、二七二頁。
(61) 杉之原真子「少子化・女性・家族と『戦後保守の限界』」日本再建イニシアティブ『「戦後保守」は終わったのか——自民党政治の危機』(角川新書、二〇一五年)、二七八-二八〇頁。
(62) 杉之原、前掲論文、二八九-二九〇頁。
(63) 杉之原、前掲論文、二八九-二九〇頁。
(64) 杉之原、前掲論文、三〇〇頁。
(65) 青木理『日本会議の正体』(平凡社新書、二〇一六年)。
(66) 杉之原、前掲論文、二九七頁。

第6章

対外政策

●安全保障重視のアジア外交へ

佐橋 亮

過去一〇年にわたり東アジアの安全保障環境が悪化するなかで、アメリカを地域秩序のために活用したい日本は、その負担を共有すべく動いた。東アジア各国との外交において安全保障協力を重視し、さらに環太平洋パートナーシップ協定交渉にもついに応じる。一時期の例外を除けば、政官が政権交代にもかかわらず一貫して日米同盟とアジア外交を融解させてきた一方で、中韓両国との関係構築は大きな限界に直面している。

1 はじめに

戦後日本にとって日米安全保障体制はまさに外交の土台だった。アジア太平洋戦争の敗北後、困窮する経済を回復させ、国際舞台にいち早く復帰するための方策が求められていたとき、日本の戦略的重要性がアメリカによって発見されたことはまさに幸運としか言いようがない。敗戦国でありながら西側陣営内でも傑出した成長を遂げていく日本は、冷戦の論理から最大に受益した一国だろう。

他方で日本には、それまで結びついてきた地理的に近接するアジアとの関係を再構築したいという願望があった。それは第一に謝罪と賠償を手段とする。再び得た実力をもとに、日本は東南アジア開発やアジア地域主義において独自の構想力さえみせることがあった。それらには自主外交への希求を感じさせるものもある(1)。

冷戦終結前後から、国際社会に積極的な貢献を果たそうとする動きが強まる。国連平和維持活動や災害救援、さらに開発援助において日本は活動空間を拡大し、「人間の安全保障」のような新たな概念も編み出した。先進国として応分の負担をするという論理の裏には、国際的な威信の獲得も意識されていた。

しかし中国を始めとした新興国の台頭によりアジアの力の分布が変化し、冷戦以降に次第に定着してきたアメリカ主導の地域秩序の先行きが不透明になったことによって、日本外交は戦略を根本的に見直した上での対応を見せ始めている。

たとえば、東アジア各国との二カ国関係や地域の多国間外交と、日米同盟との連関を求めていく動きが強まっている。東アジアの防衛交流は単なる対話にとどまらず、実質的なプロジェクトや装備品・機材等の提供もともないつつある。「アジア外交の安全保障化」ともいえるこの傾向の背景には、北朝鮮による核ミサイル開発以上に、中国の成長によって日米の相対的な力が減退しつつあるとの状況認識、そして既存の秩序を保持するために力の糾合を図ろうとする意図がみえる。

対照的に、北東アジアの隣国である中国、韓国との二カ国関係では、歴史認識問題をめぐり市民社会の反応が厳しさを増すなかで、冷戦期に編み出された関係性が根底から揺らいでいる。もちろん隣国外交は依然として行われているものの完全な修復に至ることはできておらず、とりわけ中国に関してはそれが投げかける安全保障や国際秩序への挑戦が進行していることも、事態の打開を難しいものにしている。

すなわち、日米同盟の位置づけは日本のアジア外交、経済外交にいっそう波及しつつあり、他方で安全保障政策の焦点として東アジアはいっそう重視されている。このような変容は政権交代に左右されていない。国際環境を強く意識する官僚機構が政治リーダーシップ不在のなかで連続性を担保していることが大きく、強固なリーダーシップをともなった第二次・第三次安倍政権の基盤の強さがその動きを加速させている。

本章は二〇〇六年に発足した第一次安倍政権以降の日本外交を対象として、そうした過程を論じていく。鳩山政権という一時の例外的な現象はあるにせよ、日米同盟を地域秩序に位置づけ直そうとする傾向はほぼ一貫しており、それはアジア再重点化を打ち出していくオバマ政権と共鳴しただけでなく、むしろそれを牽引していこうとするほどのものでもあった。本章は一〇年にわたる日本の対外政策全般を対象とするものではなく、たとえば普天間飛行場移設問題は扱わないこと(2)をお断りしておきたい。

2　地域環境の悪化

政権ごとの分析に入る前に、ここでは今世紀に日本を取り巻いた国際環境について簡単に概説しておきたい。対外政策は、内政や情念に影響される側面はあるものの、基本的には国際環境に大きな影響を受けて成立するものであり、この時期の日本外交も例外ではない。

二〇〇一年九月一一日における米同時多発テロの発生により、米英軍はアフガニスタンに対する「不朽の自由」作戦をすぐさま展開、タリバーン政権の放逐、カルザイに率いられた臨時政府の樹立へと進む。冷戦終結後、旧ユーゴスラビアをはじめ多くの内戦、人道上の惨禍に干渉したアメリカの国際主義は果敢な利他主義に支えられていた側面もあったが、自らが攻撃の対象となった同時多発テロにより、自らの安全保障を図るためにテロとの戦いを進めていく。同盟国やパートナー国に求められたのは、テロとの戦いを正当化し、そのグローバルな展開を担う有志連合に参加することであった。(3)

一九九一年の湾岸戦争に際して、制約のなかでもアメリカや中東諸国を支援しようと試み、とりわけ最終的には一三〇億ドルに上る資金援助を行ったにもかかわらず、それに見合う評判を日本は得られなかった。少なくとも、そのような記憶をとどめていた日本政府は、同時多発テロに際して、迅速にアメリカの支援を決める。(4)小泉純一郎政権は、その後も日米同盟のグローバルな協力を強めていくことになる。(5)

一方で、テロとの戦いの進展と同時期に、東アジアにおける安全保障環境も悪化の一途をたどっていた。二〇〇二年九月における第一次小泉首相訪朝の直後、ケリー米国務次官補の訪朝に際して北朝鮮は濃縮ウランの開発を否定せず、「第二次北朝鮮核危機」が進展していく。二〇〇六年以降、北朝鮮は五回の核実験を行い、ミサイル発射実験も継続している。今日、核弾頭の実用化は進み、大陸間弾道弾の能力獲得も時間の問題とみられている。(6) 日米両国はときに外交面で足並みの乱れをみせているが、ミサイル防衛網での協力をはじめ、軍事面では一貫して不安定化に備える方策を模索している。

さらに中国の台頭が地域に与える負の影響も徐々に意識され始める。当初、それは中国国防予算の伸び率が年一〇パーセントを維持し、またその内容が不透明、かつ他国であれば含められている予算項目が入っていないという批判にとどまっていた。

より具体的な警戒心が周辺諸国に強まる転機の一つは、二〇〇八年となる。アメリカが大統領選挙に湧いたこの年一〇月、人民解放軍の駆逐艦四隻は津軽海峡を経由し太平洋側から日本を周回、一一月には別の四隻が宮古海峡を通過する。さらに一二月には中国政府公船が尖閣諸島周辺の領海に侵入した。同じ頃、南シナ海ではベトナムの漁船が相次いで中国政府に拿捕されている。その後も解放軍海軍は積極的に海洋進出を進めていく。(7)

二〇〇九年に成立したオバマ政権もしだいに中国政府への批判を強める。翌年のASEAN地域フォーラムにおいてクリントン国務長官は南シナ海問題を取り上げ、それは中国の激しい反発を招いた。オバマ政権は、東アジア首脳会議など多国間制度への参画を強めると同時に、二カ国間での安全保障協力を進めるアジア・リバランス（再重点化）の方針を打ち出していく。(8)

二〇一〇年、一二年に二度にわたって尖閣諸島をめぐり日中関係が著しく悪化、その後も尖閣周辺の海空域は自衛隊や人民解放軍、さらに両政府の法執行機関等の活動が増している。南シナ海においても中国は二〇一三年末より埋め立て作業を本格化させ、一五年からは滑走路の敷設、地対空ミサイルの配備など実質的な軍事化を始めている。

事態の展開に則して、日本は尖閣諸島が日米安全保障条約第五条の適用対象とアメリカに確認させることで抑止を図ろうとし、ASEANもアメリカを地域制度に引き込むことで対中バランスの維持をねらった。他方で、アメリカは軍事能力や関与の強化を目的としたわけではない。影響力を維持した上で、アジアの世紀において自由貿易や価値観の浸透を目指し、秩序構築の主導権をとることを期した。そのため環太平洋パートナーシップ（TPP）交渉はアジア政策の重要な柱とされた。

オバマ政権は同時に中国との対話の機会を重視していた。それは二〇一三年秋の習近平国家主席とオバマ大統領の長時間の首脳会談に象徴される。しかし、中国発のサイバー攻撃がアメリカの政府と企業に奥深く侵入し、南シナ海における目に見える現状への挑戦もあわさって、二〇一五年以降米中関係は「変節点」を超えたという評価が一般的になっている。(9)

さらに、長期的見地からも、たとえば人民解放軍による対艦ミサイル等の開発・配備が西太平洋への米軍の戦力投射を困難とするといった新たな軍事技術に懸念が強まっている。(10)米国防総省が提唱する「サード・オフセット戦略」でも、ロシアと並び中国の能力を意識したうえで、民間を含め先進技術を取り入れた米軍の能力を開発し、優位を取り戻そうとする試みがなされている。(11)

すなわち、北朝鮮の核、ミサイル開発にくわえ、中国が地域秩序に与える影響が安全保障面で具現化してきたのが、この一〇年の流れと言えよう。

3　第一次自公政権末期――アジア外交の強化

（1）安倍政権と価値外交

五年以上にわたる長期政権となった小泉純一郎政権の後を継ぐ形で船出した第一次安倍晋三政権は、靖国神社参拝問題により小泉政権期に硬直化した隣国との関係を修復するという使命を帯び、実際にそれを果たしていくことになる。同時に、所信表明演説（二〇〇六年九月）からアメリカとの「世界とアジアのための」同盟関係を強調し、その地平をオーストラリア、インドといった基本的価値を共有する国家との関係構築を通じて拡大することも謳っていた。「主張する外交」への転換も訴えている(12)。

安倍政権の特徴は、そのように矛盾しかねない課題をともに追求しようとしたことにあった。すなわち、隣国外交の修復を行うことと、基本的価値を強調した外交姿勢、さらに歴史認識問題で自らの立場を主張することを両立させるのは容易ではなく、政権後期にはその限界も露呈することになる。

焦眉の急であった中国との冷え切った外交関係の修復には、谷内正太郎外務次官が大きな役割を担った。谷内は小泉政権期より戴秉国外務次官との個人的な信頼関係を構築しており、安倍政権が発足すると関係打開をともに模索する。安倍は政治的配慮から、中国政府が懸念する靖国神社への参拝に行くとも行かないともいわない曖昧な姿勢を国内で貫くが、中国政府はそれを実質的に受け入れる形で訪中を受諾、安倍は第一の外遊先として北京を訪れる。(13) 〇六年七月に日本海に向けた七発のミサイル発射、一〇月に核実験を行うなど北朝鮮を取り巻く安全保障環境が悪化していたことも後押しとなった。

オーストラリアやインドとの安全保障パートナーシップの構築も、第一次安倍政権期の特徴となる。〇七年三月、保守連合のハワード政権に率いられたオーストラリアと日本政府は安全保障共同宣言を行う。オーストラリアとの関係は、カンボジア、東ティモール、そしてイラクと続いた九〇年代からの協力関係とアジア地政学に関心を深めたオーストラリア政府の積極姿勢のうえになりたっている。条約に基づいた同盟関係ではないにせよ、戦後日本はアメリカ以外の国と初めて、安全保障協力に特化した宣言を発出し、テロや大量破壊兵器、平和維持、国境を越える犯罪などグローバルに存在する非伝統的な安全保障課題への協力を深めていくことに合意した。日米豪外相級戦略対話（TSD）、日豪外務防衛担当閣僚協議（2+2）も発足するなど制度化も進む。これは従来二カ国間同盟によって成り立っていたアジア太平洋におけるアメリカの同盟ネットワーク（ハブ・アンド・スポークス）を、新たな段階に引き上げるものでもあった。(14)

インドとも〇六年一二月に戦略的グローバルパートナーシップの実質化に合意がみられ、日印は戦略協議の枠組みを設けるだけでなく、アメリカを含めた三カ国などの形式で共同訓練を本格化させていくことになる。

第二・第三次安倍政権との比較で興味深いのは、この時期東南アジア外交があまり強調されていないことだ。小泉政権期、二〇〇五年にG4として提出された国連安保理枠組み決議案にASEANから共同提出国はついに現れなかった。それにもかかわらず、安倍が就任前に出版した『美しい国へ』も、ほぼ東南アジアに言及しておらず[15]、ASEANへの総理外遊は多国間会議にあわせた訪問をいれても四カ国にとどまっている。価値外交を標榜するなかでヨーロッパとの連携が念頭に置かれ、〇七年一月にブリュッセルの北大西洋条約機構（NATO）本部で安倍自らが演説したことと対照的である。

第一次安倍政権において歴史認識と日米関係の接点もみられる。〇七年一月にアメリカ連邦議会下院においてマイク・ホンダ議員が「慰安婦決議案」を提出したとき、官憲による強制的な連行は認められていないことを安倍はメディアで繰り返し説明し、「狭義の強制性」は認められていないとの内容を三月に閣議決定、一部の国会議員と民間人はワシントン・ポスト紙に意見広告を掲載する。アメリカ政治の雰囲気の悪さは決定的となり、下院決議は成立した[16]。また八月には閣僚から高市早苗が靖国神社を参拝している。

（2）共鳴外交を唱えた福田政権

第二一回参議院選挙（二〇〇七年七月）で、自民党・公明党の与党は過半数を割り込む惨敗を喫し、自民党は参議院第一党の座も失うことになった。引責辞任を否定し、改造内閣を発足させた安倍だったが、九月に電撃的に辞任する。「ねじれ国会」という条件のもと、困難な政権運営を引き継いだのは、小泉政権で長く官房長官を務め、また外交通として国内外に広く知られていた福田康夫だった。

福田は所信表明演説において、自らの外交方針を簡潔にまとめている。「日米同盟の強化とアジア外交の推進が共鳴し、すべてのアジア諸国において安定と成長が根付くよう、積極的アジア外交を進めます」[17]。

この「共鳴外交」は日米同盟を、日中関係を含むアジア外交と同時に追求しようとしたものであり、またそれが可能との前提に立つものだった。福田には日中関係を悪化させれば[18]、米中関係が良好であれば日本が対米関係でもアジアでも立場を失ってしまうとの懸念もあった。外交を得意とした福田らしい、伝統的な日本の対外政策をシンプルに表現した方針である。

就任直後の福田が直面した最大の外交課題は安倍と変わらず、日米協力の柱とみられたインド洋での給油問題だった。一一月にはテロ特別措置法が期限切れとなる。政府と与党は新法案の策定を目指すが、夏の選挙で参議院の過半を占めた民主党、その党首の小沢一郎は給油活動のいっさいを認めず、むしろアフガニスタンの国際治安支援部隊（ＩＳＡＦ）に参加すべきとの姿勢をとっていた[19]。政府は、国際社会によるテロへの取り組みの必要性と給油活動の合憲性を訴える。防衛省に関する不祥事が相次ぎ政治環境は厳しかったが、臨時国会が越年した一月、参議院の否決後に衆議院が再可決する形でインド洋での給油・給水に活動を限定した新法を成立させた[20]。

福田は日米関係や安全保障政策で新しい成果を作るというよりは、厳しい政治環境のなかで維持すべきものを維持することに専心せざるをえなかった。安倍政権が模索した国家安全保障会議構想、集団的自衛権の検討のために設けられた安全保障の法的基盤に関する懇談会はともに葬られる。他方で、アメリカとのパイプ作りを重視し、それはアメリカのシンクタンクを資金的に支援するイニシアティブへとつながっていく[21]。

日中平和友好条約を成し遂げた福田赳夫の息子としても、日中関係は福田の外交にとって大きな柱だった。就任直後に三〇分近くの電話会談を行ったことも異例だったが、一二月の訪中では胡錦濤国家主席より破格の待遇で迎えられる。そして翌年五月に訪中した胡錦濤との日中首脳会談では、前政権以来の「戦略的互恵関係」に基づく具体的な協力と交流について多岐にわたって合意し、東シナ海ガス田開発問題でも両首脳は話し合い、それを成果と発表した。日中関係が悪化すればそれは日本外交の足かせとなると福田は考えていた。しかし、まさにこの頃より中国は海洋進出へと舵を切り始めており、毒ギョウザ事件が写しだした中国社会のひずみとあわせ、日本外交における中国の位置づけは変化していく(22)。

福田は韓国とは頻繁な首脳の往来というシャトル外交を軸に協力関係を築く兆しを見せていたが、他方で父が打ち出した福田ドクトリンに比するような日ASEAN関係の新機軸を打ち出すことはなかった(23)。

(3) 麻生政権と「自由と繁栄の弧」

福田は、「ねじれ国会」のもと安定した政権運営ができないことを理由として辞任する。後を継いだのは、安倍政権で外相を務めた麻生太郎だった。

国会ではインド洋における給油活動が引き続き野党民主党から厳しい追及の対象となった。しかしこの時期、ソマリア湾周辺をはじめ、日本にとっても重要な海上交通路における海賊活動が急増しており、対応が急務になっていた。日本船主協会は国土交通大臣に対し、便宜置籍船を含む日本関係船舶の安全確保のための具体的行動を求めた。給油活動と異なり、日本の利益が明瞭であったこともあり、これが与野党の政治争点となることはなかった[24]。二〇〇九年三月、浜田防衛大臣は海上警備行動を発令、海上自衛隊駆逐艦二艦、P3C哨戒機を派遣、そして同年七月に海賊対処法が施行されると日本は海賊対処活動を継続して行うことになる。また、その任務を円滑に進めるため、日本は沿岸国のジブチに施設を置くための地位協定を結ぶことになる。これは日本にとって初めての自衛隊海外施設となった。

麻生は第一次安倍政権の外相として唱えていた「自由と繁栄の弧」の考えを施政方針演説においても述べている。アジアに限定せずにユーラシア大陸とインド洋を広く射程に含めて、国際協調を図っていこうとする考えだった。日印安保共同宣言にみられるように戦略性を感じさせる動きはみえるが、与野党の激しい攻防のなかで目立った動きはなかった。

麻生内閣のもと、防衛計画の大綱の策定のために、東京電力の勝俣恒久会長を座長とした「安全保障と防衛力に関する懇談会」が設置されている。答申された内容は、東アジアにおける安全保障とグローバルな安全保障を優先順位の上で峻別せず、抑止概念の洗練化にも踏みこまずに重層的な協力関係の構築を強調するものにとどまった[25]。なお報告書は提出されたが、政権交代後に鳩山政権は新たな懇談会設置を決定する。

麻生は、安倍が修復し福田が固めた日中関係の基盤のうえにアジア外交を重視する。それまでASEAN関連首脳会議にあわせて実施されていた日中韓首脳会議を、初めて他の国際会議にあわせた形ではなく福岡県にて開催した[26]。また北京を訪問した麻生は、「永遠の隣人」と中国を位置づけた。

グローバル金融危機で中国はむしろ自信を深め、北朝鮮は〇九年春に相次いでミサイル実験を繰り返し、二度目の核実験も強行していた。東アジアにおいて悪化する安全保障環境に対応するための本格的な動きを起こす前に、麻生政権は解散総選挙を行い、その幕を閉じることになる。

それぞれの持ち味が発揮される前に政権の命が奪われたのが第一次自公政権末期であった。新興国の成長が地域の力の均衡を変化させるなかで、アメリカに加え新たなパートナーを追い求め始める日本外交の動きは萌芽していた。しかし、日米協力の焦点となった給油問題は国内政治の一大争点となり、政権を苦しめた。そして中国の台頭が地域秩序に本格的な挑戦をもたらし始めたとき、日本には歴史的な政権交代により民主党を中心とする新たな政治の枠組みが登場する。

4　民主党政権における対外政策――「同盟の論理」の再浸透

（1）刷新性を追求した鳩山政権

二〇〇九年夏の衆院選において地滑り的な勝利を得て発足した民主党、社民党、国民新党の連立による鳩山由紀夫政権は、参議院でも過半を占め、当初有権者の支持も七割程度ときわめて強固な地盤の上に発足した(27)。

鳩山の外交観はユニークなものであった。就任前に鳩山は、「覇権国家でありつづけようと奮闘するアメリカと、覇権国家たらんと企図する中国の狭間で、日本はいかにして政治的経済的自立を維持し、国益を守っていくのか」と書いている(28)。日本外交に「自立」を求め、同盟を相対化している。

鳩山政権が発足直後に策定した基本方針でも、この点は引き継がれている。「自立した外交により、世界の平和創造と課題解決に取り組む、尊厳ある国家を目指します。極端な二国間主義や、単純な国連至上主義ではなく、長期的な構想力と行動力を持った、主体的な外交を展開します。緊密かつ対等な日米同盟を再構築するため、協力関係を強化し、両国間の懸案についても率直に話し合います」[29]。

対米関係に自立と対等を求める姿勢は、近年の日本外交に見られないものだ。共鳴外交を唱えた福田も、対米関係に大きな政治資源を投入し、その目的にかなう範囲で日中関係をはじめとしたアジア外交に注力した。しかし鳩山政権は、普天間飛行場移設の再検討を表明するとともに、アジアではアメリカを含まない「東アジア共同体構想」を唱道するというように[30]、この地域におけるアメリカの役割見直しを示唆していた。年末に行われた、小沢一郎幹事長ら数百名規模での訪中団派遣も、そのような姿勢の表れと受け止められた。

官主導で、巻き返しは静かに行われる。「東アジア共同体構想」は、秋のシンガポールでの演説ではすでに、日米同盟とアメリカ主導の地域秩序を補完するために機能別協力を日本が推進する内容へと変質していた。〇九年末に策定された「新成長戦略（基本方針）」でも、「二〇一〇年に日本がホスト国となるAPECの枠組みを活用し、二〇二〇年を目標にアジア太平洋自由貿易圏FTAAPを構築するための我が国としての道筋を策定する」[31]とされており、政治だけでなく経済分野を含め、日本の地域戦略におけるアメリカの役割が従来と変わらないことが確認されている。

鳩山政権は政治主導で普天間飛行場移設の再検討を進め、それは混乱を極めた。政治とカネの問題とあわさり、政権の命脈は一〇カ月で絶たれる。隣国関係に成果を求めた鳩山だったが、とくにめぼしい成果を上げることなく官邸を去ることになる。

（2）対米協力志向を強めた菅・野田政権

ポスト鳩山の民主党政権期には、日米同盟の論理の強まりをアジア外交において観察できる。オバマ政権によるアジア・リバランス、また南シナ海領有権問題が争点化していくこの時期、日本外交はアメリカを包含した地域制度、アメリカと歩調を合わせた各国との政治・安全保障協力、TPP交渉への参加を進めていく菅直人政権は発足直後、尖閣諸島周辺海域で違法に操業する漁船船長の逮捕拘留問題で混乱したが、この時期を通じてアメリカを安全保障にとどまらず東アジアの秩序形成に取り込もうとする政策は一貫して見られる。菅はTPP交渉への参加に向けて「第三の開国」と大上段に構えたにもかかわらず党内をまとめきれなかったが、つづく野田は実質的な交渉参加を決定している[32]。

菅政権が二〇一〇年末に改定した防衛大綱は、それ以前に同様の記述のない、アジア太平洋におけるアメリカの同盟ネットワークの強化を訴えるものとなった。「米国の同盟国であり、我が国と基本的な価値及び安全保障上の多くの利益を共有する韓国及びオーストラリアとは、二国間及び米国を含めた多国間での協力を強化する[33]。そして、伝統的パートナーであるＡＳＥＡＮ諸国との安全保障協力を維持・強化していく。また、アフリカ、中東から東アジアに至る海上交通の安全確保等に共通の利害を有するインドを始めとする関係各国との協力を強化する[34]」との記述が盛り込まれている。一一年六月に行われた外務・防衛閣僚会談（日米２＋２）の共同声明も、共通の戦略目標として、オーストラリア、韓国とそれぞれにアメリカを含んだ三カ国協力強化、ＡＳＥＡＮとの安全保障協力、インドとの対話の促進も挙げた。

訪米した前原外務大臣による演説も、アジア太平洋における同盟の役割、アメリカの地域秩序における重要性を再三強調する。「日米同盟は、日本の防衛のみならず、アジア太平洋地域の公共財として、地域の平和と安定にとって死活的に重要…（中略）アジア太平洋において、私たち日米両国に課せられた最優先の事項は、地域における新しい秩序形成に全面的かつ全力で取り組んでいくことではないでしょうか。（中略）東アジア首脳会議（ＥＡＳ）への米国の参加は日本がかねてより呼びかけていたもので、日本は昨年の米国及びロシアの参加決定を歓迎しています(35)」。

東日本大震災での対応のまずさもあって党内から支持を失った菅がついに政権の座を明け渡すと、野田佳彦が首相に就任する(36)。野田には政権運営への不信感を回復するという大きな課題が課せられていた。野田個人の資質や、政策の方向性に対しては国内外から決して低い評価が与えられていたとは言えない(37)。武器輸出三原則等について、例外扱いしてきた防衛装備品の海外移転の基準を一一年一二月に官房長官談話にて定めるなど、新たな動きもみられた(38)。しかし、相次いで防衛大臣が更迭されるなど、再び人事が政権の安定性を奪った。

野田はアジア太平洋に大きな関心を寄せていた。一二年一月の通常国会で行われた施政方針演説は、アジアと太平洋にまたがった海洋国家として日本を位置づけたうえで、リスクが高まるなかで日米同盟が地域秩序とルール形成に中心的な役割を果たしていくことを表明する。「太平洋憲章」の策定を訴える演説も模索されていたという(39)。

中国の海洋進出を念頭に置いた動きも着実に進められた。一二年四月に発出された日米２＋２共同声明において、日本は「例えば沿岸国への巡視船の提供といった政府開発援助（ＯＤＡ）の戦略的な活用を含むこの地域の安全の増進のためのさまざまな措置をとる考えである」と表明している。すなわち、アジア各国への能力構築を手段とした安全保障協力の深化を、日本が率先して表明している。就任直後の一一年九月のフィリピンとの戦略的パートナーシップ共同声明も同様の文脈と位置づけられる。くわえて五月にはオーストラリア政府と秘密情報保護協定を締結する。一二年秋、日本政府の働きかけもあり初めて米中を含む形で拡大開催されたＡＳＥＡＮ海洋安全保障フォーラムでは、鶴岡公二外務審議官が「力は正義」ではないと演説している(40)。

一方、隣国関係の悪化は目立っている。韓国政府は日本政府と取り交わす予定だった秘密軍事情報保護協定を直前で撤回、慰安婦問題の前進を目指すことを理由として李明博大統領は竹島に上陸する。ロシア高官も相次いで北方領土を訪問する。そして、尖閣諸島の民間保有地を購入する動きをみせた石原慎太郎東京都知事の対中姿勢を懸念した野田が尖閣国有化を決定したとき、中国の政治変動とも時期的に重なったこともあり、中国政府は強く批判し、日中関係にはその後も大きな火種が燻ることになる(41)。

これらは必ずしも野田政権のみに原因を帰することのできる性格のものではなく、各国の国内政治が複雑に絡み合っている。しかし、日本外交にとって周辺環境が悪化したことは事実だ。第二次安倍政権は、そのような時期に発足した。

5　第二次・第三次安倍政権――日米同盟とアジア外交の融解

（1）安全保障化するアジア外交

二〇一二年九月の自民党総裁選において選出された安倍晋三は、一二月の衆議院選挙の結果を踏まえ公明党との連立による第二次安倍政権を発足させる。第一次政権後の五年余りにおよぶ期間に地域情勢に対応して変質してきた安全保障重視の外交の流れを引き継ぎ、それをいっきに加速させた。外遊の多さも際立つが、防衛予算の増額、防衛装備品三原則の策定、平和安全保障法制の施行など政策のプラットフォームも変革させている。

アジア外交には、第一次政権よりも明確に重点が与えられている。就任翌日、安倍は「安全保障ダイアモンド」構想を英語メディアに発表する。(42) その後、公式な立場として安倍がこの構想を直接持ち出すことはないが、安倍外交の考え方を知る上では興味深い。東京、ハワイ、オーストラリア、インドにダイアモンド形の線を引く考えは、「自由と繁栄の弧」と同様に基本的価値を重視しつつも、地理的な射程を狭めるものだった。

安倍は所信表明演説、続く通常国会での施政方針で相次ぎ海洋アジアとの協力強化を盛り込み、再就任後一年のうちにＡＳＥＡＮ加盟国すべてを歴訪した。アルジェリアにおいて発生した日本人人質事件の発生で実施されることはなかったジャカルタ演説の草案も、アジアにとっての海洋の意味を再確認しつつ、ルールと価値観を強調するものだった。この演説案は日米同盟の重要性を第一に強調しており、日ＡＳＥＡＮ協力の前に同盟に触れることは異例だった[43]。安全保障の焦点化は明確であり、安倍は訪問した各国で能力構築等を重要テーマとして取り上げる。中国に近いとされるカンボジアやラオスへの訪問も例外ではなかった。

一三年一二月にはじめて策定された国家安全保障戦略も、「日米同盟の強化、域内外のパートナーとの信頼・協力関係の強化、実際的な安全保障協力の推進」を、地域の安全保障環境を改善し、脅威を未然に防ぐ目標にかなう手段と位置づけたうえで、韓国、オーストラリア、ＡＳＥＡＮ諸国、およびインドをパートナーとして挙げている。ほかには欧州への言及も見られるが、項目としては域外国として一括されている[44]。

アジア外交の安全保障化は明確だった。そして点と線をつなぐのではなく、海洋アジアの中核を占めるＡＳＥＡＮ諸国への活発な外交こそ、第一次政権との大きな違いとなった。

同時期、日中関係は緊張を深めていた。一三年一月には解放軍海軍が自衛隊所属のヘリ、護衛艦に相次ぎレーダーを照射、一一月には東シナ海に日本が設定している領域に重ねる形で中国政府は一方的に防空識別圏を設定する。直前の九月に米中両首脳が八時間にもおよぶ会談を行い、習近平が提起した「新型大国関係」にライス国家安全保障担当大統領補佐官が講演で言及した直後であり、日米中関係の構図に変化がみられたタイミングと符合していた[45]。

アジア外交は中国の積極姿勢に外交的に対応する手段でもあった。日ＡＳＥＡＮ特別首脳会議（一三年一二月）の場で、日本は日ＡＳＥＡＮ協力のさらなる強化を約束、翌一四年にはフォローアップとして日ＡＳＥＡＮ国防大臣ラウンドテーブルも初めて開催される。ただし日米と中国との間で適切な間合いを計ろうとするＡＳＥＡＮは慎重姿勢を崩さず、特別首脳会議の成果文書は、日本政府の希望とは異なり中国や安全保障上の脅威を連想させる言葉を慎んでいる[46]。その後、南シナ海における中国の行動がより野心的になるにしたがって、ＡＳＥＡＮ諸国の対応のばらつきは目立つようになっていく。

一四年五月、イギリス戦略国際問題研究所が主催するシャングリラ・ダイアローグ（アジア安全保障会議）において、安倍は日本の総理として初めて基調講演を行っている。安倍はＡＳＥＡＮ各国への安全保障協力を重視する方針を強調し、航海の自由をはじめとしたルール遵守を訴え、東アジア首脳会議など多国間対話も外交圧力を生む場として活用すべきと提案している[47]。地域の協調と包摂性を目指すというより、中国を念頭に置いた外交的修辞に満ちており、これは隣国外交においてまたは九〇年代以来アジアの多国間協力において旧来表現されてきたものと異なっている。

中国をはじめ新興国が台頭するなか、日本だけで既存の力の均衡を維持することはできない。安倍政権にとって同盟の強化、アメリカのアジアにおける存在感の確保は重要な課題だった。

しかし同盟重視の安倍政権も、当初は日米関係で多くの困難に直面した。就任直後に模索された訪米は延期され、その後も内戦が激化するシリアへの対応をめぐって日本政府とアメリカ政府との間は大きな緊張が生まれる[48]。一三年末に行われた安倍の靖国神社参拝にあたって国務省は「失望」という表現を用いた。

安倍が最も関係を深めたのは、保守連合政権の首相としてオーストラリアを率いたアボットだった。一四年に、日本の総理として一二年ぶりに同国を訪問した安倍は、経済パートナーシップ協定を署名、安全保障協力の進展も約束した。同年秋の日米豪首脳会談に見られるように、安全保障政策における三カ国協力もアジア太平洋において想定される事態を念頭に置いた共同訓練の増加などに焦点がおかれている[49]。

(2) 隣国外交の改善と限界

安倍による靖国神社参拝は、東シナ海への防空識別圏設定をはじめ領土に関する強硬姿勢で劣勢にあった中国に日本を批判する口実を与えることになった。一四年は歴史に関する広報外交が日中で活発化する。しかしその一方で、安倍政権は対米関係[50]に加えて中国との関係修復を模索していた。

日中関係の冷え込みは長期化しており、両国内では経済への悪影響を懸念する声が強まっていた。また一四年初夏には人民解放軍機と自衛隊機の異常接近が繰り返されるなどリスクも高まっていた。さらに安倍が日中関係の修復を検討し始めたのは衆議院の解散総選挙を念頭に置き始めた時期に符合するとの指摘もある[51]。

元総理の福田が中国と安倍の仲介役を務めることになる。中国最高指導者とのパイプを持つ福田は訪中を重ね、国家安全保障局長の谷内正太郎のもとで具体的な交渉へと進む[52]。北京でのAPEC直前に公表された「日中関係の改善に向けた話合い」と題する文章は、日本語、日本政府作成の英文、中国語、中国政府作成の英文それぞれが微妙に異なるニュアンスをもっており、ついに両政府が不同意への同意に至ったことを示していた。

しかし日中首脳会談後も、尖閣周辺において活動する中国政府船舶の規模は巨大化しており、緊張が解けているとは言いがたい[53]。また一五年には中国が主導するアジア・インフラ投資銀行など既存の地域秩序・制度への挑戦ともみられる動きが日本政府を刺激した。日本は一三年の防衛大綱において尖閣を含む南西諸島を念頭に、島嶼防衛能力の強化を謳い、その後も南西諸島における自衛隊施設の建造、航空自衛隊F15部隊の那覇空港基地への移設、また海上保安庁の増強に取り組んでいる。両政府は尖閣諸島、歴史認識、地域秩序構想にわたって対立の種を抱えている。

日韓関係は、李明博大統領の竹島上陸によって悪化の一途をたどり、朴槿恵大統領のもとでも当初変化はなかった。いわゆる慰安婦問題や徴用工問題など歴史認識に関して韓国政府の姿勢は合意点を固めづらいものにしていた。北朝鮮への対処で日米韓連携を重要視するアメリカの強い後押しがあり、一四年三月に日米韓首脳会談が実施される。しかし日韓国交正常化五〇周年にあたる一五年も、両政府の話し合いは一進一退を繰り返す。八月に発表された戦後七〇周年にあたっての「安倍談話」は過去の談話を踏襲したものにとどまり、一一月に日中韓首脳会談のソウル開催を機に安倍は訪韓、翌月に岸田文雄外相と尹炳世外相は慰安婦問題に関して、基金の設置を含む新たな合意をみた。また、北朝鮮の脅威が増すなか一六年一一月には日韓秘密軍事情報保護協定がついに署名された。しかし、その後も日韓関係は国内政治に脆弱なままだ。その背景に、韓国の認識の上でのパワーバランスの変化を挙げる指摘も多く、アメリカの同盟国という共通性をのぞけば日韓両国の溝は深い。

(3) 地域に射程を狭めていく安全保障政策

二〇一五年春、日米両政府は防衛協力のための指針(ガイドライン)を一八年ぶりに改定し、同盟は新たな段階へと至った。一三年一〇月の日米2+2でガイドライン変更の方針が正式に打ち出されたのが結実したものだ。

新ガイドラインは、平時から省庁横断的に同盟調整メカニズムを設置し、共同計画の策定を図るなど日米両政府の連絡・調整強化を重要な柱としている。そのうえで、平時における協力メニューを充実させることで抑止を図ること、宇宙・サイバー空間に政府が一丸となって取り組むことが目立っている。併行して議論が続いていた平和・安全保障法制のもとで新たに可能となるオペレーションも盛り込まれている[54]。

防衛協力を定めるガイドラインが日本の平和と安全を中核に据えるのは当然だが、新ガイドラインは地域における協力についても充実している。すでに一三年の2+2は各国の能力構築に関する日米協力に触れ、日本の政府開発援助が海洋安全保障に活用されることへのアメリカの支持を示していたが、新ガイドラインは多様な分野を逐一明記した上で能力構築において協力する指針を示している。同時に発表された共同文書は、この分野におけるオーストラリアとの三カ国協力を東南アジアで進めることにも触れている。

日本のアジア外交の安全保障化はアメリカに「負担共有」として認められ得るものだった。オバマ政権はフィリピンとは米比防衛協力強化協定の締結（一四年四月）を通じて米軍のアクセスを増やし、ASEAN諸国とも防衛交流にとどまらず能力構築を支援する安全保障協力を進展させており[55]、日本政府はその動きと軌を一にした対応をしていたことになる。ほかにも、日本はフィリピンにつづきベトナムへの巡視船供与も進めており、東南アジア各国の海上安全の担当機関職員への研修も拡大させている。[56] 一五年冬、ASEAN加盟国として初めてインドネシアと外務・防衛閣僚会合（2+2）が行われる。日本企業が生産する救難飛行艇への関心をインドネシアは表明し、またインドネシア主催演習への自衛隊参加も決まった。[57] さらに、安倍政権はインドのモディ首相とすでに八回の首脳会談を行っている。一五年一二月、日印首脳は防衛装備品及び技術移転協定、情報保護協定に署名しており、米印合同演習「マラバール」への自衛隊の参加も引き続き歓迎されると発表された。[58] 一六年一一月には日印原子力協定が署名された。

「アジアの世紀」の経済果実を取り込むため、オバマ政権のアジア再重点化政策にとってTPPは欠かすことのできない柱であった。[59] 民主党政権を批判し、聖域なきTPP交渉には断固反対と訴えて選挙を戦った安倍であったが、政権をとると交渉への参加を決断する。安全保障、経済、価値観が一体となった既存の秩序を構築するうえでアメリカの存在感は死活的に重要であり、またアメリカのアジア政策を下支えする意味も大きかった。[60]

自らが思い描くアメリカ主導の地域秩序の維持のために、日本外交がアメリカを牽引するかにみえることも多い。たとえば、習近平の唱える「新型大国関係」にアメリカ政府が肯定的な対応をみせると日本政府は強く反発した。一三年から一四年にかけて米中関係重視がめだつなどオバマ政権の再重点化政策の秩序構想には混乱がみえることもあったが、日本はアジア外交の安全保障化をほぼ一貫させており、アメリカの主導性と同盟ネットワークを秩序の柱と位置づけている。

ところで、アジアの重点化に日米の関心が一致し始めることと裏腹に、日米協力のグローバル化という文脈は弱まっている。同時多発テロ発生を受けて、小泉政権はインド洋における給油活動、イラクにおける人道復興支援活動を開始するなどグローバルな協力を本格化させた。これらは同盟管理を重視する政官の判断によって行われており[61]、自衛隊の行動空間は急速に拡大した。国民的合意が存在したとは言いがたく、第一次安倍、福田両政権は特措法延長問題によって政権運営が行き詰まる。その後もソマリア湾・アデン沖での海賊対処活動やハイチ、南スーダンへのＰＫＯ派遣によって多数の自衛官がアジアの外へ派遣されているが、日米協力の主たる関心はアジアへと回帰している。

アジアにおいて同盟、パートナーシップが強まっている状況は、ロシアの挑戦に直面するＮＡＴＯがグローバルな協力から領域防衛へと関心を戻している動きに符合しているかのようでもある[62]。そのような動きを支えているのは中国問題に他ならない。同盟の本質に地政学的課題としての中国を位置づけた同盟再構築を唱える両政府の元高官による民間提言は、少なくとも日本政府周辺の雰囲気をよく捉えている[63]。日本外交は、秩序を所与のものとする受け身の外交から、より「能動的」な外交へと変貌しつつある。ただし、今後北朝鮮の核・ミサイル開発がいっそう進展するなかで、日米両政府の安全保障政策の重点として朝鮮半島の位置づけが急速に高まる可能性も排除できない。

6　おわりに

本章の主張は、政権交代にもかかわらず、過去一〇年においてアジア外交の安全保障化、安全保障政策の地域化という現象が基本的には一貫して観察できるというものである。その背景には、この時期に顕在化してきた台頭する中国の能力と行動が強く存在している。

一人の稀有な例外を除けば、首班たる政治家は個人的信念の違いにかかわらず、外交・安全保障政策において地域の安全保障情勢に対応して、同盟を基軸に据えた外交路線を多くの政策領域に浸透させてきた。現下の第三次安倍政権の外交もその延長線上にある。

そのような特徴を持つ近年の外交には、伝統的な国家主義観に立脚する対米関係からの自立志向はみられない。さらに、東アジアをこえて国際社会における平和と安全への脅威はいっそう増しているのが現実だが、国際的地位を向上させるためにグローバルな安全保障空間での活動を求める方向性は相対的には弱まりを見せている。

もちろん、そのような一貫性の背景には外務省をはじめとする官僚組織の役割も大きい。海洋安全保障を中心にアジア外交を活発化させていくことに呼応するように、外務省のアジア外交には多くの人的資源も投入されるようになっている。民主党政権以後、官邸主導が色濃くなっているが、官僚の認識において中国をみつめる目が著しく厳しくなっている点を見逃すべきではないだろう。

二つの尖閣危機によって政界、また世論の対中認識が厳しさを増したことも流れを作った。南シナ海での中国の現状変革をめざした動きに対応して、アジア外交重視の路線は世論の支持を得やすい状況が続いている。従来、自民党においてはアジア外交において隣国との関係を重視するように動いてきた経世会や宏知会の存在があったが、近年異なった動きはみせていない。対外環境が目に見えて変化するなか、政治と世論の動きは収れんしつつある。平和・安全保障法制は世論を分断したが、一連のアジア外交の変化や地域重視の安全保障姿勢への支持は依然として底堅い。

さて、戦後日本外交にとって大きな課題は、グローバルな安全保障課題への人権・人道的視点からの関心が他の先進国と比べれば低いことに加え、日米同盟を基軸とする大方針が必ずしも隣国との関係構築につながらないことにあった。

中国、韓国との関係は依然として予断を許さないばかりか、ＡＳＥＡＮを中心に据えた地域制度はアジアの安全保障環境を改善することはなく、むしろ海洋、領土をめぐる対立関係がきびしく反映される場に成り下がっている。

日本外交が包摂と安心供与を目的とした外交よりも、広義の抑止を目的とした力重視の外交を展開していることは明らかだろう(64)。たしかにアメリカ主導の地域秩序を可能な限り温存することが当面の日本の利益にかなう。しかし、トランプ政権の誕生により、アメリカが自らのアジアにおける役割を見直すことや、地域諸国がそれを恐れてアメリカへの依存を低めるような新たな動きをとるかもしれない。それが現実にならずとも、中国、インド、ＡＳＥＡＮ諸国の成長にあわせた地域秩序の再編は不可避だ。それらを前提にした上でルール・制度の更新、摩擦の回避をさぐっていく「外交の力」がいま、求められている(65)。

注

（1）　戦後日本のアジア外交については、宮城大蔵編『戦後日本のアジア外交』（ミネルヴァ書房、二〇一五年）。重要なことは、アジア外交には日米関係と異なる文脈も存在したということだ。

（2）　普天間飛行場移設問題に関する優れた手引きとして、宮城大蔵・渡辺豪『普天間・辺野古――歪められた二〇年』（集英社新書、二〇一六年）。

（3）九〇年から二〇〇六年までの日本外交に関しては、佐橋亮「安全保障政策の変容と行動空間の拡大」御厨貴編『変貌する日本政治――混迷の時代を読み解く』（勁草書房、二〇〇九年）。

（4）伊奈久喜「ドキュメント 九・一一の衝撃　そのとき、官邸は、外務省は……」田中明彦監修・『外交フォーラム』編集部編『「新しい戦争」時代の安全保障――いま日本の外交力が問われている』（都市出版、二〇〇二年）。

（5）春原剛『同盟変貌――日米一体化の光と影』（日本経済新聞社、二〇〇七年）。

（6）Bruce Klinger, "Creating a Comprehensive Policy Response to North Korea Threats and Provocations," Testimony before the Subcommittee on Foreign Affairs, U.S. House of Representatives, September 14, 2016.

（7）中国の遠洋活動の増加については、防衛省防衛研究所『中国安全保障レポート』創刊号（二〇一〇年）が同時期に書かれたものとして優れている。グローバル金融危機によって、中国はアメリカ主導の国際秩序の先行きが必ずしも盤石なものでないことを認識するようになり、それが多様な分野での積極的姿勢につながったとの指摘は多い。差しあたり、Michael Mastanduno, "Order and Change: The Financial Crisis and the Breakdown of the U.S.-China Grand Bargain," in John Ikenberry, ed., *Power, Order and Change in World Politics* (Cambridge University Press, 2014), pp. 162-191.

（8）オバマ政権のアジア・リバランスについては、佐橋亮「中国の台頭とアジア太平洋の安全保障アーキテクチャの変容」『海外事情』二〇一二年一月号、七三－九五頁。

（9）Speech by David M. Lampton, "A Tipping Point in U.S.-China Relations is Upon Us" at the conference titled China's Reform: Opportunities and Challenges, co-hosted by the Carter Center and the Shanghai Academy of Social Sciences, May 6, 2015. 一五年以降の米中関係の悪化については以下

も詳しい。International Institute for Strategic Studies, *Asia-Pacific Regional Security Assessment 2016: Key developments and trends*, 2016, pp. 7-20.

(10) このいわゆる接近阻止・領域拒否能力は、アメリカの二〇一〇年国防の四カ年毎の見直しに早くも指摘されている。また衛星破壊能力やサイバー攻撃能力への懸念も大きい。アーロン・フリードバーグ『支配への競争——米中対立とアジアの将来』佐橋亮監訳（日本評論社、二〇一三年）。

(11) 森聡「アメリカのアジア戦略と中国」世界平和研究所編・北岡伸一／久保文明監修『希望の日米同盟——アジア太平洋の海洋安全保障』（中央公論新社、二〇一六年）、三九－九一頁。

(12) 「第一六五国会における安倍晋三内閣総理大臣所信表明演説」(http://www.kantei.go.jp/jp/abespeech/2006/09/29syosin.html)（二〇一六年六月三〇日最終確認）。

(13) 読売新聞政治部『真空国会——福田「漂流政権」の深層』（新潮社、二〇〇八年）、六〇－六六頁。鈴木美勝「『断絶』と『継続』——安倍外交の出発」『世界週報』二〇〇六年一一月二八日号。当時の中国課長は、中国語研修組（チャイナ・スクール）出身ではない秋葉剛男であり、秋葉は一四年夏から秋にかけて日中関係を再度修復する際にも日中相互で異なる解釈を許した四項目の合意を国際法局長として担当したと言われる。『日本経済新聞』二〇一六年六月一五日。

(14) 『東アジア戦略概観 二〇〇八年度版』二〇〇－二一五頁。この時期、安倍は日米豪印枠組みの模索も行うが、中国政府の懸念も強く、オーストラリアの反対により頓挫する。石原雄介「冷戦後日豪関係の発展と中国——「チャイナ・ギャップ」と「チャイナ・コンセンサス」の間で」添谷芳秀編『秩序変動と日本外交——拡大と収斂の七〇年』（慶應義塾大学出版会、二〇一六年）、二一一－二二三頁。

(15) 安倍晋三『美しい国へ』（文春新書、二〇〇六年）。

(16) 読売新聞政治部『真空国会』七〇－七三頁。

（17）「第一六八国会における福田内閣総理大臣所信表明演説」（http://www.kantei.go.jp/jp/hukudaspeech/2007/10/01syosin.html）（二〇一六年六月三〇日最終確認）。読売新聞政治部『真空国会』三二一―三二二頁。

（18）福田康夫「日本外交と東アジア――政治家から見た日本の外交」渋澤雅英・山本正・小此木政夫・国分良成編『東アジアにおけるシヴィル・ソサイエティ』（慶應義塾大学出版会、二〇〇七年）。この講演は二〇〇六年六月二七日に行われている。

（19）小沢一郎「今こそ国際安全保障の原則確立を」『世界』二〇〇七年一一月号。

（20）読売新聞政治部『真空国会』二〇四―二一九、二八八―二九九頁。新テロ特措法（給油法）成立直後の世論調査では肯定的な評価がわずかに上回った。前掲書、三〇六頁。

（21）『日本経済新聞』二〇〇七年一一月一七日。

（22）日中関係については、高原明生・服部龍二編『日中関係史 1972‐2012 Ⅰ政治』（東京大学出版会、二〇一二年）。Sheila Smith, *Intimate Rivals: Japanese Domestic Politics and a Rising China* (Columbia University Press, 2015).

（23）福田は国際会議でASEAN政策について演説しているが、「第二の福田ドクトリン」といえるものではなかった。演説はASEAN共同体形成の支持、アジア太平洋の公共財としての日米同盟の強化、平和協力国家としての日本の一層の努力を挙げている。福田康夫内閣総理大臣演説「太平洋が「内海」となる日へ――「共に歩む」未来のアジアに五つの約束」（http://www.mofa.go.jp/mofaj/press/enzetsu/20/efuk_0522.html）（二〇一六年六月三〇日最終確認）。

（24）衆議院テロ対策特別委員会（二〇〇八年一〇月一七日）における長島昭久議員（民主党）の質問が一つのきっかけとなっている。

(25) 防衛省防衛研究所『東アジア戦略概観二〇一〇』二二九－二三三頁。
(26) 日中韓三カ国は二〇一〇年末に常設の事務局設置で合意し、一一年よりソウルに日中韓協力事務局が設置されている。
(27) 民主党外交全般については、佐橋亮「民主党外交と政治主導の失敗」『政策・経営研究』二五号、一一五－一二八頁。鳩山政権と普天間飛行場移設問題については、くわえて以下も参照。信田智人『政治主導 vs. 官僚支配――自民政権、民主政権、政官二〇年党争の内幕』（朝日新聞出版、二〇一三年）、一二九－一五八頁。
(28) 鳩山由紀夫「私の政治哲学」『Voice』二〇〇九年九月号。
(29) 続いて、「ここでいう対等とは、なにより、日米両国の同盟関係が世界の平和と安全に果たせる役割と、具体的な行動指針を、日本の側からも積極的に提言していけるような関係です」と述べられている。「基本方針」（http://www.kantei.go.jp/jp/kakugikettei/2009/0916kihonhousin.html）（二〇一六年六月三〇日最終確認）。
(30) 鳩山に加え、外務大臣の岡田もアメリカを排除する発言をしていた。佐橋「民主党外交と政治主導の失敗」。
(31) 「新成長戦略（基本方針）」（http://www.kantei.go.jp/jp/kakugikettei/2009/1230sinseichousenryaku.pdf）（二〇一六年六月三〇日最終確認）。
(32) 『日本経済新聞』二〇一〇年一一月九日、二〇一一年一一月一二日。菅政権が「中途半端な対応」に終わった過程については、信田、前掲書、一七六－一七九頁。
(33) 鳩山政権末期の一〇年五月に日豪両政府は物品役務相互提供協定（ACSA）、一二年には情報保護協定（ISA）にそれぞれ署名している（発効済み）。

(34)　あわせて発出された官房長官談話も同様に、韓国、オーストラリア、インドとの協力を説明している。なお、中国、ロシアとの対話についても触れられている。
(35)　前原誠司外務大臣外交演説「アジア太平洋に新しい地平線を拓く」二〇一一年一月六日。(http://www.mofa.go.jp/mofaj/press/enzetsu/23/emhr_0106.html)(二〇一六年六月三〇日最終確認)。
(36)　なお東日本大震災における米軍のトモダチ作戦は、数万人規模の部隊による作戦本来の成果に加え、その後日米で平素から同盟を調整するメカニズムの必要性が認められていく際の参照点ともなっていく。
(37)　たとえば、ワシントン・ポスト紙のフレッド・ハイアット氏は一二年春の段階でもTPP、消費税などに果敢に挑む野田を、類いまれに賢明な首相と評していた。Fred Hiatt, "Can Yoshihiko Noda set Japan back on course?" *The Washington Post*, 19th of April, 2012.
(38)　菅政権が定めた防衛大綱を一つの契機として、国際情勢の変化にともなった武器輸出三原則等のあり方についての議論が始まっている。沓脱和人「『武器輸出三原則等』の見直しと新たな『防衛装備移転三原則』」『立法と調査』三六一号、五五-六七頁。
(39)　長島昭久『活米という流儀――外交・安全保障のリアリズム』(講談社、二〇一三年)、一八六-一九一頁。長島は野田政権では首相補佐官をつとめている。野田政権は当初、東アジア首脳会議も活用した海洋安全保障のルール作りを議論していた。『朝日新聞』二〇一一年一一月六日。野田政権は日米防衛協力のための指針の見直しもアメリカ側に申し入れている。それは安倍政権の下で結実することになる。
(40)　『日本経済新聞』二〇一二年一〇月六日。
(41)　春原剛『暗闘――尖閣国有化』(新潮社、二〇一三年)。

(42) Shinzo Abe, "Asia's Democratic Security Diamond," Project Syndicate, 27th of December, 2012.

(43) 千野境子『日本はＡＳＥＡＮとどう付き合うか――米中攻防時代の新戦略』（草思社、二〇一五年）、一九四－一九八頁。

(44) 「国家安全保障戦略」（http://www.cas.go.jp/jp/siryou/131217anzenhoshou/nss-j.pdf）（二〇一六年六月三〇日最終確認）。

(45) 『朝日新聞』二〇一三年一二月三日。読売新聞政治部『「日中韓」外交戦争――日本が直面する「いまそこにある危機」』（新潮社、二〇一四年）、三六－四二、七〇頁。

(46) 千野、前掲書、二〇〇－二〇二頁。大庭三枝「東アジア地域秩序の変容と日ＡＳＥＡＮ協力――安全保障分野に着目して」木宮正史編『朝鮮半島と東アジア（シリーズ日本の安全保障６）』（岩波書店、二〇一五年）。

(47) 安倍晋三内閣総理大臣演説、「アジアの平和と繁栄よ永遠なれ」（http://www.mofa.go.jp/mofaj/fp/nsp/page4_000496.html）（二〇一六年六月三〇日最終確認）。

(48) 山口敬之『総理』（幻冬舎、二〇一六年）、一九二－二〇一頁。

(49) 石原、前掲論文。James L. Schoff, "The Evolution of US-Japan-Australia Security Cooperation," Yuki Tatsumi, ed., *US-Japan-Australia Security Cooperation: Prospects and Challenges*, Washington DC: Stimson Center, pp. 37-49.

(50) 山口、前掲書、二〇五－二〇九頁。山口はバイデン副大統領と総理補佐官との関係を重要視している。

(51) 読売新聞政治部『安倍官邸 vs. 習近平――激化する日中外交戦争』（新潮社、二〇一五年）、二七－二九頁。

(52)　読売新聞政治部『安倍官邸 vs. 習近平』二九－四七頁。
(53)　"East China Sea Tensions: Approaching a Slow Boil," Asia Maritime Transparency Initiative, Washington: Center for International and Strategic Studies, 2016. (http://amti.csis.org/east-china-sea-tensions/)（二〇一六年六月三〇日最終確認）。『日本経済新聞』二〇一六年五月二九日。
(54)　『東アジア戦略概観 二〇一六年度』二九六－三〇三頁。
(55)　『東アジア戦略概観 二〇一五年度』一三二－一三五、二四〇－二四二頁。
(56)　大庭、前掲論文、二八六－二八九頁。
(57)　『朝日新聞』二〇一五年一二月一八日。なお中国の周辺外交において援助政策、インフラ輸出が強化されており、日中関係当局による競争はその分野で激しさを増している。また政府開発協力大綱の改定にともない、非軍事を条件に軍や軍籍をもつ人材をも含めたプロジェクトが可能となり、第一号としてミャンマーから軍籍を持つ若手行政官の受入が行われた。『日本経済新聞』二〇一五年五月八日。
(58)　二〇一六年六月のマラバールは沖縄県周辺海域にて実施されており、定期参加も同月の日印防衛大臣会合で決定された。日米印の防衛当局ハイレベル会合も日本側が提案している。『日本経済新聞』二〇一六年六月四日。
(59)　国防総省ウェッブサイトにおけるアジア政策の最上段にもTPPが示されるほどだった。
(60)　国家安全保障会議の谷内正太郎局長は、TPPをアメリカのアジア戦略を「はっきりと確保する上でも非常に重要なこと」と述べている。「安倍戦略外交の核心――価値観・哲学を共有し「アジア」と合従する」『外交』一八号（二〇一三年）、一七－二三頁。興味深い論考として、「安倍外交の死角――中国けん制の本音」『日本経済新聞』二〇一四年六月二日。安倍政権の「国家安全保障戦略」も、日米同盟、また制度的な安全保障の枠組みに関する項目においてTPPにあえて触れている。

(61) 佐竹知彦「日米同盟の『グローバル化』とそのゆくえ」添谷芳秀編『秩序変動と日本外交――拡大と収斂の七〇年』(慶應義塾大学出版会、二〇一六年)。九〇年代以降しだいにグローバル化する同盟協力と自衛隊の行動空間の拡大が政官主導で行われ、社会的合意のプロセスを欠いていたことを筆者ははやくから指摘している。佐橋「安全保障政策の変容と行動空間の拡大」。

(62) 神保謙「アジアと欧州の安全保障――クロスレファレンスの必要性」『外交』三六号(二〇一六年)。

(63) 日米同盟の将来に関する日米安全保障研究会『二〇三〇年までの日米同盟:「パワーと原則」』(笹川平和財団・戦略国際問題研究所、二〇一六年)。

(64) 例外として、小野寺正典防衛大臣(第二次安倍政権)によるOSCEへの言及がある。植田隆子「欧州安全保障協力機構(OSCE)の危機低減措置と安全保障対話:制度・実態とアジア太平洋地域への適用可能性試論・資料」『モノグラフ・シリーズ』(国際基督教大学社会科学研究所)、二〇一四年、二四-二五頁。しかし現実には、東アジアにおける地域制度は対話、透明性の確保、そして危機管理につながるような発展の方向性を失っている。

(65) 佐橋亮「東アジアの安全保障秩序構想」木宮正史編『講座 日本の安全保障Ⅵ 朝鮮半島・東アジア』(岩波書店、二〇一五年)。

第7章 防衛大綱改定

細谷 雄一

日本の防衛政策の指針となる「防衛計画の大綱」は過去、どのような政治過程によって策定されてきたのか。とりわけ、民主党政権と第二次自公連立政権との間で、その改定作業にどれほどの変化と継続性があったのか。本章では、政治主導の強化と安全保障環境の変化、そして専門家の役割にも着目しながら、二度の政権交代で浮き彫りになった防衛政策決定過程の一端を描いていく。

1 はじめに

日本の防衛政策の指針となる文書として最も重要なものとして、「防衛計画の大綱」、いわゆる防衛大綱がある。この防衛大綱は、一九七六年に三木武夫政権で最初に策定されてから、四度の改定が行われている。[1] この防衛大綱の内容を見ることで、その時代の日本の防衛政策がおおよそ理解できる。

それでは、この防衛大綱はどのような政治過程によって起草され、策定されてきたのであろうか。[2]

過去五つの防衛大綱の策定過程を見ることは、日本の防衛政策を理解する上で、さらには日本の政策形成過程を理解する上でも、興味深い事例ということができる。一九七六年以降、防衛大綱の内容はその改定作業を通じて、どのように変わってきたのであろうか。また、改定作業は誰によって行われたのだろうか。そして、そこでどのような新しい概念や、新しい方針が提示されたのだろうか。

政府内で、具体的にどの組織がこの防衛大綱の改定作業を行ったのかについては、その時代の政治過程の特色が色濃く反映されている。たとえば、一九七六年（昭和五一年）に三木武夫政権下で策定された第一次大綱と、一九九五年（平成七年）に村山富市政権下で策定された第二次大綱が、主として防衛庁内で策定されたのに対して、二〇〇四年（平成一六年）の小泉純一郎政権下で策定された第三次大綱は、むしろ内閣官房安全保障・危機管理室（安危室）の主導のもとで作成された。それは、二〇〇一年の行政改革の帰結としての、官邸主導という新しい動きが前提となっていた。

また、二〇〇九年に民主党政権が成立すると、第一次自公連立政権の麻生太郎首相のもとで作成された二〇〇九年八月に公表された「安全保障と防衛力に関する懇談会」報告書を棚上げして、翌年の二〇一〇年にそのメンバーを入れ替えた「新たな時代における日本の安全保障と防衛力に関する懇談会」を設置した。この有識者会議が報告書を二〇一〇年八月に発表すると、(3) その後は「四大臣会合」と称する主要閣僚の関係閣内会議を開催して、政治主導での新しい大綱策定を印象づけた。(4) このように第四次大綱は、民主党政権下において、それまでとは異なるアプローチで起草された。すなわち、「政治主導」を演出するためにも民主党の党内で外交安全保障調査会事務局長の長島昭久が中心となって、仙谷由人官房長官と連携してその起草作業を行っていたのだ。これは、自民党政権における大綱

表 7-1　防衛大綱策定の変容

	閣議決定日・内閣	有識者会議	基本概念	策定関係者
51大綱	1976年10月29日 三木政権	防衛を考える会	基盤的防衛力	坂田道太防衛庁長官 久保卓也防政局長 高坂正堯京大教授
07大綱	1995年11月28日 村山政権	防衛問題懇談会（樋口懇談会）	基盤的防衛力 多角的安全保障協力	西廣整輝元防衛次官 渡邉昭夫青学大教授
16大綱	2004年12月10日 小泉政権	安全保障と防衛力に関する懇談会（安防懇）（荒木懇談会）	基盤的防衛力 多機能弾力的防衛力	柳澤協二副長官補 五百旗頭真神大教授 田中明彦東大教授
22大綱	2010年12月17日 菅政権	新たな時代の安全保障と防衛力に関する懇談会（新安防懇）	動的防衛力	仙谷由人官房長官 長島昭久党外交安保調査会事務局長 高見沢将林防政局長 北岡伸一東大教授
25大綱	2013年12月17日 安倍政権	安全保障と防衛力に関する懇談会（安防懇）	統合機動防衛力	高見沢将林副長官補 徳地秀士防政局長 北岡伸一国際大学長

出典：著者作成

策定の作業との大きな違いであった。これについて当時の北澤防衛大臣は、「四大臣会合等を通じてかなり濃密な議論をしてきた」と評価している。(5) それまでの防衛大綱策定が防衛庁あるいは内閣官房主導で行われてきたのに対して、民主党政権下では「政治主導」を演出するためにも政党の役割が強まり、さらには関係閣僚で協議するという政治主導が加わった政策決定といえるものであろう。(6)

二〇一二年一二月に総選挙の結果として政権交代が実現して、第二次自公連立政権である安倍晋三政権が成立すると、新しい大綱策定へ向けて動き始めた（第五次大綱）。これには、民主党政権で混乱していた防衛政策を、自民党が政権奪取とともに再建しようとする演出という政治的意図も垣間見える。二〇一三年九月には「安全保障と防衛力に関する懇談会」を設置して検討作業に入るが、しかしながらそれまでとは異なりこの安倍政権では従来の形骸化していた安全保障会議を改組して、同年の一二月に国家安全保障会議（日本版NSC）を設置した。そして、「国家安全保障戦略」を策定して、防衛大綱の上位となる文書をはじめて作成した。ここではやはり、政治主導は継続して、国家安全保障会議という関係閣僚による協議と政策決定という形式が重視されている。

このようにして、四〇年の歴史をふり返ると、かつては防衛庁主導で策定されていた防衛大綱が、過去一五年ほどの間に官邸主導、政治主導、国家安全保障会議設置というように、新しい政策決定過程のもとで策定されるようになった。それは、日本における政治過程の変容を反映するものともいえるだろう。

さらに指摘すべき点として、一九七六年の第一次大綱から二〇一三年の第五次大綱まで、政府内での起草及び準備作業と平行して、私的諮問会議としての有識者会議が開催され、安全保障専門家による幅広い声を反映させせようとする試みが見られた。そこでの議論を参考に大綱原案が策定されて、閣議決定がなされてきた。第一次大綱では高坂正堯京都大学教授、第二次大綱では渡邊昭夫青山学院大学教授（当時、東京大学名誉教授、以下同様）、第三次大綱では五百旗頭真神戸大学教授、第四次大綱では白石隆アジア経済研究所所長（京都大学名誉教授）、第五次大綱では北岡伸一国際大学学長（東京大学名誉教授）など、その時代を代表する政治学者が文書とりまとめに関与をし、大綱にはそれらの学者の国際政治観や安全保障観が反映されている。とりわけ、それぞれの時代の安全保障環境についてのとらえ方や、あるべき自衛隊の活動の役割などを概念化する上で、それらの専門家の役割は一定程度意味があったといえるだろう。

日本の防衛政策は、政府文書の公開が大幅に制約されてきたためにその内実を理解することは困難ではあるが、他方で防衛政策策定過程については以上のように議論の過程が、有識者会議での検討作業を中心に一定程度公開されており、それゆえにその政策決定過程を理解することが可能となっている。本章では、このような問題意識と視点から、とりわけ過去二度の第四次大綱と第五次大綱の策定過程を比較して検討することによって、民主党政権とさらには現在の第二次自公連立政権における政策決定の継続性を考察することにしたい。

2　防衛大綱とは何か

(1)「国防の基本方針」から「防衛大綱」へ

一九五四年七月、防衛庁と自衛隊が設立された。一九五二年に独立国となった日本は、国連と、日米安保条約に基づいた在日米軍によって国土を防衛することを主眼としていたが、一方で他国からの侵略を阻止するためにも日本が独自の防衛力を有することが不可欠と考えられるようになった。しかしながら、はたして自衛隊がどのような役割を担い、日本がどのような防衛政策を進めていくべきかについては、自明とはいえなかった。

そのようななかで、一九五七年五月二〇日に、岸信介政権のもとで「国防の基本方針」が採択されて、そこで日本の防衛政策の方向性がはじめて明確なかたちで示されることになった。[7]この「国防の基本方針」は、二〇一三年一二月に安倍政権下で「国家安全保障戦略」が策定されるまで、防衛政策に関する最も上位の文書と位置づけられていた。他方で、一九七六年に策定される防衛大綱は「国防の基本方針」を受けて、その時代にふさわしい具体的な防衛力整備を規定する下位文書にあたる。「国防の基本方針」はきわめて簡潔な内容となっており、以下の四項目の文章で示されているに過ぎない。すなわち、「(1)国際連合の活動を支持し、国際間の協調をはかり、世界平和の実現を期する」、「(2)民生を安定し、愛国心を高揚し、国家の安全を保障するに必要な基盤を確立する」、「(3)国力国情に応じ自衛のため必要な限度において、効率的な防衛力を漸進的に整備する」、「(4)外部からの侵略に対しては、将来国際連合が有効にこれを阻止する機能を果し得るに至るまでは、米国との安全保障体制を基調としてこれに対処する」、となっている。

実質的に、防衛政策の方向性を示すものはこの第三項と第四項で、「効率的な防衛力を漸進的に整備する」ことと「米国との安全保障体制を基調」とすることの二つが、日本の防衛政策の中核を意味することになった。これらは、すなわち、日本独自の「防衛力整備」と、「日米安保体制」の二つを意味している。しかしながら、防衛力については「整備」をするのみで、具体的にそれをどのように運用するか、あるいはどのような防衛政策を進めていくかについては、明確な方針を示していたわけではなかった。また、「米国との安全保障体制」についても、そのなかで日本がどのような役割を担い、どのようにアメリカと防衛の分担をするかについては、明示的な規定は見られなかった。それは、言い換えれば、実際に自衛隊を運用する局面が発生することを、必ずしも想定していなかったからであろう。第三項を具体化した文書が後の防衛大綱であり、第四項を具体化した文書が日米防衛ガイドラインであった。

このような状況に大きな変化が生じたのが、一九七〇年代であった。まず、一九七一年のニクソン・ショックとそれに続く米中接近が、日本国内での危機感の醸成と、日本独自の自主防衛論へとつながっていった。一九七〇年に防衛局長となり、七五年には防衛事務次官となった久保卓也は、「平和時の防衛力」という考え方に基づいて、日本のあるべき防衛力と防衛計画を検討する必要を考えるようになる。[8] そのような認識に基づいて、一九七六年一〇月にはじめての「防衛計画の大綱」が成立した。そこでは、「基盤的防衛力構想」という防衛方針が明記されており、日本が「力の真空」をつくって地域を不安定化させないように、東アジアにおけるパワーバランスを維持するための防衛力整備を目標とするようになる。また、日本への大規模な直接侵略の可能性は低いとみなして、「限定された小規模な部隊による局地戦」に対しては、日本独自の防衛力で対処できることを目標に掲げた。このような、平和時に侵略を拒否する防衛力を整備することを、「基盤的防衛力構想」と称して、日本の防衛政策の中核に位置づける。これが、冷戦終結後の第四次防衛大綱で「動的防衛力」概念を導入するまで、三〇年を超えて日本の防衛政策の基本方針として掲げられた。

(2) 冷戦後の第二次大綱と第三次大綱

冷戦終結後、そのような日本の防衛政策の基本方針は、大きな変革が求められるようになる。そもそも、東アジアという地域で「力の真空」をつくらないことを目的とした「基盤的防衛力構想」において、日本が国際社会で安全保障領域での貢献をすることはあまり視野に入っていなかった。米ソ冷戦下の、大量の核弾道ミサイルが対峙する戦略環境において、国際情勢はその基本において静的であって、そのような相互確証破壊に基づく相互抑止体制の中では日本の自衛隊が軍事的に果たすべき役割はきわめて限定的であった。

一九八〇年代には、日本周辺のシーレーン防衛に一定の貢献をすることになるが、これもまた日本の領域防衛の拡大解釈によってなされた安全保障活動であった。いわば、「基盤的防衛力構想」に基づいて日本の防衛力を整備することが目的であることを前提とした上で、シーレーン防衛によってアメリカの東アジア戦略のなかで日本が一定の役割を担うことが期待されていた。新冷戦の時代にソ連の脅威が一時的に喧伝されていた時期に、日本もまた何らかのかたちで西側の防衛態勢に貢献することが求められていた。そのような文脈の中で、中曽根康弘総理は、次のように語っていた。「吉田政治は経済中心で日本の将来を考えていました。対して、私は安全保障とか外交戦略、世界戦略を考え、『政治と文化』という表現をして、政治というものを中心に据えて、経済国家から政治国家へと変身をするという構想が頭にありました。だから、国際貢献もその要素として中に入ってくる。それは経済的貢献も含まれるし防衛面での貢献もあるでしょう」(9)。

とはいえ、当時の日本国民が、自衛隊が海外で活動をすることを望んでいたわけではないし、またシーレーン防衛も日本近海での活動であって、個別的自衛権の延長として捉えられていた。ところが湾岸戦争は、そのような日本の防衛政策において大きな課題を突きつけた。安全保障環境が大きく揺れ動いていたのだ。日本の国土防衛とは異なる、国際社会の平和と安定のために日本がどのようなかたちで貢献できるかという議論が、はじめて国会において、さらにはメディアや世論を巻き込んで大々的になされて、日本政治の重要な争点となったのである。

さらには、一九九三年から九四年にかけての朝鮮半島核危機は、日本政治が有事への準備をほとんどしてこなかった現実を明らかにした。九五年の台湾海峡危機、そして一九九八年の北朝鮮の弾道ミサイル発射実験は、日本の周辺でも重大な安全保障上の脅威が存在する現実を明らかにした。日本の国土の安全保障も、そして冷戦後の国際社会の平和と安定も、動揺しているように見えた。それゆえに、新しい安全保障環境に相応しい新しい防衛大綱が必要だと考えられるようになった。ここで重要なのは、日本の防衛政策の策定において最も重要なことは、安全保障環境の変容に対応するということであった。すなわち、政局や政権交代で変わるというよりは、むしろ安全保障情勢を冷静に分析した上で、それを前提として必要な防衛政策を考慮するというプロセスである。それは、日本ではアメリカとは異なり政治任用が大きな規模では行われずに、防衛庁（省）・自衛隊を中心とした官僚機構が実質的にその策定を担っていたことが大きな理由であった。

そのような安全保障環境の変化に対応するためにも、一九九四年二月、細川護熙非自民連立政権のときに樋口廣太郎アサヒビール会長を座長とする有識者会議、防衛問題懇談会が設置された。一九九四年八月一二日にはその報告書である「日本の安全保障と防衛力のあり方――二一世紀へ向けての展望」（樋口レポート）を作成し、それをもとにして約二〇年ぶりの防衛大綱の改定となる、第二次大綱が策定された[10]。そこでは、冷戦後の安全保障環境においても、「日米安保体制」を中核として日本の防衛政策を進めていくことが確認された。

それまでの二度の大綱は、あくまでも防衛庁内での検討作業と策定作業が中心であった。ところが、二〇〇一年の省庁再編と官邸機能の強化に基づいて、しだいに内閣官房がこの作業を主導するようになる。さらには、二〇〇一年九月の九・一一テロに見られるような国際テロ組織といった非国家主体の脅威にも対応しなければならず、冷戦時代とは異なる安全保障上の脅威の多様化が議論されるようになる。そのような認識の中で、二〇〇四年四月には小泉純一郎第一次自公政権で「安全保障と防衛力に関する懇談会」が設置されて、荒木浩東京電力顧問が座長に就いた。実質的に議論を進めたのは、小泉首相の外交ブレーンでもあった五百旗頭真神戸大学教授と、田中明彦東京大学教授であった。そこでは、「基盤的防衛力」という概念を基本的に継承しながらも、新しい脅威に対処するためにも「多機能弾力的防衛力」という新しい概念を提唱した。この「多機能弾力的防衛力」とは、従来のようなソ連の上陸作戦への対抗にとどまらず、防災や人道支援、国際平和協力にも活用できるように、自衛隊組織を柔軟に改編していくことを意図したものである。この提言をもとにして、二〇〇四年一二月には第三次大綱が閣議決定された(11)。このようにして、この第三次大綱は内閣官房安危室が中心に策定作業を行い、内閣官房副長官補であった柳澤協二が重要な役割を担っていた(12)。それはまた、日本の防衛政策が単純に防衛省における自衛隊の活動のみならず、外務省など他の省庁との協力や、あるいは日米防衛協力など他国との協力も視野に入れるような、より多角的で複合的なものに変容していたことを反映したものともいえる。

このようにして、一九七六年から二〇〇四年まで、三度にわたって防衛大綱が策定されて、その時代の安全保障環境に対応できるような防衛政策が検討された。しかしながら、この三度の防衛大綱では、日本自らが「力の真空」とならないような「基盤的防衛力構想」がその基礎となり、また防衛官僚がその策定で中心となっていたことでは共通点が見られた。そのような構図が、二〇〇九年九月の政権交代に基づいた民主党政権の成立によって、どのように変わっていくのかを、つぎに見ることにする。

3　民主党政権下の防衛大綱策定

(1) 民主党政権成立と防衛政策の刷新

二〇〇九年八月三〇日の総選挙へ向けて、民主党は新しいマニフェストを用意していた。民主党のマニフェストでは、「鳩山政権の政権構想」として書かれている「五原則」にも「五策」にも、外交安保問題はいっさい触れられていない。あくまでもそれは、政治制度改革に主眼が置かれ、「政治主導」の実現可能な改革を行うことを目標としていた。「マニフェスト各論」としては、外交や対外関係についての記述はあるが、防衛政策についての記述はほぼ皆無である。

マニフェストにおける「世界の平和と繁栄を実現する」という項目では、「国連を重視した世界平和の構築を目指し、国連改革を主導するなど、重要な役割を果たす」と書かれている。また「核兵器廃絶の先頭に立ち、テロの脅威を除去する」と、核廃絶が重要な外交課題として記されている。そこでは、具体的にそれ以前の自民党政権の防衛政策や防衛大綱をどの程度継承し、どの程度変革する意図があるのかは、見えなかった。

二〇〇九年八月の総選挙で勝利を収めた民主党は、「政治主導」を旗印として、翌月に鳩山由紀夫内閣を発足させた。同時に、麻生政権下で進められていた防衛大綱改定の作業を凍結させて、それまでの自民党政権とは異なるアプローチで独自の防衛大綱を作成しようと試みた。それについて、民主党政権下で刊行された二〇一一年の『防衛白書』でも、「政権交代という歴史的転換を経て、新しい政府として十分な検討を行う必要がある」(13)と記述されている。

このときに防衛大臣であった北澤俊美は、次のように論じている。「民主党のマニフェストには安全保障政策や国防に関する考え方は少ししか書いていなかったんですよ。だから私は民主党政権の初代防衛大臣として相当覚悟を決めて取り組まなきゃいけないという思いが強かった」。防衛大綱についても北澤は、「この問題は私が中心にやりました」と記し、「大綱の見直しは三ヶ月足らずの短期間ではできっこないので策定を一年間遅らせることにしました」と述べている。また、「安全保障について民主党としての基本政策がない中で来年度予算案を編成するのはまずいから、とりあえず一年間について防衛力整備の基本原則を閣議決定しました」という。民主党が政権交代にあたって、実質的にほとんど防衛政策についての準備をしていなかった様子がうかがえる(14)。

(2) 政治主導の模索

民主党政権では、それまでの自民党政権下で策定された三度の防衛大綱とは異なる独自のアプローチで防衛大綱を作成しようと試みたが、しかしながら基本的には従来の方法を踏襲することになった。すなわち、防衛省内での検討作業と並行して、有識者会議を設置して提言をとりまとめて、それをもとに文書を策定する方法である。

二〇一〇年二月に、「新たな時代の安全保障と防衛力に関する懇談会」を設置して、平野博文官房長官と親しいとされた佐藤茂雄京阪電気鉄道代表取締役が座長に就任した。有識者会議報告書の起草作業は、白石隆アジア経済研究所所長、添谷芳秀慶應義塾大学教授、中西寛京都大学教授、松田康博東京大学准教授、岩間陽子政策研究大学院大学教授などが中心になってとりまとめられた。

なお、中西寛は麻生政権での「安全保障と防衛力に関する懇談会」の委員でもあり、さらに岩間陽子と中西寛はともに第一次安倍政権での「安全保障の法的基盤の再構築に関する懇談会」（安保法制懇）の委員、さらに白石は福田康夫首相の外交ブレーンともいわれており、自民党政権時の外交および安全保障政策に大きな影響を与えてきた。民主党政権下でも、防衛政策において根底からそれまでの政策方針を転換するのではなく、むしろそれ以前の自民党政権時代の方針を基本的に継承しようとする姿勢が見られる。そこに、自民党政権と民主党政権における防衛政策の一定程度の継続性を見ることができる。

その背景として、実際に大綱策定の準備作業を始めるにあたって、民主党はマニフェストなどでは政権交代後の防衛政策について具体的な準備作業を行っていなかったため、官僚主導で大綱策定の準備を進めざるをえなかったという事実があった。それゆえに、有識者会議の委員の選定を含めて、自民党政権時からの連続性が色濃く見られる結果となった。

この民主党政権下の防衛大綱策定作業については、『防衛白書』では次のように説明されている。「今後の安全保障や防衛力のあり方を検討するため、一〇（同二二）年九月からは、安全保障会議において、①で述べた『新たな時代の安全保障と防衛力に関する懇談会』の報告も検討材料の一つとしつつ、政府としての議論が進められるとともに、論点整理や意見集約のための関係閣僚間の議論も精力的に行われた。九回に及ぶ安全保障会議における今後の防衛力のあり方についての幅広い観点からの総合的な審議を経て、一〇（同二二）年一二月一七日に新防衛大綱が安全保障会議と閣議において決定された」(15)。

ここで注目すべきは、「論点整理や意見集約のための関係閣僚間の議論」に触れられていることである。二〇一〇年の民主党政権下の防衛大綱は、「政治主導」をアピールするためにも、防衛省や内閣官房のような官僚のみに大綱策定作業を委ねるのではなく、仙谷由人官房長官、福山哲郎官房副長官、そして長島昭久民主党外交安保調査会事務局長の三人と、北岡伸一東京大学教授が中核となり、官房長官、外務大臣、防衛大臣、財務大臣の四閣僚による「四大臣会合」を重ねて、具体的な検討作業を行った。

また、北岡教授のもとで「サポートチーム」が設置され、専門的見地から政治主導での民主党による防衛大綱策定をサポートしている。それについて、国際大学教授の信田智人は、「北岡伸一東大教授を中心とする、仙谷官房長官の私的諮問機関」が重要な役割を担ったことを民主党政権における政治主導の成果の一例として紹介して、実際に閣僚委員会において「北岡、民主党調査会から吉良州司外務政務官と長島昭久防衛政務官が閣僚委員会に加わり、防衛大綱の策定に積極的に関与した」と述べている(16)。その作業の中核に位置していた北澤防衛大臣も、これについて、「防衛省案に加えて、民主党案、また北岡教授も文案を提出した。これらが関係閣僚委員会によって取捨選択された。すべて活発な議論によってつくられた大綱は、本当の意味で政治主導によってつくられた」と、その作業を説明している。[17]

この第四次大綱では、次のような基本的な考え方が見られた。すなわち、第一にそれまでの「基盤的防衛力構想」を放棄して、新たに「動的防衛力」概念を導入したことである。それは、従来の「防衛力の存在」に依拠した防衛力から、「防衛力の運用」に焦点を当てる防衛政策へと大きく転換することを意味する。より具体的には、それまでの「基盤的防衛力」構想においては、勢力均衡的な発想から「力の真空」をつくらないことに主眼が置かれて、防衛力を整備することそれ自体が自己目的化していた。いわば、実際に防衛力を運用することは、必ずしも重要な位置を占めていなかった。ところが「動的防衛力」は、南西方面での島嶼防衛のように、全国に配備された自衛隊を柔軟に運用することで、日本の領土保全と国民の安全を確保することを意図している。

そして第二には、各種事態に対して実効的な抑止・対処を可能とし、アジア太平洋地域の安全保障環境の安定化、そしてグローバルな安全保障環境の改善のための活動を能動的に行い得る防衛力の構築を目指したことである。日米同盟を中核に位置づけながら、それを「国際公共財」としてアジア太平洋地域の平和と安定のために活用することが意図されている。これは従来の日本の防衛政策を大きく転換するものといえる。

（3）「政治主導」の成果と限界

このような民主党政権時の防衛大綱策定の過程は、どのように評価することができるだろうか。先述の信田は、この防衛大綱において「最も政治主導が発揮された」と評価しており、民主党政権における大きな成果として掲げている。

他方で、北岡伸一教授が大綱策定に関与したことを批判する声も見られる。『産経新聞』では、「北岡氏の名前にアレルギー反応を示す陸自幹部は多い」と述べ、「陸自は、北岡氏が関係閣僚協議に出席し、防衛大綱で定める防衛力のあり方に口出しすることに激怒した」と論じている(18)。これは、それまでは防衛省・自衛隊が主導して防衛大綱を策定していたのに、民主党政権下で新しく「政治主導」の名のもとで民主党が大綱策定を主導して、防衛省・自衛隊、とりわけ陸上自衛隊がその策定で中心的な役割を担えなかったことへの不満の表出といえるであろう。

このような批判は、陸上自衛隊や防衛省内からなされることがある。というのも、第一次大綱から第三次大綱までの起草作業が、基本的に防衛官僚と自衛隊の調整を中心として可能な限り外部からの介入を排して策定されたのに対して、民主党政権では「政治主導」の名のもとに、防衛省／自衛隊の外から影響力が行使されたからであった。それは、防衛政策の領域のみならず他の政策領域でも見られる動向でもあるが、それまで省庁中心であった政策形成過程が二〇〇一年以降は部分的に「官邸主導」や「政治主導」になり、そのことが従来の政策形成過程のアプローチに変化をもたらした。そのような変化への抵抗が見られるのも、不思議なことではないだろう。

(4) 安全保障環境の変化

新たに「動的防衛力」という概念が導入され、また南西方面重視の防衛戦略へと転換したことなどは、安全保障環境への対応という側面が強かった。政権交代による政策の転換というよりも、安全保障環境が大きく変化したことへの対応という性質が強いのであれば、それはおそらく政権交代が行われず第一次自公政権下であったとしても大きな違いはなかったかもしれない。

それでは、どのような安全保障環境の変化が見られたのであろうか。まず、新興国の台頭とアメリカのパワーの相対的低下が見られる。たとえば、二〇〇八年にアメリカの国家情報会議（ＮＩＣ）が発表した『グローバル・トレンド二〇二五』では、「二〇二五年までに国際システムは、グローバルな多極的なシステムになるであろう」と指摘し、「今後二〇年ほどの間の新しいシステムへの移行期は、リスクで溢れている」と論じている。[19] とりわけ、中国の台頭に日本がどのように向き合うかという問題は、日本の防衛政策について深刻な問題となっていく。

冷戦時代にはソ連の侵略という軍事的脅威に対抗することが、日本の防衛政策の中核を占めていた。他方で冷戦終結後は、具体的な国名をあげることなく、テロリズムや核拡散などの、不確定性や不透明性が日本の安全にとっての脅威とみなされていた。それに対してこの二〇一〇年の防衛大綱では、新たに中国の軍事的台頭という現実にどのように向き合うかが、大きな課題となっていた。オバマ政権の国家安全保障会議（ＮＳＣ）のアジア担当上級部長を務めたジェフリー・ベーダーもまた、それゆえに、「アジア各国と米国が直面していた最も難しい地政戦略的な課題は、過去十年間で劇的な再興を遂げた中国といかに向き合うかということだった」と述べている。[20]

安全保障環境の変化と、それに対する日本の政策変更の必要は、安全保障専門家の間でも指摘される点であった。たとえば、一九九九年に防衛研究所内に防衛戦略研究会議と称する会合が設置されて、民間の専門家や学者が集まってさまざまな問題について検討を行っており、二〇一二年度には国際環境の変化について検討している。

そのなかで山本吉宣東京大学名誉教授は、次のように述べている。すなわち、「日本は、二重のパワー・トランジッションに直面している。一つは、米中間のパワー・トランジッションであり、いま一つは、日本自身の相対的な力が、急速に低下していることである。この中で、近年中国と極めて厳しい安全保障問題を抱える」[21]。このような認識は、日本国内の安全保障専門家の間では幅広く共有されており、それが新しい防衛大綱の必要性の認識につながっているのであろう。安全保障環境の変化については、新安防懇の報告書でも指摘されている。ここでもやはり、国際システムの多極化、アメリカのパワーの相対的低下、そして新興国の台頭という要素が言及されており、それらによって日本を取り巻く国際環境が大きく変わりつつある点を指摘している[22]。

このように、現実の安全保障環境についての情勢分析を基礎に、帰納的に必要な防衛政策を検討して、それを防衛大綱の起草の前提にするというアプローチは、民主党政権下の第四次大綱においてもそれまでと同様であった。しかしながら、それを実際に文書として起草する際には、それまでの第一次自公政権下の場合に比べて、「政治主導」の要素がより大きく含まれていた。

したがって、二〇一〇年の第四次大綱が従来とは大きく異なる方向性を示したことの背景には、これまで見てきたように「政治主導」による変化という要因や、安全保障環境の変化への対応という要因など、いくつかの要因が複雑に結びついたことがあった。前者は民主党政権としての特色を有するものであり、他方で後者はむしろいかなる政権であったとしても対応せねばならなかった問題であった。

それでは二〇一二年一二月に政権交代によって、第二次自公政権が成立したことによって、それ以降の日本の防衛政策はどのように発展していったのであろうか。つぎに、安倍第二次自公政権における防衛大綱策定の過程を見ることにしたい。

4　安倍政権下の防衛大綱策定

(1) 第五次大綱の策定過程

二〇一二年一二月に成立した自公連立政権は、それまでの民主党政権が日米同盟を大きく傷つけたと批判して、外交政策や防衛政策を修復することを政権の目標として掲げていた。

たとえば、二〇一二年の総選挙の際の自民党の「政策パンフレット」は、「日本を、取り戻す。」と題した、民主党政権を批判する色彩の強いものであった(23)。冒頭で安倍晋三自民党総裁は、「この三年余、民主党は、国民との約束を実行できないだけでなく、数々の内政・外交の迷走により、現在の危機的状況を招きました」と論じている。具体的には、「外交を、取り戻す。Action 3 外交再生」と題して、「危機的状況に陥った我が国の『外交』を立て直します」と論じ、「国家安全保障会議」の設置や、集団的自衛権の行使、「国家安全保障基本法」制定、自衛隊予算の拡充などがあげられている。さらに、「防衛大綱・中期防を見直し、自衛隊の人員・装備・予算を拡充します」と記されており、また「米国の新国防戦略と連動して自衛隊の役割を強化し、抑止力を高めるため、日米防衛協力ガイドライン等を見直します」という公約を掲げている(24)。

すでに見たように、防衛政策の領域においても、民主党政権でそれ以前の第一次自公政権との継続性が見られていた。というのも、防衛大綱の策定過程の変化や、防衛政策の基本方針の変化は、安全保障環境の変化や、第一次自公政権下で進められた行政改革、とりわけ官邸機能強化の動きの論理的な帰結でもあったからである。とはいえ、民主党政権下の防衛大綱策定において、従来の「基盤的防衛力」構想を放棄して「動的防衛力」概念を導入したことは、大きな変化であった。さらには、その策定の過程においても「政治主導」を演出して、それまでとは異なるアプローチを用いたことも重要な変化であった。そのような変化は、第二次自公政権でも継承されていく。

安倍政権下の大綱策定作業は、次のように進められた(25)。まず、政権成立から一カ月ほど経過した二〇一三年一月二五日に「平成二五年度の防衛力整備等について」の閣議決定を行い、第四次大綱を見直して、二〇一三年中に新大綱を策定することを決定した。それを受けて防衛省内での検討が進められて、防衛省内に防衛副大臣を委員長とする「防衛力の在り方検討のための委員会」を同じく一月に設置し、七月二六日に中間報告を提出した。これは、あくまでも大綱策定作業を、防衛省主導で進めるためにイニシアティブを発揮したものとみるべきであろう。それは、民主党政権下で改定された第四次大綱が、すでに述べたように民主党や「四大臣会合」など、政治主導で行われたことに対する、一定程度の警戒感に基づくものともいえる。

他方で、自民党は二〇一三年七月の参議院選挙に集中したために、それを終えてから本格的に大綱策定作業を始めることになった。結果として自民党は、参議院選挙に勝利を収めることで、与党として衆議院と参議院と両院で多数を確保するに至る。二〇〇七年八月の参議院選挙以降、一時期の例外を除いておおよそ「ねじれ国会」が続き、それによって政策形成に多くの障害がともなうようになっていた。それに対して、安倍第二次自公政権では両院での与党の多数を確保したことで、よりスムーズに重要な法案を成立させることができるようになった。

二〇一三年九月に首相の私的諮問会議としての有識者会議「安全保障と防衛力に関する懇談会」（安防懇）による検討を開始した。そこでは、二〇一〇年一二月の第四次大綱の策定にも関与した北岡伸一国際大学学長が座長となり、とりまとめの中心となった。防衛省・自衛隊内で改定のための準備作業が行われ、安防懇座長の北岡学長が中心となってとりまとめを行い、第四次大綱の際には大綱策定の中心にいた高見沢将林防衛政策局長が第五次大綱では官房副長官補としてとりまとめの中心となった。また、関係閣僚が協議を行う方式は、第四次大綱と第五次大綱の共通点を物語っている。

実際に、この二つの大綱はわずか三年ほどしか時間を隔てていないことからも、安全保障環境がよりいっそう厳しさを増しているとはいえ、基本的な方向性については共通点が多いことが理解できる。南西方面重視、離島防衛、陸海空三自衛隊の統合運用など、多くの点で前大綱の基本方針を受け継いでいる。

その後、二〇一三年一二月四日に国家安全保障会議が設置されると、国家安全保障会議での審議と決定を行った。それまで形骸化していた安全保障会議を改組して、新たにより実効的で、独自のスタッフを擁する国家安全保障会議を設置したことは、大きな変化であった。この新設の国家安全保障会議で審議を行った結果、一二月一七日に国家安全保障会議での決定を経て、それから第五次大綱の閣議決定を行った。

（2）安全保障環境の悪化

民主党政権下の第四次大綱がそうであったように、第五次大綱においてもまた、日本を取り巻く安全保障環境に関する冷静な分析に基づいて、必要な中・長期的な防衛政策が検討されている。

安倍政権が成立して最初となる『防衛白書』二〇一三年度版において、巻頭で小野寺五典防衛大臣は、「わが国を取り巻く安全保障環境には様々な課題や不安定要因が存在しており、その一部は、顕在化・先鋭化・深刻化しています」と述べている[26]。そして、それに続けて次のように論じている。「北朝鮮による『人工衛星』と称するミサイル発射や核実験の実施を含む挑発行為、中国による領海侵入や領空侵犯を含む周辺海空域での活動の急速な拡大・活発化など、わが国周辺の安全保障環境は一層厳しさを増しています」[27]。また、『防衛白書』本文の「国際社会の動向」の冒頭でも、「わが国を取り巻く安全保障環境においては、様々な課題や不安定要因が存在し、その一部は顕在化・先鋭化・深刻化している」と述べられている[28]。

安全保障環境が悪化したのは、安倍政権が成立したこととは直接的には関連していない。というのも、民主党政権下の二〇一〇年九月の尖閣沖漁船衝突事故、二〇一二年九月の尖閣諸島国有化とそれにともなう日中関係の悪化により、すでに安倍政権成立前から日中間の緊張は高まっていたからだ。二〇一二年一二月には、尖閣諸島周辺の領空を中国の国家海洋局所属固定翼機が領空侵犯をして、これは中国の政府機によるはじめての領空侵犯のケースとなった。かつて、第一次安倍政権で合意した日中間の「戦略的互恵関係」や、それを基礎とした東シナ海における日中協力は、中国側の一方的な行動によって大きく損なわれていた。中国による海洋活動の活発化は、東シナ海、さらには南シナ海における日中関係や米中関係の緊張の高まりにつながっていた。

さらには、アメリカ政府の中国に対する姿勢も、大きく変容しつつあった。第四次大綱策定の際には、オバマ政権は米中協調を基調とするアジア政策を展開していた。それゆえに、日本政府もまた中国との関係においては友好的な協調関係を基礎として、防衛大綱を策定していた。ところが、その後アメリカ政府は、中国政府が進めるＡ２ＡＤ（接近阻止・領域拒否）戦略に対抗するためにも「エアシー・バトル構想」と称する空軍力と海軍力を組み合わせた戦略を提唱して、東シナ海と南シナ海における航空優勢と海上優勢の確保を目指していた。二〇一二年一月には新しく「国防戦略指針」を公表して、アジア重視のより積極的な防衛戦略を進める強い意志を示した。これは「リバランス戦略」と呼ばれるようになる(29)。

第四次大綱を策定した二〇一〇年一二月と、第五次大綱の策定を始める二〇一三年一月では、このようにして日本を取り巻く安全保障環境に少なからぬ変化が見られた。より強硬な中国の対外政策に対応して、より積極的となったアメリカのリバランス戦略に基づくアジア政策に呼応するためにも、日本政府は従来よりも積極的な安全保障政策を示す必要があった。安倍政権はこれを「積極的平和主義」と呼び、日本がより大きな責任を負う姿勢を示すことになった。

（３）第五次大綱の内容

それでは、この第五次大綱にはどのような特徴が見られるであろうか。

二〇一三年には安倍自民党政権において、日本では初めてとなる「国家安全保障戦略」を策定している。[30] これは新しい「防衛大綱」と同じ一二月一七日に閣議決定された。「国家安全保障戦略」は、今後一〇年程度を視野に入れて、「防衛大綱」の上位となる文書と位置づけられている。また、「防衛大綱」は防衛省を中心に策定されたのに対して、この「国家安全保障戦略」は、外務省と防衛省が協力し、それを内閣官房が調整することで作成された。より包括的で、総合的な戦略文書といえる。

第五次大綱での中核となる概念は、第四次大綱の「動的防衛力」概念を継承した「統合機動防衛力」である。そこでは、厳しさを増す安全保障環境に即応し、海上優勢・航空優勢の確保などを、事態にシームレスかつ状況に臨機に応じて機動的に行えるように、統合運用の考え方をより徹底した防衛力を構築することを目指している。この点について、『防衛白書』では次のように記されている。

「新防衛大綱で示した『統合機動防衛力』は、そうした状況を踏まえ、特に現在の安全保障環境において実効的な抑止力を構築するには、活動量だけでなく防衛力の『質』と『量』の十分な確保が必要であるとの観点から、想定される各種事態について、統合運用を踏まえた能力評価をはじめて実施した。そのうえで、総合的な観点から特に重視すべき機能・能力を導き出し、海上優勢および航空優勢の確実な維持に加え、機動展開能力の整備などを重視し、必要な防衛力の『質』と『量』を確保するとともに、多様な活動を実効的に行うための幅広い後方支援基盤を強化することとしたものである」。[31]

先述したように、第四次大綱で防衛省防衛政策局長として大綱策定の中心的な役割を担い、また「動的防衛力」概念の導入を主導したとみなされている高見沢将林は、第五次大綱では内閣官房副長官補としてとりまとめ作業を主導した。高見沢は、二〇一四年一月に新設された国家安全保障会議の下部の事務組織である国家安全保障局で次長を兼任している。また、すでに触れたように、第四次大綱で「サポートチーム」として大綱策定に関与した北岡伸一は、第五次大綱では安防懇の座長を務めている。そこに、民主党政権時の第四次大綱と、第二次自公政権時の第五次大綱との連続性を見ることができるだろう。

5　おわりに

民主党政権時（第四次大綱）も第二次自公政権時（第五次大綱）も、防衛大綱策定の作業は安全保障問題に精通した専門家によって検討される傾向が強く、またいずれの場合も防衛省・内閣官房の高見沢将林、政治学者の北岡伸一の二人が起草の過程で大きな影響を及ぼしたという共通点が見られる。また両者は、二〇〇九年以前の第一次自公政権下の歴代内閣でも、さまざまなかたちで防衛政策形成に大きな影響を及ぼしてきた。

日本では、安全保障コミュニティが他の主要国と比べてそれほど規模が大きくないために、同じ防衛官僚、自衛隊幹部、安全保障専門家などが、政権が代わっても一定の影響力を及ぼす状況が継続している。その意味では、防衛政策形成過程は、首相や政権が交代しても一定程度継続していると見ることができる。むしろ、安全保障環境の変化に応じるかたちで必要な中・長期的な防衛政策が防衛省内で検討されて、それらを基礎として防衛大綱が策定される傾向が色濃く見られる。それは、第四次大綱や第五次大綱の策定の際に「政治主導」の要素が加わりながらも、大きな変化は見られない。

同時に、二〇〇一年の行革による官邸機能の強化によって、それまでは防衛庁が排他的に大綱策定作業を進めてきたのに対して、それ以降はしだいに内閣官房、とりわけ官房長官が政策全般においても、また防衛大綱策定の作業においても、中核的な役割を担うようになった。いわば、政策決定が省庁横断的となり、「政治主導」となることは、閣内における官房長官の地位の向上へと帰結したといえる。それにあわせて、官房副長官、および外務と防衛から出向した副長官補の役割が、防衛大綱策定の過程においても無視できないほど大きくなった。

そのことはまた、政権の安定性や、政策決定の円滑さなどが、官房長官の政治手腕に大きく左右されることを意味する。菅政権時の仙谷官房長官や、第二次安倍政権時の菅官房長官の役割なしには、大綱策定作業の全体をまとめることは困難であっただろう。すなわち、防衛大綱策定の過程においても、官房長官の地位の向上が強く反映されている。そのことは、民主党政権から第二次自公政権に続いていく傾向とみることができる。

また、防衛大綱の形成過程を見てみると、民主党政権と第二次自公政権のいずれにおいても、安全保障環境の変化に応じて必要な防衛政策を構想するような方法がとられていたことがわかる。それゆえ、民主党政権における防衛政策を過度に批判することも、あるいは第二次安倍政権における安保法制を過度に警戒することも、慎むことが重要であろう。また、二〇一四年から一五年の間に見られた安保法制をめぐる第二次自公政権と野党の民主党の間の衝突も、このような防衛政策の継続性を考えるならばいわば、民主党側の「演出」の側面が強かったことが理解できるだろう。

というのも、これまで見てきたように、二〇一三年の第二次自公政権下の防衛大綱は、二〇一〇年の民主党政権下の防衛大綱における「動的防衛力」概念の論理的な延長線上に位置しているのであり、さらには二〇一五年の新しい日米防衛ガイドラインも野田民主党政権下でその作業が開始したからである。それだけではなく、武器輸出三原則の緩和もまた、野田政権下において藤村修官房長官が端緒をつけていたことにも留意する必要がある。防衛政策形成過程を見る限りでは、第二次自公政権における動きの多くが、実際には民主党政権において始まっていたことがわかるだろう。防衛政策形成過程における民主党政権と第二次自公政権の継続性は、これまであまり触れられてこなかったが、政権交代の本質を理解する上で重要な側面であるといえる。

防衛大綱策定の過程を見ると、政治家と官僚が協力し、適切な役割分担が確立し、さらには外部有識者が専門的見地から助言を与えることで、不透明性が増している安全保障環境の中で、適切な防衛政策の立案が可能となったことがわかる。これまで見てきたように、防衛大綱策定の過程は、まさにそのような日本における政策形成過程の変化を象徴する、重要な「鏡」のような役割を担っているといえるだろう。

注

（1）　三木政権で策定された防衛大綱（正式名称は、「昭和五二年度以降に係る防衛計画の大綱」であり、省略して「五一大綱」と呼ばれている）以降は、一九九五年の村山富市内閣における「〇七大綱」（「平成八年度以降に係る防衛計画の大綱」）、二〇〇四年の小泉純一郎内閣における「一六大綱」（「平成一七年度以降に係る防衛計画の大綱」）、二〇一〇年の菅直人政権における「二二大綱」（「平成二三年度以降に係る防衛計画の大綱」）、そして、最も新しいものが、安倍晋三内閣における「二五大綱」（「平成二六年度以降に係る防衛計画の大綱」）である。

（2）戦後の防衛大綱の歴史については、佐道明広『戦後政治と自衛隊』（吉川弘文館、二〇〇六年）、田村重信編『日本の防衛政策』（内外出版、二〇一二年）、佐道明広『自衛隊史――防衛政策の七〇年』（ちくま新書、二〇一五年）が詳細で優れた研究である。さらには、『国際安全保障』四四巻三号（二〇一六年）では、「『防衛計画の大綱』の多角的研究」と題した特集が組まれている。

（3）新たな時代の安全保障と防衛力に関する懇談会「新たな時代における日本の安全保障と防衛力の将来構想――『平和創造国家』を目指して」（新安防懇報告書）、二〇一〇年八月。

（4）防衛省『平成二三年度版 防衛白書』（ぎょうせい、二〇一一年）、一五六－一五七頁、神保謙「新防衛大綱と新たな防衛力の構想」『外交』五号（二〇一一年）、一一一－一一二頁。

（5）神保「新防衛大綱と新たな防衛力の構想」、一一二頁。

（6）民主党政権における外交・安全保障政策の概観については、佐橋亮「民主党外交と政治主導の失敗」『季刊政策／経営研究』一号（二〇一三年）、一一五－一二八頁、および、神保謙「外交・安保――理念追求から現実路線へ」日本再建イニシアティブ『民主党政権 失敗の検証――日本政治は何を活かすか』（中公新書、二〇一三年）、一二五－一五八頁を参照した。

（7）佐道『戦後政治と自衛隊』、五一－五四頁。

（8）同右、九八－九九頁。

（9）中曽根康弘『中曽根康弘が語る戦後日本外交』（新潮社、二〇一二年）、三二三頁。

（10）樋口レポートについては、柴田晃芳『冷戦後日本の防衛政策――日米同盟深化の起源』（北海道大学出版会、二〇一一年）第五章、八七－一〇三頁を参照。巻末に「樋口レポート」も収録されている。また第二次大綱の策定過程は、同、第七章、一三一－一五三頁、および、田村編『日本の防衛政策』、一一一－一一三頁を参照。

(11) 田村編『日本の防衛政策』、一一三－一一五頁。

(12) その過程については、柳澤協二『検証 官邸のイラク戦争――元防衛官僚による批判と自省』（岩波書店、二〇一三年）のなかでも触れられている。

(13) 防衛省『平成二三年度版 防衛白書』（ぎょうせい、二〇一一年）、一五五頁。

(14) 薬師寺克行『証言 民主党政権』（講談社、二〇一二年）、七七－七八頁。

(15) 『平成二三年度版 防衛白書』、一五六頁。

(16) 信田智人『政治主導 vs. 官僚支配』（朝日新聞出版、二〇一三年）、一七五頁。

(17) 同右。

(18) 『産経新聞』二〇一三年九月一六日。

(19) National Intelligence Council, *Global Trends 2025: A Transformed World* (Washington DC: US Government Printing Office, 2008), p. vi.

(20) ジェフリー・A・ベーダー『オバマと中国――米国政府の内部からみたアジア政策』春原剛訳（東京大学出版会、二〇一三年）、二六頁。

(21) 山本吉宣「パワー・トランジションの中の日本の安全保障」渡邊昭夫編『二〇一〇年代の国際環境と日本の安全保障――パワー・シフト下における日本』（防衛省防衛研究所、二〇一三年）、四頁。

(22) 「新たな時代における日本の安全保障と防衛力の将来構想」（新安防懇報告書）、五頁。

(23) 自民党「重点政策二〇一二」政策パンフレット。

(24) 同右。
(25) 防衛省『平成二六年度版 防衛白書』(日経印刷、二〇一四年)、一四二頁。
(26) 小野寺五典「平成二五年度版 防衛白書の刊行に寄せて」防衛省『平成二五年度版 防衛白書』(日経印刷、二〇一三年)。
(27) 同右。
(28) 同右、二頁。
(29) Department of Defense, *Sustaining U.S. Global Leadership: Priorities for 21st Century Defense*, Washington, D.C., 2012.
(30) 「国家安全保障戦略」の策定の過程については、細谷雄一「日本の国家安全保障戦略と日米同盟」世界平和研究所編・北岡伸一/久保文明監修『希望の日米同盟――アジア太平洋の海洋安全保障』(中央公論新社、二〇一六年)、一三一－一三八頁、および、井形彬「『国家安全保障戦略』の作成過程――第二次安倍政権下の三つの懇談会」『国際安全保障』四二巻四号(二〇一五年)を参照。
(31) 『平成二六年度 防衛白書』、一四五頁。

第8章

憲法解釈の変更

●法制執務の転換

牧原　出

第二次安倍晋三政権は集団的自衛権に関する憲法解釈を変更し、安保法制関連法を制定した。従来内閣法制局が政府の憲法解釈を事実上独占的に担当し、政権による解釈変更を阻んできたが、安倍政権は外務省出身の長官を据えることで、その抵抗を排したのである。これ自体は安倍首相年来の政治構想であったが、政権が内閣法制局を統制すること自体は民主党政権も試みた。二度の政権交代を通じて何が変わったのだろうか。

1　はじめに

第二次安倍政権は、集団的自衛権の解釈変更を主たる政治課題の一つに掲げて発足した。組閣後の首相の記者会見での「集団的自衛権の行使、解釈の変更についてでありますが、さきの安倍政権において、安保法制懇の結果が、報告は福田政権において官房長官に対してなされたわけであります。あの類型でいいのかどうかということについても、もう一度あの報告を安倍政権において、あのときの有識者から伺うことによって、また検討を始めていきたいと思っております」との発言が、その姿勢を物語っている。(1) 二〇一三年の参議院選挙後、首相は、小松一郎駐仏大使を内閣法制局長官に任命するという異例の人事を断行した。首相の意を体した長官のもとで、内閣法制局は憲法解釈変更に向けた検討を進めたのである。

ところが、こうした動きに対して強い反対を唱えたのは、過去の内閣法制局長官であった。二〇一三年八月九日の朝日・毎日両紙で阪田雅裕が反対意見を述べ、二〇日には前長官の山本庸幸が最高裁判所判事に就任する際の記者会見で問題だと発言した。そして法案審議中の二〇一五年六月二二日には衆議院特別委員会で参考人として招致された阪田と宮崎礼壹は、政府の解釈に疑義を呈したのである。(2)

こうして、憲法解釈の変更をめぐって、政権と内閣法制局歴代長官経験者との対立という構図が鮮明になった。だがそれは、第二次安倍政権固有の対立の構図だとは必ずしも言えない。法案審議に際して、菅義偉官房長官は、こう反論した。民主党政権の一時期に「法制局長官を政府参考人から外し、法令解釈担当相が答弁を行っていた」と述べた上で、憲法解釈の変更に反対する際に法制局長官を「法的権威」のように扱う民主党は、過去に「政治主導」の名のもとにその答弁さえ禁止させていたと指摘したのである。(3) したがって、問題は憲法解釈の変更が可能かという論点のみならず、政権交代が繰り返される中で、内閣法制局への政権からの統制はどこまで可能かという論点を含んでいたのである。

さらにこの答弁に際して菅官房長官は、「合憲か違憲かを判断するのは憲法の番人の最高裁判所だ」とも強調していた。憲法解釈変更という政治課題は司法権のあり方という論点も問いかけていた。内閣法制局、最高裁判所に加えて刑事裁判を担う検察庁を含む法務省といった政府内法曹のそれぞれに、何が可能かという問題が究極的には問われたのである。たとえば、二〇〇九年の民主党が政権を得た政権交代では、ほぼ一貫して問題になっていたのは小沢一郎の政治資金疑惑を摘発した検察に対する「指揮権発動」であった。

以上のように、本章では、内閣法制局を中心にしつつも、最高裁判所、法務省をも視野に入れた政権内法曹の役割が政権交代を通じてどのように変化したのかを分析する。

2　法制執務の守備範囲

（1）法制執務の範囲

本章では「法制執務」を主に現在の内閣法制局の業務からとらえるが、組織史としてみると、太平洋戦争後、法制局は廃止され、一九四八年に設置された法務庁のもとに置かれた。この法務庁は、かつての司法省と最高裁判所が分離することによって司法省の一部の業務を最高裁判所に移し、それと旧法制局とを統合したものである。各省設置法が整備された一九四九年に法務府となり、占領終結後の行政機構改革の行われた一九五二年に、内閣法制局が再設置されてここから分離したのである。法務省の編纂した『法務行政の50年』はこの経緯を記しており、(4)「法務行政」の中に一時は法制意見を検討し、主張する機能も含まれていたととらえられる。

国際比較でみると、「司法行政」の概念をめぐって、司法権と行政権とでどう権限を配分するかが歴史上制度設計における問題となっており、日本の法務省の言う「法務行政」と裁判所の「司法行政」とは多分に重複する。(5)とりわけ、占領期に法制局を解体したGHQの主導する改革では法務庁の長を「法務総裁」と呼んだ。それはアメリカのAttorney Generalの訳語であった。アメリカでは、法務総裁を長とする組織こそ司法省(Department of Justice)である。司法省は一方で一七八九年に設置されてから司法権との間で権限配分をめぐって長期にわたる改革の対象となり、他方では法務総裁は大統領に対する法律顧問として法制に対する助言を行っていた。(6)したがって、現在の日本でいう最高裁判所、法務省、内閣法制局の業務は画然と区別されたものではなく、緩やかな意味で「法制執務」とでも呼ぶべき機能を共有しているのである。

したがって、本章では、この意味での「法制執務」を対象にする。ただし、紙幅の関係から内閣法制局を中心に置き、付随的に法務省とりわけ検察と政治との関係を組み入れることにしたい。

(2) 内閣法制局

内閣法制局は、第一部から第四部によって構成されている。第二~四部は、各省を分掌し、それぞれの作成した法案について検討し、個別に意見を求められればこれに対して法制意見を発する。第一部は、憲法解釈や法制全般を担当する。幹部人事は、第一部長、法制次長を経て、長官に就任するという慣行が成立している。歴代長官は表8-1の通りである。

また、職員を独自に採用せず、各省から法制に対する専門性の高い官僚が出向し、その中でもとくに執務に秀でた者を残すという方針で運用している。この中には法務省も含まれ、法務省からの派遣者は検察官など法務省プロパーの官僚のみならず、裁判所から法務省へ出向する形でさらに内閣法制局に派遣される者もいるのである。[7] ただし、部長に就任するのは、法務、旧大蔵・現財務、旧自治・現総務、旧通産・現経産、農水の五省出身者に限られ、さらに次長・長官に就任するのはうち農水を除く四省に限られるという慣行が続いた。長官経験者の大森政輔は、これを「四省責任体制」と呼んでいたと回顧している。[8] こうした体制に真っ向から挑戦したのが、第二次安倍内閣であった。だが、政治からの挑戦とこれへの応答は、冷戦終結後から始まっていたのである。

表8-1　戦後の歴代内閣法制局長官

佐藤　達夫	1952－1954年
林　修三	1954－1964年
高辻　正己	1964－1972年
吉國　一郎	1972－1976年
真田　秀夫	1976－1979年
角田礼次郎	1979－1983年
茂串　俊	1983－1986年
味村　治	1986－1989年
工藤　敦夫	1989－1992年
大出　峻郎	1992－1996年
大森　政輔	1996－1999年
津野　修	1999－2002年
秋山　収	2002－2004年
阪田　雅裕	2004－2006年
宮崎　礼壹	2006－2010年
梶田信一郎	2010－2011年
山本　庸幸	2011－2013年
小松　一郎	2013－2014年
横畠　裕介	2014年－

3　一九五五年体制下の法制執務と湾岸戦争

（1）一九五五年体制と内閣法制局

内閣法制局が法務府から分離されたのは、再軍備の過程で吉田茂首相の国会答弁に混乱が生じ、これを補佐する専門官僚の地位と組織を整備する必要があったからである。そのため、各省の法案作成への助言とあわせて、長官の国会答弁はとりわけ安全保障の分野できわめて重要であった。

だが、一九五〇年代の岸信介内閣までは、自衛隊の合憲性が最高裁判所で争われていた。一方で一九六〇年の苫米地事件判決によって、抽象的な法令の憲法適合性を裁判所は判断しないという判例が確立した。他方で、一九五九年の砂川事件判決によって、自衛隊の合憲性について裁判所は判断しないという、いわゆる統治行為論の判例が確立した。こうした安全保障政策で裁判所が判断を控える状況下では、政府全体の憲法解釈を実質的に決めるのは内閣法制局となったのである。

だが、内閣法制局の「見解」は、法制局の一方的な宣言で確定するのではなく、あくまでも国会審議を通じて徐々に確立していった。社会党を中心とする野党にとり、安全保障政策は最重要の関心事項であり、国会審議で政府見解を絶えず問いただしたからである。したがって、内閣法制局の憲法解釈は、国会で検討され、与野党が了解できる内容となったときに初めて確定した。その限りで、憲法解釈の文面を内閣法制局が作成し、それを与野党の事前了解のもと、国会で発言し、記録されるという過程全体が、憲法解釈を決定づけた。つまり、憲法解釈は内閣法制局長官の補佐を得て、国会が決めたのである。

この経緯を如実に示すのは、田中角栄内閣以降長官を務めた吉國一郎の次の回顧である。(9)

それからよく国会で答弁が錯綜することがあるんですね。そうすると、政府統一見解をつくれなんていうことになる。そうすると、僕までの長官はやっていなかったと思いますけれど、「吉國さん、ひとつやってくださいよ」なんて官房長官に言われて、議長席に行って、一所懸命書くわけですね。それで、「これでどうだ」といって自民党に見せると、自民党が「それでいいよ」と言って、社会党は「このところをこう直してくれ」と言う。そこで、「こう直したらどうだ」と言うと、今度は自民党が、「それは若干行き過ぎだ」という。それで「じゃあ、こうしましょう」ということになる。いまの武器輸出三原則なんかは、最後の段階のものは、僕が書いたものが提案になって、そのまま決議になったんです。そういうことによく使われましたよ。

この吉國が主導したのが、一九七二年の内閣法制局見解である。第六九回国会における集団的自衛権についての質疑の結果、政府は「決算委員会提出資料」を作成した。そこでは「政府は、従来から一貫して、我が国は国際法上いわゆる集団的自衛権を有しているとしても、国権の発動としてこれを行使することは、憲法の容認する自衛の措置の限界をこえるものであって許されないとの立場に立っている」とした上で、「我が憲法の下で、武力行使を行うことが許されるのは、我が国に対する急迫、不正の侵害に対処する場合に限られるのであって、したがって、他国に加えられた武力攻撃を阻止することをその内容とする集団的自衛権の行使は、憲法上許されない」と述べていた[10]。この後、内閣法制局長官は、国会で繰り返し集団的自衛権を保有するが、憲法上行使できないと答弁したのである。

（２）冷戦終結後の変化

ところが、冷戦終結は、裁判所、国会、内閣法制局の役割を変えていった。

その発端は湾岸戦争以後、新しい地域紛争に対して、内閣法制局の憲法解釈が大きな制約となる状況が生じたことであった。ここでは、アメリカの求めを受けて多国籍軍への自衛隊参加を検討した段階、さらに国連平和協力法によるＰＫＯ・ＰＫＦへの自衛隊の参加が検討された段階、さらには国際平和協力法の制定の段階というおのおのの局面で、従来の内閣法制局の憲法解釈にもとづく自衛隊の活動への制約に対して、自民党側の強い不満が生じたのである(11)。とくに多国籍軍の自衛隊参加を積極的に主張したのは、当時の小沢一郎自民党幹事長であり、小沢は独自に「国際社会における日本の役割に関する特別調査会」を組織し、国連を中心とした集団的安全保障が憲法からみて合憲であることを主張したのである。

ＰＫＯ問題に際して、工藤敦夫法制局長官が提示したのは、「武力の行使」との「一体化」論であった。平和維持隊などの組織に自衛隊が参加する際に、その組織が武力行使に当たるような事態が生じても、これと自衛隊が「一体化することはない」ならば、憲法に違反しないという解釈を法制局は貫き、そのもとで立法がなされたのである。しかしながら、実際に自衛隊がＰＫＯ等に参加した場合に武力攻撃を受けたとき、あるいは自衛隊の近隣に展開する他国軍が武力攻撃を受けたときに、武力行使をしないままでいられるかは、一貫して自衛隊の側から問題視されていく。にもかかわらず、二〇〇〇年代に入ると、テロ対策特別措置法、イラク人道復興支援特別措置法、補給支援特別措置法の制定にもとづき、自衛隊が紛争地の近傍に派遣された。それはまた、「武力行使の一体化」を避けるぎりぎりの措置であった。

これらに先だって一九九六年には大森政輔長官が「武力行使の一体化」について、四基準があることを国会で答弁した。「一つ、戦闘行動が行われている、または行われようとしている地点と当該行動の場所との地理的関係、二つ、当該行動の具体的内容、三つ、各国軍隊の武力行使の任にあるものとの関係の密接性、四つ、協力しようとする相手方の活動の現況等の諸般の事情を総合的に勘案して個々具体的に判断さるべきである」というのである(12)。

ここに至るまで法制局内では、次のように議論を積み重ねたという。「一部の中で担当参事官がいろいろな立場でこの湾岸問題に取り組みましたから、まず参事官がいろいろ議論して、その判断基準についての案を書き上げるわけです。それを部の中で、ときには一部長だけではなくて次長、長官も含めたテーブルで議論をして、精緻なものにしていくという作業を続けます。その結果として、駄目なのはどういう場合か、いいのはどういう場合かという議論に跳ね返っていくわけです」。国会審議の中で「極端」な事例について可不可を議論した上で、微妙なケースについては、「定型的・客観的判断ができるような仕組みを作らなければいけない」ようになっていったという(13)。以後、この基準をもとに個別ケースについて判断するという枠組みが確定したのである。

内閣法制局への不満のさらなる要因は、社会党の退潮であった。これに替わって政界再編の中で登場した新しい政党は、必ずしも自社の二大政党が対立していた時代の合意に拘束される必要があるとは言えない。国会による解釈の確定は、国会自体の政党構成が激変したときにどこまで維持されなければならないのか、という問いにはいまだ答えがないのである。

また、政治改革を促した一つの要因は、リクルート事件以後の政界汚職であった。これを摘発した東京地検特捜部は、以後も佐川急便事件での金丸信起訴など、政治的中立を掲げつつも政界捜査を続けていく。その是非について、政治の側は陰に陽に問題視していた。

さらに、統治行為論を掲げつつも、裁判所は、「司法の国民参加」を掲げる司法制度改革によって裁判員制度を導入した。私人と行政が当事者となる行政訴訟では、改革でも提言された行政事件訴訟法の改正がなされ、最高裁の判決でも、行政の裁量への司法統制を強める方向で「変化」が生じたとの指摘が、裁判官経験者からなされるようになった(14)。

以上のように、一九九〇年代以降国際環境が大きく変化し、法務・検察による政治家の検挙、裁判所による行政への統制の強化が進む中で、内閣法制局は従来の解釈を貫徹することで、政治からの憲法解釈の柔軟化を拒否し続けたのである。

(3) 第一次安倍内閣の内閣法制局への挑戦

こうした状況下で登場したのが第一次安倍内閣であった。「美しい国」をキャッチフレーズに「戦後レジームからの脱却」を掲げた安倍首相は、集団的自衛権を認める方向での憲法解釈に意欲的であった。まず、安倍は長官人事を「ポリティカル・アポインティ」すなわち政治任用にして、従来の慣行にとらわれない抜擢を考えた。大森元長官によれば、内閣成立にあたって辞職を決めた阪田雅裕長官は次長を後任にするよう安倍を説得したという(15)。

法制局の職務は法制局設置法で言われている法律問題について意見を述べるという意見事務よりも、法令案・条約の審査事務のほうが量的には圧倒的に多いので、それを迅速・適正・妥当に処理するためには、審査部長、意見部長、次長として、ずっと長期間関与していた者でなければ務まらない性質のものなんだ、ということを、耳にたこができるぐらい話し続けた。

結果として安倍は外部からの長官抜擢を断念したのである。

さらに安倍首相は、国会答弁による憲法解釈変更を考えた。新任の宮崎礼壹内閣法制局長官をはじめ幹部に打診したところ、すぐに全員が辞意を表明したと報じられている[16]。少なくとも、安倍は法制局に対して、集団的自衛権の「一部を認めるための新たな解釈の検討を指示」したことを認めている[17]。長官が「解釈変更を了解した」という風説を聞きつけた大森も直接宮崎に「内々に了承したのか」と問いただしたところ、「とんでもない」との返答だったと回顧している[18]。政治からの解釈変更圧力に対して、長官経験者が現役長官に問いただし、解釈を変更しないよう迫るという構図は後に再現されるのである。

そこで安倍首相が設置したのが、安全保障の法的基盤の再構築に関する懇談会（以下「安保法制懇」）であった。懇談会の審議途中の二〇〇七年九月に、参議院選挙での自民党大敗と首相の健康不良から内閣は総辞職した。そのため、このときには解釈変更のためのさらなる首相と法制局の対立は起こらなかったのである。

4　民主党政権と法制執務

（1）民主党政権による内閣法制局改革

第一次安倍内閣下での参議院選挙大敗によって、自民党の退潮は誰の目にも明らかになった。替わってしだいに政権担当能力を備え始めたのが最大野党の民主党であった。二〇〇六年に代表に就任した小沢一郎は、衆議院議員の任期が迫る中で、将来の有力な首相候補と見なされ始めた。そこへ起こったのが、小沢の公設第一秘書に関する違法献金問題であった。二〇〇九年三月に秘書が起訴され、五月に小沢は辞任した。替わって代表に就任した鳩山由紀夫のもと、民主党は二〇〇九年の総選挙で圧倒的な勝利を収め政権を組織したのである。

この一連の過程で、民主党は事件の検証を、政治学者の飯尾潤、法律学者の桜井敬子、社会学者の服部孝章、元検事の郷原信郎の四名からなる「第三者委員会」に委ねた。六月一〇日に委員会の提出した最終報告書は、「検察の主張立証には相当な無理がある」と検察批判を展開した[19]。こうして党内には検察に対する強い不満が残り続けた。

他方、小沢は、衆議院選挙での勝利直後に幹事長に就任した。そして、「政治改革」を推進するため、まず民間団体の二一世紀臨調に「国会改革の提言のとりまとめ」を要請した[20]。その提言をもとに、小沢は通常国会で国会法改正案を提出し、年来の持論であった国会議員同士の討論を重視するため、官僚の答弁を禁止する改正を進めることを宣言したのである。

結果として、作成された国会法改正案では次のように規定されていた。

第一条　国会法（昭和二十二年法律第七十九号）の一部を次のように改正する。

第六十九条第二項中「、内閣法制局長官」を削る。

つまり、内閣法制局長官を答弁禁止の例外とする政府特別補佐人から排除することが明確に意識された改正案であった。すでに平野博文官房長官も、集団的自衛権の政府解釈についてこれまでの解釈を踏襲すると断りつつも、「政府の憲法解釈を国会で示してきた内閣法制局長官の過去の法制局答弁にしばられない」と記者会見で述べていた。(21)

すでに小沢は、新進党時代に、橋本龍太郎内閣が進めていた省庁再編に対して、内閣法制局改革を強く提案していた。(22)その結果、内閣法制局を内閣府の外局にすることで、官房長官の指揮下の組織とするという案が一時は真剣に議論されたが、結局は内閣直属の補佐組織のままとなったのである。(23)

その一環で、一九九八年の参議院選挙で野党が勝利した後、衆議院議院運営委員会で、民主、平和・改革、自由の三党が政府委員として国会に出席できる官僚から内閣法制局長官をはずしたために、八月一〇日の本会議で長官が出席できないという事態が生じていた。(24)自民党が議院運営委員会での採決を通じて長官の政府委員への任命を決めることで、当面の事態は解決を見た。だが、ここでは、自民党政権に対して、当時の民主党と小沢ら自由党とが協働して、政府委員を制限して政治家同士の討論で国会を運営することを模索していたのである。その後自由党が自民との連立政権を組織すると、自由党側は「政府委員制度廃止、副大臣制導入」を掲げて、長官の国会出席を制限しようとした(25)。これは副大臣・大臣政務官制へと結実した。

このように、民主党政権を構成する議員のうち、非小沢系の民主党議員も、自由党系議員も内閣法制局の政治的役割を制限する方向では一致していた。したがって、政権が法制局長官の答弁を厳しく制限するのは、ごく自然な成り行きであった。

(2) 国会答弁担当大臣の行方

内閣法制局の側は、国会開会前の二〇一〇年一月に宮崎長官が辞任し、後任に梶田信一郎が就任した。このタイミングでの長官辞任はまったく異例であり、「懲罰的な人事(26)」、「抗議の意思表明との観測」といった憶測が流れる交代であった(27)。

この交代とともに、民主党政権は内閣法制局長官を政府特別補佐人とせず、法律の解釈について答弁担当大臣を設けた。以後、内閣法制局長官は国会に出席する際には、政府参考人となり、答弁は主として大臣が行い、補足的に政府参考人としての内閣法制局長官が発言するという運用がなされた。

答弁担当大臣は、枝野幸男行政刷新相→仙谷由人内閣官房長官→枝野幸男内閣官房長官→平岡秀夫法相→枝野幸男経済産業相とされた。枝野、仙谷は弁護士出身であり、平岡は大蔵省出身ではあったが法曹資格を持っていた。法曹資格のある大臣を答弁担当大臣に当て、鳩山内閣時代は枝野行政刷新相、菅内閣に変わると仙谷官房長官が自ら就任し、官房長官を枝野に交代すると枝野がこれを担い、野田内閣では当初平岡法相をこれに当てていたが、臨時国会召集を前に、枝野経済産業相にこれを変

表 8-2　2000 年代以降の内閣法制局長官の国会での出席・発言会議数

長官名	出席委員会・本会議数
秋山　　収	42
阪田　雅裕	21
宮崎　礼壹	45
梶田信一郎	24
山本　庸幸	19
小松　一郎	36
横畠　裕介	94

注：横畠長官は第190通常国会までの回数としている。
出典：国会会議録検索システムにより作成

更し[28]、翌二〇一二年一月には閣議で法制局長官による答弁復活を決定し、衆議院議院運営委員会で説明し、了承を得た[29]。

もっとも国会議事録を見ると、そう単純ではない。表８‐２は、民主党政権前後の法制局長官が両院本会議・委員会に出席かつ発言した会議回数を議事録検索によって割り出し、比較したものである。

宮崎長官は二〇〇九年九月の民主党政権発足後、三回国会に出席・発言するにとどまった。だが後任の梶田長官は二年弱の任期中に二四回出席しており、各回の発言回数はおおむね少ないが、答弁しなかったわけではない。むしろ、答弁復活を正式に決めた山本長官は必ずしも出席会議数が多くないのである。野田内閣下での出席会議数は一〇、第二次安倍内閣下の出席回数は九回である。安倍内閣は前内閣と同程度にしか法制局長官を起用しなかったのである。そして、第二次安倍政権が、閣議決定によって集団的自衛権の憲法解釈変更を図ってからは、小松、横畠両長官の出席会議数が、秋山長官時代の出席回数を超えつつある。その意味で、第二次安倍政権は、二〇〇〇年代初頭と同程度に内閣法制局長官を活用しつつあると言える。

民主党政権時代の野党自民党・公明党は、答弁担当大臣による答弁に満足せず、法制局長官の出席を強く求めた。その際の発言は次のようなものであった。

昨年の十二月二十八日に民主党、社民党、国民新党の与党三党が幹事長・国対委員長会談において、国会法の改正について合意したと、その内容が発表になったわけであります。それによりますと、内閣法制局長官というものを政府特別補佐人から排除すると。国会の委員会で答弁を禁止することなどが盛り込まれた内容となっているわけですね。しかし、我が国司法による違憲審査というのはどうしても個別的、事後的でありますから、内閣法制局長官はとくに安全保障関係立法の憲法との整合性に関しまして、抽象的な事案についても事前的に考え方を委員会の答弁の形で提示すると、いわゆる準司法的な役割を担ってきていると私は考えております。よって、その答弁排除というものは、時々の政治的意図に左右される政治主導の憲法解釈が横行するんではないかと、こういう懸念を持つのは私だけじゃないと思うんですね(30)。

法制局という役所が通常の役所とちょっと性格を異にしていまして、法令の解釈をするという専門の部署であって、何ゆえにそれが存在するかというと、政権が替わったからとか総理が替わったからとか、どんどんどんどん法令解釈が勝手に動くようでは法治国家としての国の安定性が保てませんから、やはりいつでもまさに公務員としての公平中立という立場を貫いて、法律の解釈をいつもきちんとしていただく(31)。

このように、野党時代の自民党・公明党は、政府の一貫した解釈方針をもとに国会審議を行うために、内閣法制局長官の答弁が必要であるという認識のもとにあった。これが後の第二次安倍内閣で大きく変わることとなるのである。

他方、答弁担当大臣は、内閣法制局との打ち合わせを経て、国会答弁を行っていたが[32]、それでも問題は生じた。その最たる例が、仙谷官房長官の自衛隊を「暴力装置」と呼ぶ発言であった。二〇一〇年一一月一八日の参議院予算委員会で、自衛隊法六一条における政治的行為の規制について尋ねられた仙谷は、自衛隊について「暴力装置でもある自衛隊」と発言し、自民党議員から強い反発を受けた。議事録を見る限りは、話の流れの中で生まれた形容句ではあるが、その後官房長官は野党多数の参議院で問責決議を可決され、辞任を余儀なくされた。

(3) 法務大臣と検察

民主党政権下では、政権と検察との間で厳しい緊張関係が続いた。検察の側は、二〇一〇年一月に、陸山会事件で、小沢の元秘書の石川知裕衆議院議員と当時の秘書らを逮捕し、二月に起訴した。並行して、小沢への嫌疑は不起訴処分となったが、石川らの取り調べの結果次第では、小沢の起訴もありうる状況であった。

ここに、鳩山政権成立後の新任大臣記者会見で、千葉景子法相は、「取り調べの可視化は進める。(指揮権発動は)検察も行政の一つ、一般的に法相に指揮権があると認識している。国民の視点に立って検察の暴走をチェックする」と発言したのである。[33]政権による「脱官僚依存」の政策形成のもと、取り調べの可視化など従来の自民党政権では十分に取り組まれなかった課題が、法制審議会で議論されることとなった。その一環で、指揮権発動の可能性を法相が否定しなかったのである。

法相だけではなかった。鳩山首相自身が、「検察と闘って下さい」と発言したのである。

政権発足前の二〇〇九年三月、幹事長の鳩山は、西松建設からの献金問題で小沢代表の公設秘書が逮捕された件について、「検察のリーク情報がいかがわしそうなにおいを国民に与え続けながら、実際には修正申告さえすれば済むような問題での逮捕で終わる容疑だとしたら、代表はこのような抵抗勢力に屈するわけにはいかない」とメールマガジンに書いており、検察に対する不信感をあらわにしていた。[34]二〇一〇年一月、鳩山首相は小沢幹事長との会談の席で、「検察と断固闘う」との小沢の発言に対して、「どうぞ戦って下さい」と激励し、自ら記者団にその内容を明かしたのである。

これにはメディアも批判的であったが、問題はこうした発言を、関係者が「指揮権発動」ととらえ始めたことである。谷垣禎一自民党総裁は、「異様な発言だ。検察とやりとりしている人に戦えと言うのは、総理の立場から逸脱している。検察の捜査が不当なものと考えて、指揮権発動の問題になる。きちんと考えて言っているのか」と述べ、みんなの党の渡辺喜美代表も「指揮権発動まで覚悟したのか」と批判したのである。[35]

こうした民主党対検察の構図は、続く菅内閣でも生じた。二〇一〇年九月の尖閣諸島における中国漁船衝突事件である。違法操業を行い海上保安庁の巡視船から退去命令を出された中国漁船が、これに従わず自ら衝突して巡視船を破損させた事件で、船長の逮捕拘留、船員と漁船を石垣島に回航させて、事情聴取が進められた。中国側が強硬に釈放要求を出したが、船長以外の船員の帰国と漁船の引き渡しまでは認めたものの、船長については起訴するために拘留を継続した。中国政府から抗議と報復措置が出されるに及んで、那覇地方検察庁の担当検事は、「日中関係を考慮」して処分保留による釈放を発表したのである。亀井静香国民新党代表は、「捜査の上での判断というより、政治が介入したとしか思えない。事実上の指揮権発動だ」と述べた[36]。政府内でも仙谷官房長官は、柳田稔法相に「指揮権発動の可能性」に言及し、対処を迫ったとの報道もなされた[37]。

かくして、民主党政権下では、政権・法相と検察との間で「指揮権発動」の可能性がたえず話題となった。その一因は検察側にもあった。捜査における重大な失態が続いたのである。その第一が、特捜検事による証拠物件改竄事件であった。心身障害者用の低郵便料金制度を悪用した団体について、当時の厚生労働省が当該団体を障害者団体と証明する書面を作成していた。これについて担当課長であった村木厚子が逮捕・起訴されたが、二〇一〇年九月に主任検事が証拠物件の内容を改竄していたことが明らかとなったのである。村木は無罪となり、逆に捜査に当たった特捜部長・副部長が逮捕され、検事の職については懲戒免職となったのである。

この事件では、検察側が取り調べメモを破棄していたことが問題となった。元来捜査の透明化は民主党政権が党・政権の側から検察に突きつけていた重大な検討課題であった。そうした問題の意義をさらに問うたのが、小沢の陸山会事件でも生じた。逮捕され取り調べを受けていた衆議院議員石川知裕は聴取の際にＩＣレコーダーを密かに持ち込んでおり、実際にはなかった会話が捜査報告書に記載されていることが明らかになったのである。とくに捜査報告書が検察審査会に送付され、その審査会が小沢の起訴議決を行ったために、不当な捜査報告書が小沢の政治力を削ぐ強制起訴につながったのではないかという疑惑が生じたのである。

ここに政権と検察との対立の頂点が到来した。検察庁は捜査報告書問題を、担当検事の記憶違いで収めようとした。これに納得しない小川敏夫法相は再調査を指示したが、これを拒否した検事総長に対して指揮権発動を行うと決意し、野田首相にそれを認めるよう迫ったのである[38]。社会保障と税の一体改革を進める野田は、政治的混乱を引き起こしかねない指揮権発動を認めはしなかった。小川は法相を辞任し、このやりとりを暴露したのである。

小川の辞任によって、民主党政権時代の指揮権発動問題は終息に向かった。この政権時代には、「政治主導」「脱官僚依存」は、こと法務省の所管領域に関する限り、「指揮権発動」の可能性として議論されたのである。

5 第二次安倍晋三政権と安保法制

(1) 集団的自衛権の解釈変更の特徴

二〇一二年一二月に成立した第二次安倍政権は、二〇一四年五月に集団的自衛権についての憲法解釈変更を閣議決定し、二〇一五年九月に安保法制関連法の国会通過を果たした。関連法は二〇一六年四月に施行されたのである[39]。

前節まで分析したように、第二次政権の前提となるのは、一つには第一次政権での解釈変更の失敗であり、二つには民主党政権による内閣法制局の弱体化であった。

まず第一に、第一次政権の延長として重要なのは、内閣法制局に直接解釈改憲を要求するにあたって、長官人事に介入したことである。法制次長の長官への昇格ではなく、法制執務とは実質的に無関係の駐仏大使小松一郎を抜擢した。小松は、第一次政権の安保法制懇の事務局に勤務しており、集団的自衛権の憲法解釈変更に積極的であった。

その上で第二に、第一次政権時代の安保法制懇のメンバーを若干入れ替えた上で再設置して、あらためて集団的自衛権の憲法解釈変更について検討を進めたのである。

第三に、安倍首相は、この問題の決定のために、閣議決定という形式にこだわり続けた。毎日新聞の単独インタビューで「今まで安全保障に関わる政府の憲法解釈は、閣議決定も与党協議も国民への事前説明も行わず、国会答弁で行ってきた。私は『そうであってはならない』と与党協議をし、閣議決定をして記者会見もした」と述べたのである。(40) 逆に閣議決定での憲法解釈の変更は、市民団体や憲法学者から違憲であるとの抗議を呼び込むこととなった。

第四に、閣議決定から法案作成のプロセスの全体は、次長であった横畠裕介が主導した。横畠は元来、集団的自衛権の憲法解釈に肯定的ではなかったが、小松長官を介した官邸の意向を聞き、部内での検討を進める過程で、解釈変更を認めるにしてもその幅を文言上限定する方策を練ったのである。

第五に、与党の一角を占める公明党は、当初から解釈変更には消極的であった。閣議決定前と、法案成立前に、自公協議が行われた。いずれも、いくつかの基本的な設例について、その憲法適合性を議論する形で進められた。このスタイルは伝統的な内閣法制局の解釈方法である。結果として、官邸主導でまとめられた政府案に対して、公明党から異議が出され、それを高村正彦副総裁などの自民党の幹部が調停するという過程を経た。公明党の反論には内閣法制局の意見が浸透しているという見立てもメディアからは出されていた。官邸対内閣法制局という構図が、政府対公明党という構図に反映され、官邸よりは憲法解釈に消極的な高村副総裁が公明党の北側一雄副代表とともに最終案での了解を取り付けたのである。

(2) 解釈変更がもたらした混乱

だが、閣議決定による憲法解釈の変更には、全く先例がなかった。そのため、一連の過程ではさまざまな混乱が生じた。

第一に、本章冒頭で述べたような歴代長官の反対意見表明である。記者会見や著書出版のみならず[41]、国会で参考人として呼ばれた歴代長官は、おおむね反対意見を述べたのである[42]。

第二に小松長官の辞任である。憲法解釈変更を検討中に病気が悪化した小松長官は治療を続けながら、国会答弁を行った。だが、議員に対して突然怒りを表したり、審議中に持ち込みを禁止されている携帯電話を見るなど、奇行が目立ち始めた。その結果、二〇一四年五月に小松は辞任し、横畠法制次長が長官に昇格した。

第三に国会審議の混乱である。二〇一四年七月の閣議決定を経て二〇一五年九月に関連法が成立するまで、一年以上この問題で首相・閣僚は答弁に立った。これらは、記者会見やテレビ出演での発言と首尾一貫せず、とりわけ中谷元防衛相の答弁が粗雑であり、十分な理解を欠いているという印象を国民に強く与えた。首相はテレビで隣家が火事となったという模型を前に法案を説明しようとし、横畠法制局長官に至っては、国際法上の集団的自衛権と安倍内閣が主張する「限定的」な集団的自衛権の違いを、「フグ」にたとえた。「毒があるから全部食べたらそれはあたるが、肝を外せば食べられる」と国会で答弁したのである。[43] こうした安直な比喩もまた国民の疑念を高めた。結果として、法案に対する支持率は審議過程では一貫して低かったのである。

第四に、そうした疑念は街頭での反対デモとなって表れた。国会審議中、国会周辺では大規模なデモがしばしば見られた。かつての一九六〇年、七〇年の安保闘争の経験がある高齢の世代の参加者だけではなく、大学生を中心とした団体ＳＥＡＬＤｓは、若い世代の関心を引いた。とくにその代表であった奥田愛基は国会で公述人として意見を述べ[44]、その内容はウェブでさまざまな形で紹介されたのである。

法案は成立し、施行されたものの、国民の理解は深まっておらず、結果として解釈変更にもとづいた新しい対応は十分に準備されたとは言えないままなのである。

6　おわりに

このように法制執務の分野では、一九九〇年代から政党による政治主導の試みが主張されていた。そして、二〇〇〇年代から内閣法制局長官を国会に数多くは出席させない傾向の上に立って、民主党政権は政府特別補佐人とせず、答弁を大臣が主として行う形へと法制局の役割を変えた。その上で、第二次安倍政権は、内閣法制局を内閣に従属させて、閣議決定にもとづいて、憲法解釈の変更を行う形で政策転換を進めたのである。

その反面、第二次安倍政権は、内閣の指示に従う内閣法制局を国会審議では活用した。野党時代の自民党は、与野党間の中立者として内閣法制局に期待する発言を国会で開陳していたが、与党となってからその方針を転換した。むしろ自公協議の場で、内閣法制局の意向が公明党の主張に反映される傾向があったように、かつては国会の場で与野党の間に立った内閣法制局は、与党協議の場で調停者に近い役割を発揮したのである。

こうした内閣法制局は、国会答弁ではかつてほど野党に対する説得力を持てなくなった。また歴代長官が記者会見のみならず国会審議の場で反対意見を述べることで、伝統とは断絶する結果を招いたといえる。

だが、見逃せないのは、内閣法制局は、国会審議に向けて「想定問答」を作成していたにもかかわらず、「行政文書」に当たらないとして、朝日新聞からの開示要求を拒否した(45)ことである。解釈変更は、あくまでも内閣官房の側のイニシアティブであり、内閣法制局はこれに対して意見を述べたに過ぎないという責任を負わない局の姿勢がうかがえる。逆に言えば、将来において別の解釈変更を閣議決定した場合に備えた立場ともとらえられなくもない。断固たる解釈変更の立場を貫いていないかのような内閣法制局は、この課題への最終的な方針をどうとるかについて迷いを見せているのである。

この間政府側からは再三にわたって、解釈変更が違憲か合憲かを最終的に確定するのは最高裁判所であることが強調された。これに対して反対運動の側からは、解釈変更の違憲をめぐる裁判が提起されているが、これまでは抽象的な訴えだとして却下されている。他方、政府は、とくに最高裁判所に対して、表立って圧力をかけているようには見えない。その点で、現段階では最終的な判断を司法権に委ねる姿勢を堅持している。民主党政権のようには、検察への圧力を殊更にかけることなく、内閣法制局と内閣との関係に限定した解釈変更を図った。とはいえ、今後裁判での審理が政権にとって望ましくない方向へ向かえば、積極的な人事への介入を行わないとも限らない。

このように、一九九〇年代の改革の延長で、内閣法制局は徐々に内閣に対する自立性と国会に対する中立性を失っていった。民主党政権時代には不活性であった内閣法制局は、第二次安倍政権のもとでは、内閣に従属することによって積極的に国会審議に参加し始めた。とはいえ、その役割を正面から受け入れるには至っていないように見える。

他方で、検察及び司法権については、民主党の「政治主導」のもとでは「指揮権発動」といった形で政権との中立性が脅かされかけたが、第二次安倍政権はそこまでの介入を抑制している。

今後政権交代が続く中で、内閣法制局と司法権はまだ政権との距離を変える可能性がある。どうなるかを注視すべきであろう。

注

（1）首相官邸ホームページ上の安倍内閣総理大臣就任記者会見（二〇一二年一二月二六日）（http://www.kantei.go.jp/jp/96_abe/statement/2012/1226kaiken.html）（二〇一六年一一月六日最終確認）

（2）『朝日新聞』二〇一五年六月二三日付朝刊。

（3）『産経新聞』二〇一五年七月三一日付朝刊。
（4）法務大臣官房司法法制調査部司法法制課『法務行政の50年』（非売品、二〇〇〇年）、三一五頁。
（5）Perry S. Millar and Carl Baar, *Judicial Administration in Canada* (McGill-Queen's University Press, 1981), pp. 3-73.
（6）Nancy V. Baker, *Conflicting Loyalties: Law and Politics in the Attorney General's Office, 1789-1990* (University Press of Kansas, 1992).
（7）牧原出「政治からの人事介入と独立性」『法律時報』八六巻八号（二〇一四年）、四一―四六頁を参照。
（8）東京大学先端科学技術研究センター牧原出研究室編『大森政輔オーラル・ヒストリー』（二〇一五年）、一〇九頁。
（9）東京大学先端科学技術研究センター御厨貴研究室・東北大学法学研究科牧原出研究室編『吉國一郎オーラル・ヒストリーⅠ』（二〇一一年）、一五頁。
（10）『第六九回　国会参議院決算委員会提出資料』一九七二年一〇月一四日。鈴木尊紘「憲法第9条と集団的自衛権」『レファレンス』二〇一一年一一月号、三九頁を参照した。
（11）佐々木芳隆『海を渡る自衛隊――PKO立法と政治権力』（岩波新書、一九九二年）、四三頁。
（12）『第一三六回国会参議院内閣委員会会議録第8号』一九九六年五月二一日、二六頁。
（13）前掲『大森政輔オーラル・ヒストリー』、一八六頁。
（14）滝井繁男『最高裁判所は変わったか――一裁判官の自己検証』（岩波書店、二〇〇九年）、第五、六章。藤田宙靖『最高裁回想録――学者判事の七年半』（有斐閣、二〇一二年）、一二一―一二三頁。
（15）前掲『大森政輔オーラル・ヒストリー』、二四五―二四六頁。

(16) 読売新聞政治部『真空国会』（新潮社、二〇〇八年）、五一―五二頁。
(17)『日本経済新聞』二〇〇七年四月二六日付朝刊。
(18) 前掲『大森政輔オーラル・ヒストリー』、二四六頁。
(19)『朝日新聞』二〇〇九年六月一一日付朝刊。
(20)『朝日新聞』二〇〇九年一〇月一七日付朝刊。
(21)『朝日新聞』二〇〇九年一一月五日付朝刊。
(22) 前掲『大森政輔オーラル・ヒストリー』、二六三頁。
(23) 大森政輔『２０世紀末期の霞ヶ関・永田町――法制の軌跡を巡って』（日本加除出版、二〇〇五年）、二一〇―二一一頁。
(24)『読売新聞』一九九八年八月一〇日付夕刊。
(25)『読売新聞』一九九九年二月六日付朝刊
(26)『読売新聞』二〇一〇年一月一六日付朝刊。
(27)『日本経済新聞』二〇一〇年一月一五日付朝刊。
(28)『朝日新聞』二〇一一年九月二一日付朝刊。
(29)『日本経済新聞』二〇一二年一月二一日付朝刊。
(30) 浜田昌良発言（『第一七四回国会参議院外交防衛委員会 第三号 平成二二年三月一六日』、一九頁）。
(31) 脇雅史発言（『第一七四回国会参議院国土交通委員会 第二号 平成二二年三月一六日』、八頁）。
(32)『朝日新聞グローブ』第四一号、二〇一〇年六月一四日付。
(33)『朝日新聞』二〇〇九年九月一七日付朝刊。
(34)『朝日新聞』二〇〇九年三月一二日付朝刊。

(35)『朝日新聞』二〇一〇年一月一八日付朝刊。
(36)『朝日新聞』二〇一〇年九月二五日付朝刊。
(37)『朝日新聞』二〇一〇年一〇月一五日付朝刊。
(38) 小川敏夫『指揮権発動——検察の正義は失われた』(朝日新聞出版、二〇一三年)。
(39) この過程についての詳細は、牧原出『「安倍一強」の謎』(朝日新聞出版、二〇一六年)、第三章。
(40)『毎日新聞』二〇一四年七月一四日付朝刊。
(41) 阪田雅裕『「法の番人」内閣法制局の矜持——解釈改憲が許されない理由』(大月書店、二〇一四年)。
(42)『第一八九回国会衆議院我が国及び国際社会の平和安全法制に関する特別委員会 第一三号 平成二七年六月二二日』。『第一八九回国会参議院我が国及び国際社会の平和安全法制に関する特別委員会 第一七号 平成二七年九月八日』。
(43)『朝日新聞』二〇一五年六月二〇日付朝刊。
(44)『第一八九回国会参議院我が国及び国際社会の平和安全法制に関する特別委員会公聴会 第一号 平成二七年九月一五日』。
(45)『朝日新聞』二〇一六年四月六日付朝刊。

結章

安倍政権と民主党政権の継続性

竹中治堅

1　はじめに

この共同研究には序章で説明したように次の二つの目的があった。

第一は二つの政権交代が政策の内容に及ぼした影響を明らかにすることである。政権交代により、政策の内容は変わったのか、それとも、結局、政策には大きな変化はなかったのかという問いに答えようとした。

第二は政権交代の影響に注目しながら、とくに近年の政策形成過程において政治家や官僚、利益集団が果たす役割を分析することである。より具体的には、首相、首相周辺の政治家や官僚、政府外の与党議員の役割、さらに各省官僚および利益集団の果たす役割に変化が起きているのか検証しようとした。

この目的のため、二〇〇一年一月から一五年一二月にいたる時期までを対象期間とし、八つの政策分野に注目して事例研究を行い、政策立案過程を検証した。具体的には①農業、②電力・エネルギー、③コーポレート・ガバナンス、④社会福祉、⑤税制、⑥外交、⑦防衛、⑧法制執務を対象分野とした。

本章では政権交代が政策の内容に及ぼした影響や近年の政策形成過程の特徴について、本書から得られる知見をまず整理する。その上で、先行研究に照らしてとくに興味深いと思われる点を取り上げ、簡単な議論を行いたい。

2　政権交代が政策に及ぼした影響

政権交代の政策への影響の及び方には四つの形があった。注目すべきは、〇九年の政権交代により政策が大きく変わり、その後一二年の政権交代を挟んでもなお、継続された事例が最も多いということである。

一つ目は政権交代のたびに政策内容が大きく変わるもの。二つ目は二つの政権交代にもかかわらず、内容に差異が生じなかった政策。三つ目は二〇〇九年の政権交代により政策の方向性がかなり変化し、一二年の政権交代後、同じ方向で政策が継続、発展する事例である。四つ目は、〇九年の政権交代によって変化はなかったものの、一二年の政権交代によって政策が変更された事例である。農業政策、子育て支援政策が最初の事例にあたり、アジア外交は二つ目にあたる。第三の類型が最も多く、電力システム改革、コーポレート・ガバナンス改革、消費税増税、防衛大綱の改定がこれに含まれる。四つ目は集団的自衛権に関する憲法解釈である。

それでは、第一の類型から見ていきたい。

第1章の農業政策から始めよう。第一次自民党・公明党政権は二〇〇四年頃より稲作農家のうち一定規模以上の担い手を優遇して所得補償する政策をとる。また稲作の生産調整を続け、生産調整に参加しない場合には、転作を奨励する補助金が配られないなどのペナルティが課せられた。

濱本氏は民主党政権がこうした政策を大幅に見直したことを示す。すなわち、民主党政権は一定規模の農家のみならず販売農家全般を対象として所得補償を行う戸別補償政策を実施する。この結果、所得補償を受け取る農家の数は一一〇万戸程度に急増する。一方、生産調整への参加は所得補償を受け取る条件に過ぎなくなり、ペナルティ措置はなくなる。

安倍政権が発足すると政策は再び変更される。当面の措置として戸別補償制度は縮小され、一八年度での撤廃が決まる。生産調整も大幅に見直され、一八年度に生産数量目標の配分を行わないことが決定される一方、転作を奨励する補助金が拡充される。また安倍政権のもとで農協改革も始まる。

第4章が取り上げる子育て支援政策はどうか。保育需要が増える中、規制緩和と幼稚園を保育のために活用できるよう幼稚園と保育所を一元化することが関心を集めてきた。いずれの政権も規制緩和を進めたのである。一方、第一次自民党・公明党政権は一元化の手始めとして認定こども園制度を導入する。だが、制度が複雑だったため広まらなかった。民主党政権は一元化のため、総合こども園を創設しようとするが実現できずに終わった。

さらに砂原氏は安倍政権が一元化を見直したことを示す。安倍政権は幼稚園の認定こども園への移行を積極的に促しているわけではない。また幼稚園を無償化する方針を打ち出し、二〇一三年度予算では第三子以降の無償化を実現した。

一方、民主党政権は子ども手当導入により子育て支援のための現金給付額を大幅に増額する。だが、自民党・公明党の強い反対の結果、子ども手当は廃止され、一二年度から児童手当が復活、給付総額も減額される。安倍政権もこの路線を踏襲している。子ども手当廃止は自民党・公明党の反対のためであり、この政策でも民主党政権と自民党・公明党政権の違いは大きい。

つぎに、二回の政権交代にもかかわらず、基本的方向性が変わらなかった例としてアジア外交の内容を確認したい。

佐橋氏は第6章で、第一次自民党・公明党政権以降、二度の政権交代はあったものの、日本はアジア諸国の一部との安全保障面での結びつきをしだいに強め、「アジア外交の安全保障化」が進んできたと論じる。まず、第一次自民党・公明党政権のもとではインドやオーストラリアとの安全保障関係が強化される。〇九年に政権交代が起きると民主党政権は日米韓、日米豪の三国関係を緊密化するとともにフィリピンとの関係を安全保障面でも深めようとする。その後、第二次・第三次安倍政権はベトナム、インドネシアとの関係も強めようとする。

続いて、第三の類型を見てみよう。第2章が議論する電力システム改革から始めたい。まず、第一次自民党・公明党政権のもとで電力自由化の試みはなされたものの進まなかった。民主党政権は福島第一原発事故のあと電力自由化政策を推進し、基本方針を策定する。上川氏によればこの背景に、電力の安定的供給のためには自由化が必要と考えられたことに加え、世論からの非難回避の思惑や東電の政治的な影響力の低下があった。安倍政権も、政権発足後早々に自由化の具体的な進め方を確定させ、必要な法案を次々と成立させていく。

第3章のコーポレート・ガバナンス改革も同様である。第一次自民党・公明党政権のもとでのガバナンス改革の歩みは穏やかなものであった。改革が進むきっかけを作ったのはやはり民主党政権であった。発足後早々に、民主党政権は法制審議会を再開し、会社法制見直しの議論を始める。議論の結果、法制審議会はガバナンスを強化するため、会社法上の大会社などに社外取締役の設置を促すことを主な内容として会社法を改正する方針をまとめる。安倍政権はこの議論を引き継ぎ、社外取締役導入をより強く促す内容にあらためて改正法案を成立させる。さらに、安倍政権のもとでスチュワードシップ・コードやコーポレート・ガバナンス・コードが策定される。

それでは第5章が議論する消費税増税はどうか。第一次自民党・公明党政権末期の麻生太郎内閣は消費税増税に前向きな姿勢を示していた。〇八年には麻生首相が三年後の消費税引き上げを考えていることを明らかにした。また、麻生内閣が成立させた所得税法等改正法案には一一年度までに「消費税を含む税制の抜本的な改革を行うため」の法改正を行うことが盛り込まれていた。だが、消費税増税に向けた本格的な検討がなされることはなかった。

木寺氏は議論が始まるきっかけが〇九年の政権交代であったことを示す。鳩山由紀夫内閣は消費税増税の議論を封印したものの、菅直人内閣は消費税引き上げを目指し社会保障と税の一体改革を推進する。続く野田佳彦内閣も一体改革を引き継ぎ、消費税率の一〇パーセントへの引き上げを柱とする一体改革関連法案を一二年八月に成立させる。

第二次安倍政権は法律が定めた通り、一四年四月に消費税を八パーセントに引き上げる。もっともその後、安倍政権は二度にわたり、一〇パーセントへの引き上げを延期する。また、一〇パーセント引き上げ時に軽減税率を導入することを決める。軽減税率の対象については論争が起こったものの、導入は一体改革関連法案に盛り込まれており、これが実現されたということである。一方、引き上げ延期は政策変更にあたるとも言えるが、安倍政権は消費税引き上げを放棄したわけではなく、政策は修正されつつも継続されていると評価できる。

細谷氏が第7章で分析する防衛計画の大綱の策定についても同じことが言える。小泉純一郎内閣は二〇〇四年一二月に「平成一七年度以降に係る防衛計画の大綱」を閣議決定する。この大綱は七六年に最初の大綱が立案された時に採用した「基盤的防衛力構想」という考え方を基本的には踏襲している。その上で、新たな脅威などに対応するため防衛力を「多機能で弾力的で実効性のあるもの」にするという方針が打ち出された。想定していたのは弾道ミサイル攻撃への対応や国際テロリズムへの対応などであった。

その後、一〇年一二月に菅直人内閣は「平成二三年度以降に係る防衛計画の大綱」を決定する。この大綱はそれまでの防衛政策に対する考え方を大きく変え、従来の「基盤的防衛力構想」を完全に放棄し、「動的防衛力」という考えを打ち出す。従来のように「防衛力の存在」による抑止効果に期待するのではなく、情報収集・警戒監視・偵察活動や高い防衛能力の明示など「防衛力の運用」によって抑止を図るというのがその内容である。

二度目の政権交代後、一三年一二月に第二次安倍晋三内閣は「平成二六年度以降に係る防衛計画の大綱」を閣議決定する。大綱は「動的防衛力」ではなく「統合機動防衛力」という概念を提示しているものの、具体的内容は島嶼防衛を重視するなど民主党政権の大綱を引き継いでいる。最後の四番目にあたるのが集団的自衛権についての憲法解釈である。

第一次安倍内閣は内閣法制局長官の外部からの登用や国会答弁による憲法解釈変更を考えたものの、法制局は消極的な姿勢をとり、いずれも果たすことができなかった。一二年一二月に第二次安倍内閣が成立すると、憲法解釈の変更を再度試みる。安倍政権は法制局長官を実質的に外部から起用した上で、閣議決定により集団的自衛権に関する憲法解釈の変更を行う。

3　政策決定過程の「集権化」

つぎに本書の研究から、政策形成過程において政治家や官僚、利益集団が果たす役割の傾向および政策決定過程に政権交代が及ぼす影響について、どのような知見を得られるのか議論する。

全般的傾向を先に言えば、一連の事例研究は第1章において濱本氏が指摘する政策決定の「集権化」が多くの分野で起きているということを示している。つまり政策決定過程において首相や首相周辺の政治家・官僚の役割が増大する一方、政府外の与党議員や利益集団の役割は低下しているということである。また官僚についてとくに注目されることは、従来内閣に対して自律的地位を有していた法制局の地位がしだいに弱まっていったということである。

（1）首相および首相周辺の政治家・官僚の役割の増大

まず、本書の事例研究は〇九年の政権交代以後の政策決定過程における首相や首相周辺の政治家・官僚についていくつかのことを明らかにしている。

〇九年に成立した民主党政権では一部の政策で、首相や首相周辺の政治家・官僚が大きな役割を果たした。たとえば、菅直人首相や野田佳彦首相の強い意思があったために、消費税増税に向けた社会保障と税の一体改革の議論が進んだ。具体案を策定する際には与謝野馨経済財政担当大臣や藤井裕久官房副長官（後、首相補佐官）が深く関わった。

幼保一体化についても鳩山内閣では福島瑞穂少子化担当大臣や仙谷由人国家戦略・行政刷新担当大臣のもとで議論がなされる。その後、菅首相自身の意向を反映し、さらに検討が進む。また防衛大綱の策定においても菅内閣のときに仙谷由人官房長官のもとに設置された官房長官、外務大臣、防衛大臣、財務大臣からなる閣僚委員会が作業の中心となる。もっとも、民主党政権の場合、閣僚や副大臣、大臣政務官が大きな役割を果たした事例も多い。濱本氏によれば、戸別所得補償制度の具体策の策定は政務三役のもとに設けられた「戸別所得補償制度推進本部」が行った。電力システム改革には枝野経済産業大臣や細野豪志環境大臣兼原発事故担当大臣が深く関わった。

また一部の事例は二〇一二年の政権交代後、安倍政権において、首相や首相周辺の官僚の役割が大きなものとなっていることを裏付けている。

第二次安倍内閣がＴＰＰ交渉参加を決定するにあたっては安倍首相の意向が大きく働いた。上川氏は、一部の自民党議員の反対を押し切って安倍内閣が電力システム改革の具体的な予定を決定する上で重要な意味をもったのは安倍首相自身の改革に対する支持であったと論じる。コーポレート・ガバナンス改革においてはガバナンス・コードを策定する上で首相の後押しがあった。さらに内閣官房が第五次防衛大綱のとりまとめを主導した。さらに閣議決定によって集団的自衛権についての従来の解釈を変更する上でも首相の意向が決定的意味を持った。

(2) 政府外の与党議員の地位の低下

一方、政府外の与党議員は政策決定過程において、影響力を低下させていく。これは、第一次自民党・公明党政権と第二次自民党・公明党政権における族議員の役割を比較するととくにはっきりする。農業政策については第一次自民党・公明党政権のもとでは、農水族は〇七年の参議院議員選挙後に大規模農家優遇政策を見直させるだけの力を保持していた。だが、一二年の自民党の政権復帰後、農水族は以前ほど大きな影響力を行使することができず、生産調整の廃止や農協組織の改革が決まる。同様に第一次自民党・公明党政権のもとでは電力族は電力自由化を阻止する力を保持していた。だが、第二次自民党・公明党政権ではそうした力を失っている。さらに族議員の力の低下を象徴するのが自民党税調＝税調族の凋落である。第一次自民党・公明党政権の頃まで党税調は税制改革を決定する上で圧倒的な力を持っていた。だが、一五年の年末に軽減税率を決定する際には首相や菅官房長官の意向が大きく反映され、党税調の意向は重視されなかったほか、首相によって党税調の会長は更迭されてしまう。

民主党政権の場合にはもちろん、小沢一郎のように政府外の与党議員が政策の内容に大きな影響力を及ぼす場合もあった。戸別補償の実施は彼の存在抜きには考えられない。一〇年度予算編成過程では小沢の判断により予算案が最終的にまとまる。ただ、本書の事例研究の中で政府外の与党議員が政策の内容に大きな影響力を行使した事例は稀である。仙谷由人が民主党を代表して電力システム改革に関与し、社会保障と税の一体改革においては素案の決定や法案の決定過程において党組織の承認が重要な意味を持った程度である。

もっとも本書では取り上げていない他の政策事例もあわせて考えると、政府外の与党議員は政策内容に影響力を行使するというよりも、案がまとまった後に政策の実現を遅滞させるという形で力を誇示することが多かった。これは消費税引き上げに反対の議員が社会保障と税の一体改革に徹底して抵抗したことに象徴されている。民主党政権の場合には自民党のように法案準備過程で政府外の与党議員と内容について十分協議する仕組みが整備されなかったため、最終的に案が明らかになってから不満が噴出することが多くなったと考えられる。

(3) 利益集団の影響量の低下

政府外の与党議員と軌を一にするように利益集団の力も著しく低下した。農業政策においては民主党政権のもとでは農協は政策決定への関与を弱めた。伝統的に自民党政権のもとでの農業政策の決定過程では農林族、農水省、農協の三者協議が重要な意味を持ったが、第二次自民党・公明党政権のもとではこの重要性が薄れている。いまや農協自体が改革の対象となっている。電力政策においても第一次自民党・公明党政権のもとで、電力業界は電力の全面自由化を阻止するほどの力を保持していた。

だが、福島第一原発事故以後、状況は一変する。東京電力の経営状況が悪化し、経済産業省は同社の経営の行方に大きな影響力を行使できるようになる。こうして電力業界の力は低下する。この状況は自民党の政権復帰後も変化しなかった。コーポレート・ガバナンス改革も同様のことを示している。すなわち、ガバナンス改革が進んだ背景には民主党と経団連の関係が密でなかったことや第二次安倍内閣発足当初は政権と経団連が疎遠であったことがある。もっとも本書が取り上げた政策分野には限りがあり、利益集団が近年の政策決定過程で果たす役割については自民党の族議員のそれとあわせて他の政策分野も考慮してさらに検討を進める必要がある。

（4）法制局の内閣への「従属」

最後に官僚について言えば、本書が対象とする期間を通じて、その役割は限られたものに過ぎなかった。官僚は影響力を持つ政治家が支持する政策の内容を具体化する限りにおいて能力を発揮できた。逆に、一連の事例研究は政治家の意思に反する方向で政策を立案することは難しいことを示している。たとえば、第一次自民党・公明党政権期において農水官僚や経産官僚は農林族や電力族の意思に反する形で改革を押し進めることはできなかった。民主党政権のもとでの電力改革においては枝野経産大臣や仙谷政調会長代行が電力自由化に積極的であったため、自由化を支持する経産官僚が力を発揮できた。財務官僚が社会保障と税の一体改革で影響力を行使できたのは菅首相や野田首相がこの政策を推進したからである。逆に第二次自民党・公明党政権のもとでは軽減税率や消費税率の一〇パーセント引き上げ延期を決める過程で首相や首相周辺の政治家の意向に反して、財務官僚が影響力を及ぼすことはできなかった。

官僚に関してとくに重要なのは第8章が示しているように法制局の地位が低下したということである。〇九年に民主党政権が誕生すると法令解釈において法制局が果たす役割に大きな変化が現れる。民主党政権は、法令解釈に関する答弁担当大臣を新たに置き、内閣法制局長官は政府特別補佐人とせず政府参考人にとどめる。担当大臣が主に答弁を行い、補足的に法制局長官が発言することになる。牧原氏が重視しているのは内閣法制局が弱体化させられた後に自民党が政権に復帰し、憲法解釈の変更が行われたということである。つまり、民主党政権と第二次自民党・公明党政権は法令解釈において法制局に大きな役割を認めようとしないという意味で連続的なのである。

各省官僚の役割に準ずるように、二度の政権交代を挟んで法制局の自律性が弱まり、内閣に「従属」していった。これも政策決定過程の「集権化」の一環として捉えることができる。

4　二〇〇九年の政権交代の意義

本書が示した首相や首相周辺の政治家・官僚の役割の増大や、政府外の与党議員や利益集団の役割の低下は先行研究でも指摘されている。本書はこれまでの議論を支持する事例をさらに提供していると考えられる。

本書から得られる重要な知見は〇九年の政権交代により多くの分野で政策が変容し、一二年の安倍政権誕生後も政策の方向性は変わっていないということである。本書では取り上げなかった法人税税制、インフラ輸出などの政策分野でも同じ傾向が見られる。

ここで問題となるのが、これまでの民主党政権に対する評価との関係である。民主党政権は「失敗」であったというのが一般的見方であろう。一部の研究者は「民主党政権が何であったか、また何故に失敗したか(1)」「民主党政権はどこで間違ったのか(2)」などの問いを提示し、民主党政権が失敗であったことを前提として研究を進めているほどである。

また、マスメディアの評価も同様であろう。たとえば、ある新聞の社説は第二次安倍晋三内閣発足時に内閣への期待を表明する社説を次のように終えている。

「『決められない政治』はもううんざりだ。これまでとはちがう政権運営を期待したい(3)」。

なにより民主党にいた一部の政治家自身がこうした認識を持っている。一六年九月の民進党の党首選に出馬した前原誠司元外務大臣は「私も旧民主党政権が国民の落胆と失望を招いた戦犯の一人だ」とまで言い切っている(4)。

一方、安倍政権は民主党政権との違いを強調しようとしてきた。たとえば、一三年七月の参議院議員選挙の公約で自民党は「大胆で次元の違う経済政策によって日本を覆っていた暗く重い空気は一変した」とアピールしている。また一部では「なんといっても安倍首相の政策理念、政策目的、さらに政策手段も、前政権時代とは違って明確で分かりやすい」という評価もなされている(5)。

民主党政権に厳しい評価がなされ、安倍政権と民主党政権の政策は違うと解釈される場合があるにもかかわらず、内容を精査すると多くの分野で安倍政権と民主党政権の間に政策の継続性がみられるというのは興味深い知見である。

このような乖離が生まれる背景には三つの理由がある。

第一の理由は、安倍政権が実施した政策の中で株価や為替のように眼に見える指標に大きな影響を及ぼしたのが金融政策であったことである。金融政策については安倍政権と民主党政権の間で大きな違いがあった。安倍内閣によって新たに任命された黒田東彦総裁のもと、日本銀行は量的・質的金融緩和の実施に踏み切る。この結果、マネタリーベースは民主党政権時代と比べ大幅に拡大することになった。

第二の理由は、二つの政権を比較すると政権のあり方に大きな違いがあるということである。すなわち、民主党政権期に民主党は党内抗争を繰り返し、最終的に分裂した。これに比べて安倍政権ははるかに安定している。

第三の理由は、民主党政権は一〇年七月の参議院議員選挙後に「ねじれ」国会に直面したことである。この結果、政策の実施が遅滞することになった。党内抗争とあいまって、民主党に政権を担当する能力が欠けているという印象が強まることになったのである。

それでは、なぜ多くの分野で政策が継続されているのであろうか。二つの要因があると考えられる。第一に、どの政権も国際環境及び国内社会経済環境がもたらす一定の制約の中で政策を立案、実施しなくてならないということである。細谷氏は中国の台頭によって安全保障環境が変化したことが二〇一〇年に防衛大綱が改定された背景にあることを強調する。この状況が同じであれば、安倍政権のもとで策定された防衛大綱の内容がその前の大綱と同じようなものとなったとしても自然である。佐橋氏もアジア外交の「安全保障化」の要因として中国の台頭があることを強調する。

国内政策も同様である。日本企業の国際競争力を高める上で電力自由化は好ましく、外国投資家は政権を担当する政党の違いには関係なく、コーポレート・ガバナンスの強化を求める。厳しい財政状況を考えると増税は不可避で、安倍政権も消費税増税を延期したとしても、完全に撤回することは難しい。

第二に、政権交代により一部の利益集団と自民党の結びつきが弱まった。このため、自民党政権復帰後もこうした集団から政策を見直す圧力が弱まり、電力システム改革やコーポレート・ガバナンス改革においては政策が継続・発展する一つの要因となったと考えられる。

5　結論

政権交代は何を変えたのか。本書が冒頭で投げかけた問いである。これまでの議論を踏まえると、政策内容と政策決定過程の双方に〇九年の政権交代が大きな影響を及ぼしたということがわかる。本書で見るとアジア外交を除き、すべての分野で民主党政権の誕生は第一次自民党・公明党政権のもとで推進されていた政策が変わるきっかけとなった。その背景には民主党政権のもとでは政府外の与党議員の政策への関与が限られていたこと、自民党を支持してきた利益集団との関係が希薄であったことがあることは間違いない。

そして、本書が分析対象とする期間に限ってみれば、二〇一二年の自民党政権復帰後も多くの分野で政策の方向性に変化はない。この背景にあるのは国際環境や国内社会経済環境からの制約、さらに自民党と一部の利益集団の関係の希薄化があると考えられる。

また政策決定過程における政治家や政治的集団の役割について言えば、二つの政権交代を挟み、政策決定過程の「集権化」が進んでいる。首相や首相周辺の政治家・官僚の役割は増大し、それと反比例するように政府外の与党政治家および利益集団の影響力は低下する傾向にある。さらに官僚の中でこれまで高い自律性を誇っていた法制局も弱体化することになった。

この傾向の背景に一九九〇年代以降実現した三つの制度改革、つまり、一九九四年の選挙制度改革および政治資金制度改革、そして、二〇〇一年の中央省庁再編があることは間違いない。ただ、政府外の与党政治家および利益集団の影響力の低下は政権交代によっていっそう加速したと考えられる。とくに〇九年の政権交代は利益集団や法制局の役割を変える大きな契機となった。

二度の政権交代は選挙制度改革の結果である。これまで選挙制度改革の政策決定過程に及ぼす影響はともすれば、党執行部に権力が集中するといった与党内権力構造の変化という形で注目される傾向が強かった。本書が示しているのは、選挙制度改革は政権交代を通じても政策の内容や政策形成過程に大きな影響を及ぼしたということである。

注

（1） 伊藤光利「民主党のマニフェストと政権運営」伊藤光利・宮本太郎『民主党政権の挫折と挑戦——その経験から何を学ぶか』（日本経済評論社、二〇一四年）、三頁。

（2） 船橋洋一「はじめに」日本再建イニシアティブ『民主党政権 失敗の検証——日本政治は何を活か

すか』（中公新書、二〇一三年）、ⅲ頁。
(3)『読売新聞』二〇一二年一二月二七日。
(4)『共同通信』二〇一六年八月二六日。
(5)『日本経済新聞』二〇一三年四月二日。

あとがき

本書は、政権交代が日本の政策の内容や決定過程に及ぼす影響に関する共同研究の成果である。きっかけは牧原出氏、細谷雄一氏、上川龍之進氏、佐橋亮氏と編者の五名が〇九年の政権交代の影響について二〇一三年九月に勉強会を始めたことであった。その後、一二年の自民党・公明党の政権復帰後の政策決定過程についても検証することを決め、一五年二月に木寺元氏、砂原庸介氏、濱本真輔氏に新たに加わってもらい、共同研究を行ってきた。

一三年からのべ一五回の研究会と一回の合宿を行い、このたび共同研究の成果を発表できることになった。

政策決定過程を分析するためにはまず個別の政策の内容そのものを理解した上で、政治過程のなかでどのように政策が展開するか解明しなくてはならない。一人の研究者が解明できる政策分野あるいは政策の数には自ずと限りがある。このため、政権交代の政策形成過程への影響を探るには複数名で異なる政策を担当して研究を進めることが望ましいと考えられる。

何回も同じメンバーで研究会を重ねた上、合宿では担当した事例から得られた知見をもちより、徹底討論したことにより、問題意識や政権交代が及ぼした影響に対する理解を共有できるようになった。共同研究の強みを生かせたのではないかと思っている。

また、国内政策と対外政策の研究は別個に行われる傾向が強い。しかし、この共同研究は両方の分野から研究者が参加したことにより相乗効果が生まれたのではないかと考えている。こうした自己評価が的確なものなのか、読者の方々の判断を仰ぎたい。

今回の共同研究者の一部も参加し、二つの共同研究の成果がこれまで勁草書房から二冊の本として出版されている。御厨貴編『変貌する日本政治——九〇年代以後「変革の時代」を読みとく』(二〇〇九年)と御厨貴編『「政治主導」の教訓——政権交代は何をもたらしたのか』(二〇一二年)である。いずれも政策決定過程の変化に焦点を当てている。今回の共同研究はこれらに続く、第三弾と勝手ながら考えている。今後も機会をみつけてこのような形で政策決定過程の分析を進めていきたい。

牧原出氏と細谷雄一氏にはこれまでの豊富な研究キャリアに基づいて、共同研究を行う上で留意すべき事柄について数多くの御助言をいただいた。このことについて感謝申し上げたい。特に、御助言のおかげで参加者の間で問題意識をより共有できることになった。また、木寺元氏には研究会の運営を手伝っていただいた。このことにも御礼申し上げたい。

最後に、本研究はサントリー文化財団の二〇一三年度・一四年度研究助成「政権交代が政策の継続性に及ぼす影響に関する研究」及び一五年度研究助成「国際・国内環境制約下の政策決定過程と内閣の党派性の関係」と政策研究大学院大学政策研究プロジェクトセンターからの二〇一五年度・一六年度研究助成「政治改革後の政策決定過程の変容」を受けて行われたことを記す。サントリー文化財団と政策研究大学院大学プロジェクトセンターに感謝の意を表したい。とくにお世話になったサントリー文化財団の小島多恵子さんに深く御礼申し上げたい。
最後に勁草書房の上原正信氏は一五年六月から研究会に参加くださり、とかく規定を上回る量を書きがちな参加者の原稿の編集にご尽力いただいた。こころより感謝申し上げたい。

平成二八年一〇月三日
雨が続きがちな東京にて

竹中 治堅

学芸賞受賞)、『地方政府の民主主義――財政資源の制約と地方政府の政策選択』(有斐閣、2011 年、日本公共政策学会奨励賞受賞) など。

木寺 元 (きでら はじめ)〔第 5 章を担当〕
東京大学大学院総合文化研究科博士課程中途退学、同研究科より博士 (学術) を取得。北海学園大学法学部准教授などを経て、
現在：明治大学政治経済学部准教授。専門は政治学、行政学。
主著：『政治学入門』(弘文堂、2016 年、編著)、『地方分権改革の政治学――制度・アイディア・官僚制』(有斐閣、2012 年、日本公共政策学会奨励賞受賞) など。

佐橋 亮 (さはし りょう)〔第 6 章を担当〕
東京大学大学院法学政治学研究科博士課程修了、博士 (法学) を取得。スタンフォード大学客員准教授などを経て、
現在：神奈川大学法学部准教授。専門は国際政治学。
主著：『共存の模索――アメリカと「二つの中国」の冷戦史』(勁草書房、2015 年)、*Looking for Leadership: the Dilemma of Political Leadership in Japan* (日本国際交流センター、2015 年、共編著) など。

細谷 雄一 (ほそや ゆういち)〔第 7 章を担当〕
慶應義塾大学大学院法学研究科博士課程修了、博士 (法学) を取得。パリ政治学院客員教授などを経て、
現在：慶應義塾大学法学部教授。専門は国際政治史。
主著：『安保論争』(ちくま新書、2016 年)、『歴史認識とは何か――日露戦争からアジア太平洋戦争まで』(新潮社、2015 年) など。

牧原 出 (まきはら いづる)〔第 8 章を担当〕
東京大学法学部卒業、同大学より博士 (学術) を取得。東北大学大学院法学研究科教授などを経て、
現在：東京大学先端科学技術研究センター教授。専門は行政学、日本政治史。
主著：『「安倍一強」の謎』(朝日新書、2016 年)、『権力移行――何が政治を安定させるのか』(NHK 出版、2013 年) など。

執筆者紹介（執筆順）

竹中 治堅（たけなか はるかた）〔編者。序章・第3章・結章を担当〕
スタンフォード大学政治学部博士課程修了、Ph.D.（政治学）を取得。スタンフォード大学客員研究員などを経て、
現在：政策研究大学院大学教授。専門は日本政治論、比較政治学。
主著：『参議院とは何か――1947～2010』（中央公論新社、2010年、大佛次郎論壇賞受賞）、『首相支配――日本政治の変貌』（中公新書、2006年）など。

濱本 真輔（はまもと しんすけ）〔第1章を担当〕
筑波大学大学院人文社会科学研究科博士課程修了、博士（政治学）を取得。北九州市立大学法学部准教授などを経て、
現在：大阪大学大学院法学研究科准教授。専門は現代日本政治。
主著：『政治過程と政策（大震災に学ぶ社会科学 第1巻）』（東洋経済新報社、2016年、章分担）、『統治の条件――民主党に見る政権運営と党内統治』（千倉書房、2015年、章分担）など。

上川 龍之進（かみかわ りゅうのしん）〔第2章を担当〕
京都大学大学院法学研究科博士後期課程修了、博士（法学）を取得。愛媛大学法文学部講師などを経て、
現在：大阪大学大学院法学研究科准教授。専門は政治過程論、政治経済学。
主著：『日本銀行と政治――金融政策決定の軌跡』（中公新書、2014年）、『小泉改革の政治学――小泉純一郎は本当に「強い首相」だったのか』（東洋経済新報社、2010年）など。

砂原 庸介（すなはら ようすけ）〔第4章を担当〕
東京大学大学院総合文化研究科博士課程単位取得退学、同研究科より博士（学術）を取得。大阪大学大学院法学研究科准教授などを経て、
現在：神戸大学大学院法学研究科教授。専門は行政学、地方自治。
主著：『大阪――大都市は国家を超えるか』（中公新書、2012年、サントリー

二つの政権交代

政策は変わったのか

2017 年 2 月 10 日　第 1 版第 1 刷発行
2017 年 4 月 20 日　第 1 版第 2 刷発行

編　者　竹《たけ》　中《なか》　治《はる》　堅《かた》

発行者　井　村　寿　人

発行所　株式会社　勁《けい》　草《そう》　書　房

112-0005 東京都文京区水道 2-1-1　振替 00150-2-175253
（編集）電話 03-3815-5277／FAX03-3814-6968
（営業）電話 03-3814-6861／FAX03-3814-6854
日本フィニッシュ・松岳社

ISBN978-4-326-35170-1　　Printed in Japan

＊落丁本・乱丁本はお取替いたします。
http://www.keisoshobo.co.jp